JN074138

会津藩家老・山川家の近代

―大山捨松とその姉妹たち―

遠藤由紀子◆著

雄山閣

◆目次◆

序章　山川家の兄弟姉妹

はじめに

「ニムオロ」。この言葉は、アイヌ語で「樹木の鬱蒼（うっそう）と繁茂するところ」という意味で「ねむろ」の語源になったといわれている。根室の地は、長い間原生林に覆われた未開拓の地であった。太平洋とオホーツク海に面しており、豊かな漁場を持つ。花咲ガニや鮭、秋刀魚、鱈などの寒流系の魚やホタテ、ホッキ、ウニの特産で知られる。陸地は濃霧に覆われることが多いが、豊富な海洋資源に恵まれた地である。

今から十五年ほど前、フィールドサーベイ（現地調査）で根室を訪れた。根室で屯田兵となった奥羽諸藩の藩士を追っていたのだが、納沙布（のさっぷ）岬からみえる北方領土の近さに驚き、空と海と大地が一直線に視界に入る風景は圧巻であった。その時、ある会津藩士の墓に遭遇した。

根室周辺（根室市・厚岸（あっけし）町）には、明治一九年（一八八六）よりふたつの屯田兵村（和田兵村、太田兵村）が形成され、士族籍限定で八八〇戸が入植した。東北や北陸出身者が多く、旧会津藩士も入植した。国防のみを重視された土地で当時の開墾には向かず、屯田兵のほとんどが彼の地を後にした歴史が残る。現在は、北海道有数の酪農地帯となっている。

墓の主は「梶原平馬（かじわらへいま）」であり、幕末の会津藩の家老職にあった。屯田兵の名簿に名前はない。平馬の妻は、同じく会津藩家老の家柄であった山川家の長女「山川二葉」であった。なぜ、北海道の東端に平馬の墓があるのか、その数奇な運命に心を寄せたのだが、その妻であった二葉はどう生きたのだろうか。興味を抱いた。

日本の最東端に位置する根室。日本で一番早く朝が来る。戊辰戦争で敗北し、流転の人生を歩んだ会津藩士たちは、この朝陽をどのような気持ちで見ていたのか。

これが、私の山川家の明治期以降との最初の出会いであった（写真1、2、3）。

会津藩（現、福島県会津若松市）は、寛永二〇年（一六四三）に保科（ほしな）正之（生没年一六一一～一六七三年、以下同様）が入部した。正之は、三代将軍徳川家光の異母弟である。二三万石（内高四〇万石）の親藩で、三代藩主正容（まさかた）（正之六男、一六六九～一七三一年）の治世に松平姓となり、代々会津松平家が藩主であった。

ペリー来航の前年である嘉永五年（一八五二）、会津藩九代藩主に松平容保（かたもり）（一八三六～一八九三年）が就任した。

写真１　現在の旧和田兵村付近（根室市）

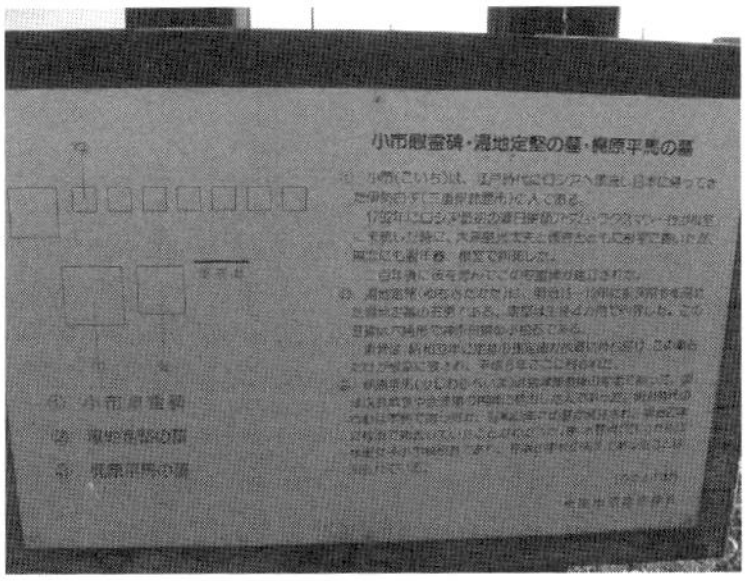

写真２　平馬墓にある案内図

写真３　根室に残る梶原平馬の墓
（平成 18 年（2006）撮影）

美濃高須藩松平義建の六男、養子であった。八代藩主の松平容敬（一八〇四〜一八五二年）もまた養子（父松平義和は美濃高須藩主、水戸徳川家出身）で、容保の叔父にあたる。

文久二年（一八六二）、徳川家への忠誠を重んじた容保は京都守護職の任を引き受けることとなった。その後、幕末の動乱の果てに、戊辰戦争を迎える。会津藩は一か月の籠城戦の末、開城した。

敗北した会津藩は、明治三年（一八七〇）、下北半島付近に「斗南藩」として再興、一万七千人の会津藩士とその家族が移住、斗南での生活は辛酸をなめる。廃藩置県となり、斗南に残留するもの、会津に帰郷するもの、上京するもの、北海道へ移住するものなど離散していく。「敗北」から明治時代を迎えた旧会津藩士たちは、それぞれの明治期以降を送ることになる。

幕末の山川家（一二〇〇石、一〇〇〇石とも）には、七人の兄弟姉妹がいた。父は山川尚江重固（一八一二〜一八六〇年）、母は艶（一八一七〜一八八九年）である。

生まれた順に、長女二葉（一八四四〜一九〇九年）、長男浩（一八四五〜一八九八年、旧名大蔵）、次女ミワ（一八四七〜一九三二年）、三女操（一八五二〜一九三〇年）、次男健次郎（一八五四〜一九三一年）、四女常盤（一八五七〜?年）、五女捨松（一八六〇〜一九一九年、旧名咲）である（表1を参照）。

尚江・艶夫妻には一二人の子女がいたといわれる。七人以外の他五人は夭逝しており、氏名は清之助（長男か）、利奈、長、利登とだけ伝わっている。本書では、成長した七人の兄弟姉妹の続柄を上述のような順で、長女、長男、次女、三女、次男、四女、五女と示したい。ちなみに、『評伝山川健次郎―士君士の群像―』には浩が次男、健次郎が三男、二葉が四女、ミワは記述なし、操が七女、常盤が八女、捨松が九女とあったが（八〜一五頁）、出典は定かではない。

表1　山川家の兄弟姉妹

続柄	氏名	旧名・幼名	生没年	子女（早世を含む）
長女	二葉	美恵	1844 ～ 1910 年	1 男
長男	浩	与七郎、常盤、大蔵	1845 ～ 1899 年	1 男、養子 3
次女	ミワ	みわ	1847 ～ 1933 年	5 男 5 女、養子 1
三女	操	さよ	1852 ～ 1931 年	養子 2
次男	健次郎	重教	1854 ～ 1932 年	4 男 3 女
四女	常盤	さい	1858 ～ ? 年	5 男 5 女
五女	捨松	さき、咲	1860 ～ 1926 年	2 男 2 女（＋継子 3 女）

ある記録（『羇旅』）によると、姉妹の別名が記載されていた。二葉は「美恵」、操は「さよ」、常盤は「さい」、捨松は「さき」とあった。ミワだけは「みわ」との同名の記載であった。捨松の「さき」から察するに幼名なのか。浩の幼名は与七郎、通称常盤であったと伝わるが、姉妹すべての幼名については、これまで知られていなかった。随分と印象が変わる。兄弟姉妹の孫世代が記した名前であるので、家族のなかでの呼称、愛称もしくは歌号であるのか。いずれにせよ、貴重な記録であった。

山川家は、もともとは宿老的な名門の家柄ではなかった。祖先は、信濃にあって高遠の保科家に仕えていた。家禄は二〇〇石ほど、高禄ではなかったことが分かる。寛永一三年（一六三六）、保科正之に従い出羽国山形藩を経て、会津藩へ入った。

代々要職に在ったが、祖父にあたる山川兵衛重英（一七八三〜一八六九年）が目付、普請奉行、町奉行等を経て、勘定奉行に就任した。困窮した藩財政を再建した功績が認められ、若年寄となり、天保一〇年（一八三九）年に家老に昇格、禄高三〇〇石から一〇〇〇石に取立てられ、二〇年間藩政の中心を担った。山川家中興の人物である。その後、安政六年（一八五九）に尚江が家督を継ぐが、尚江は翌年に病没してしまう。捨松は、父の死の五〇日後に誕生している。

母・艶のこと

七人の兄弟姉妹の母・艶は、西郷十郎右衛門近登之（三五〇石、軍事奉行）の娘で、二〇歳で山川家に嫁いだ。近登之は、和歌を沢田名垂（国学者、藩校日新館の和学師範、『新編会津風土記』、『日新館童子訓』を編纂する）に学んだ歌人で、会津藩内で名声が高かった。会津人たちの和歌を集めた『栂木集』（数巻にも及んだ）を編んだが、戊辰戦争で焼失したといわれる。歌人の父に育てられた長女艶もまた、歌号は唐衣といい、妹の三女文（歌号は玉章）と共に、会津で名の知れた歌人であった。文は会津藩の飯沼家（四五〇石、物頭）に嫁いでいる。

夫尚江の死後、遺児七人を抱えることになった艶は剃髪し、勝誓院と名乗り、舅である兵衛と共に七人の兄弟姉妹の教育に力を注ぐことになる。『女学雑誌』一六〇号（明治二二年（一八八九）五月四日刊）の記事に「山川氏の母勝誓院」がある。艶が亡くなったことを偲んだ内容であるが、そこに経歴が記してあった。

要約すると、「艶は三男九女を生んだ（内二男五女が成長した）。四四歳の時、夫尚江が亡くなり、子女の教育に専念し、辛苦至らなかった。戊辰戦争では、女性の頭髪衣服を装飾するのを止めるように促し、かんざしを売却して戦費を助けた。籠城戦となると、負傷者の看護、弾薬の製造に率先して働き、開城後の斗南の地では自ら薪を採り、機織りをして家事を助け、困っている人々にも手助けを怠らなかった。上京すると、読書を消閑の友とし、正史や小説、英雄伝などを好んだ」、とあった。

続いて、『女学雑誌』一六二号（明治二二年（一八八九）五月一八日刊）には、母艶（勝誓院）の経歴についての二葉（長女）による補足記事が掲載されている。冒頭に、父尚江についてのことがある。

こちらも要約すると、「父もまた、子女の教育に力を用いており、長男浩が幼い時は豪縦であり読書・習字が嫌いだったため、朝夕に文章の素読を厳しく取り組ませていた。その傍には常に母がおり、慰めたり励ましたりしていた。父が外出の時は、代わって教授を務めていた。浩は、「予が父の厳粛勤勉と、予が母の温和奨励との教育無りせば、予は目一丁字を識らず、日常往復の文章も尚且書する能はざるの一武夫たりしならん。父母の教育の恩の高、且大なるは、天地も啻ならざる也と以て其教育の厚きを見るべし」と常に語っている」とあった。

父と母が揃って、家庭で愛情深く子どもの教育に向き合い、支え合う姿がみえる。このような教育熱心の父尚江が亡くなった時は、子女の年齢は、数えでいうと二葉一七歳、浩（大蔵）一六歳、ミワ一四歳、操九歳、健次郎七歳、常盤四歳、捨松（咲）一歳（生後前）であった。

長男の浩（大蔵）が、父の後を継いだ。その後、一九歳で藩命により京都に赴くことになる。この時、祖父の兵衛は八〇歳の老齢であったが、当主不在となり、幼い子どもと家人が多い山川家の家事一切を総理することとなった。日常生活のことは、艶が取り仕切った。戊辰戦争の勃発以前に、二葉（長女）とミワ（次女）は他家に嫁いでいるが、二葉・ミワの婚礼の際は、艶が料理を振る舞いもてなした（『女学雑誌』一六二号）と、伝わる。

『女学雑誌』（一六二号）には、健次郎（次男）が、藩校日新館に入った時の艶の逸話もある。艶は、日の出前から起き、健次郎を起こし、書籍・筆墨を準備し、すぐに机上で勉学できるよう常に整えていた。夜学がある時は、帰ってくるまで灯りをともして待ち、帰宅すると、その日の学習した内容を質問した。寒い日は衣服を温め、菓子餅を用意し、学問する健次郎を支えた。一方、姉妹にも日常生活の所作、手習い、機織り、裁縫に至るまで厳しく教えていた。このような艶は、細かい間違いなどは深く責めなかった。が、「志操上に関すること」で誤ったときは、男女問わず、暗室に投じて反省させたとある。

また、子女以外の教育にも熱心であった。山川家には常に大勢の書生がおり、彼らも我が子同様に艶は教育した。そのように在った艶の性格については「常に強きを挫き、弱きを助け、権貴の人にいわれても意旨を曲げない」、「貧困不具の者の如きは、常に意を盡して之を哀憐せり」と、ある。また、「常に日本人にして日本魂なきは日本人にあらず」と、欧米を模倣している現状を危惧し、鹿鳴館での舞踏・立食についても、醜態・怪事とさえ思っていた（『女学雑誌』一六二号）。

山川家の兄弟姉妹は、七人のうち四人までもが海外渡航、海外留学を経験している。兄弟姉妹は、欧米から得た知識を積極的に吸収して成長し、身を立てていくので、母の教えや考えがどう活かされていくのか、こちらも探っていきたい。他に、艶には、以下のような人物評がある。

きわめて真面目で実直な人柄で、子女の教育は厳格であったという。日頃は軍記物や修養書を愛読し、冬の夜長には『信長記』や『水滸伝』などを家族に読み聞かせたりした。当時の武士の妻女はいつも懐剣を帯びていたものだが、通常、懐剣の袋は剣より長く、その先を折り返して紐でくくってあるものなのに、唐衣のそれは剣の長さにだけしてあった。それはいざというとすぐに抜けるようにという心構えからであったという。浩が藩兵を率いて京都に赴いた時、「天か下とどろく名をはあけすとも　おくれなとりそ武士の道」と詠んでいる。唐衣の子女の教育が武士道をふまえたものであったことは充分に知れよう（「明治初期女子留学生の生涯」八三頁）。

厳格な艶に育てられた七人のまだ幼い兄弟姉妹は、父の没後、父不在のなかで、幕末の動乱を迎えることとなる。それは、寒風吹きすさぶ暗闇であり、過酷な擾乱の中にあった。

浩と健次郎のこと

ところで、山川兄弟はどのような生き方をしたのか。これまで浩（長男）・健次郎（次男）に関する伝記はいくつか上梓されている。以下に列記する。

浩は、『京都守護職始末』（郷土研究社、一九一一年）の編者として知られている。伝記は、甥にあたる桜井懋（つとむ）が『山川浩』（私家版、一九六七年）、『続山川浩』（続山川浩伝刊行会、一九七四年）を上梓している。同書は、平成二八年（二〇一六）に歴史春秋社より復刻された。浩に関する文献は、懋がまとめた伝記を基にして編まれることが多く、

『歴史残花』（平泉澄監修、時事通信社、一九七一年）、『会津将軍山川浩』（星亮一、歴史春秋社、一九九四年）、他に短編などを含めると、多数ある。

健次郎に関連する書籍は非常に多い。自身が筆を執った著書（『新選物理学』、『会津戊辰戦史』等）をはじめ、存命中より多くの文献に紹介されている。例えば、「理学博士山川健次郎君小伝」（『帝国博士列伝』萩原善太郎編、一八八八年、岡保太郎）、「山川健次郎」（『人物画伝』大阪朝日新聞社編、有楽社、一九〇七年）、「山川健次郎―一四歳で外国に留学した秀才」（『東西名士立志伝：独力奮闘』大日本青年教養団編、朝日書房、一九二六年）などがあった。

遺稿集に、『男爵山川先生遺稿』（故山川男爵記念会編〈新城新蔵代表〉、一九三七年）があり、各地での講演や講話、随筆、寄稿等が一冊にまとまっている。伝記は、『男爵山川先生伝』（花見朔巳編、故男爵山川先生記念会、一九三九年）をはじめ、近刊では『山川健次郎伝』（星亮一、平凡社、二〇〇三年）、『山川家の兄弟―浩と健次郎―』（中村彰彦、人物文庫、二〇〇五年）、『評伝山川健次郎―士君子の肖像』（山川健次郎顕彰会編、二〇一三年）などがある。ときに、平成一六年（二〇〇四）に山川健次郎顕彰会が設立され、健次郎の名声と偉業を後世に伝えるため、胸像建立などの活動が展開されている。

健次郎を主題とした談話集として『東大総長山川健次郎の目指すべき国家像と未来』（早川廣中・木下健、長崎出版、二〇一一年）があるが、著者のひとりである木下氏は東京大学工学部名誉教授、長崎総合科学大学元学長で、健次郎の曾孫（健次郎の三女照子の孫）にあたる。近年では、平成二四年（二〇一二）に秋田県公文書館に健次郎の日記の写本の一部所蔵が確認され、日記写本が翻刻された（『山川健次郎日記　印刷原稿第一～第三、第十五』尚友倶楽部編、芙蓉書房出版、二〇一四年）。

さらに、戊辰一五〇年（明治一五〇年）の年の平成三〇年（二〇一八）、一月二二日の第一九六回国会の当時安倍晋三首相による施政方針演説の冒頭は「一五〇年前、明治という時代が始まったその瞬間を山川健次郎は政府軍と戦う

写真４　山川浩
（會津武家屋敷所蔵）

写真５　山川健次郎（真龍寺所蔵）

白虎隊の一員として迎えました。しかし、明治政府は国の未来のために彼の能力を生かし、活躍のチャンスを開きました」であり、国会の演説に登場している。

また、令和三年（二〇二一）（会期一月一六日～二月二八日）の福島県立博物館のテーマ展は「山川浩と健次郎」であった。健次郎の曾孫にあたる山川健英氏（四男建の長男健重の子）より寄贈された書簡、絵葉書、家族写真や浩の勲章、健次郎の懐中時計などが展示された。山川兄弟は、会津が誇る偉人なのである。

浩（長男）と健次郎（次男）については、上記に挙げた文献や資料から知ることができる。本書では、兄弟の略歴を簡単に紹介する（写真４、５）。

浩（旧名大蔵）は、慶応二年（一八六六）一〇月に樺太境界議定のため、ロシアに派遣された幕臣小出秀実（ほずみ）に随行し、欧州遊学を経験した。フランス船に乗って、フランス、ドイツを経て、ロシアのペテルブルク（現、サンクトペテルブルク）を見聞し、フランス語の素養を身に付けてきた。

戊辰戦争では、鳥羽伏見の戦い、日光口の守備、籠城戦と転戦した。鶴ヶ城籠城戦では、小松彼岸獅子のお囃子を率いて縦隊を組み、長州藩と大垣藩の前を堂々と行進し、傍観した敵を欺くという意表をついての入城に成功した

「智将」として知られる。会津開城後、下北半島に移住し、明治三年（一八七〇）、斗南藩の権大参事を勤めた。

妻登勢は、籠城戦で砲弾を浴びて戦死、明治一一年（一八七八）頃、仲と再婚した。廃藩置県後は、明治六年（一八七三）三月に谷干城の推薦により陸軍に出仕、佐賀の乱で陸軍中佐、西南戦争では征討軍団別働隊の参謀に任じられ活躍し、明治一三年（一八八〇）に陸軍大佐、明治一九年（一八八六）に陸軍少将となった。その後、同年四月に東京高等師範学校長、次いで女子高等師範学校長を歴任、貴族院議員に勅任された。郷里では、軍人談話会を設け、軍人志願者に対する給資制度を設け、五〇名程世話をしている。また、会津中学校（現、福島県立会津高校）の設立にも弟健次郎とともに奔走した。

健次郎は、会津戦争中は白虎隊に入隊、一五歳で出陣年齢には満たなかった。鶴ヶ城開城に際し、米沢藩へ脱出するが、この時、秋月悌次郎（一八二四〜一九〇〇年、会津藩出身）の労により、長州藩士であった奥平謙輔（一八四一〜一八七六年）の書生となる。明治四年（一八七一）より、アメリカへ四年間の国費留学生に選抜され、イェール大学で物理学の学位を取得し帰国した。明治九年（一八七六）、東京開成学校（翌年、東京帝国大学に改編）教授補になり、明治一二年（一八七九）には、日本人として初の物理学教授になる。

明治一四年（一八八一）、唐津藩士の娘・鉚（りゅう）と結婚、明治二一年（一八八八）、東京帝国大学初の物理学博士号を授与され、のち、明治三四年（一九〇一）に東京帝国大学総長となり、明治四四年（一九一一）に九州帝国大学、大正三年（一九一四）に京都帝国大学の総長を歴任した。貴族院議員、東宮御学問所評議員の他、私立明治専門学校（現、九州工業大学）総裁、旧制武蔵高等学校（現、武蔵中学校・高等学校）校長など、学校の設立にも多く携わった。

浩と健次郎の兄弟は、特に、明治の教育界を切り開いていったことが分かる。

このような山川兄弟と共に生きた姉妹たちは、どう生きたのか。七人の兄弟姉妹について、個々には研究されている人物もいるが、兄弟姉妹の全体像、明治期以降の兄弟姉妹のつながりに着目した研究は、管見によればこれまでなかった。

本書では、会津藩家老であった山川家の一族を研究対象とし、特に五人の姉妹たち、および山川家に嫁いだ女性たちの幕末期と明治期以降の足跡を調査した。第一章は二葉（長女）、第二章はミワ（次女）、第三章は操（三女）と常盤（四女）、第四章は捨松（五女）、第五章は健次郎（次男）の妻鉚と嫁良（よし）を取り上げ、各人物の実像について明らかにする。

七人の兄弟姉妹は、二葉（長女）、ミワ（次女）…のように表記するが、各人の子どもや孫については、長男景清、次女ヤエ…のように表記することとする。また、物故者の敬称は省略させて頂き、登場する人物名の次の括弧に生没年、必要に応じて出身地を併記した。

本書で引用した文献史料については、原文に忠実にすることに努めたが、読み易くするために旧仮名遣いを現代仮名遣いに、旧字体を新字体に変更し、句読点、ルビ等を附記した箇所があることを断る。本書に掲載されている写真については、所蔵先・転載元を記したが、明記のない写真は著者が撮影したものである。

会津藩の人々は、困難な状況にも拘わらず、矜持（きょうじ）を持ちながら、逆境を乗り越えていった。それぞれが、それぞれの場所で、どのような生き方をしたのか。その明治期以降の足跡は、現代を生きる私たちに、人間のあるべき姿を考えさせる。

近代国家形成期を敗者の立場から明らかにすることで、新たな歴史像を構築させたい。また幕末明治期を生きた人物、特に女性の多様な生き方を知ることで、今後の世界へ希望を与えることができたら嬉しく思う。

それでは、幕末の会津藩家老山川家の女性たちの明治期以降を探っていこう。彼女たちの近代国家への幕開けは、これまでの生活が一変し、冷たい雨が降りしきっていた。

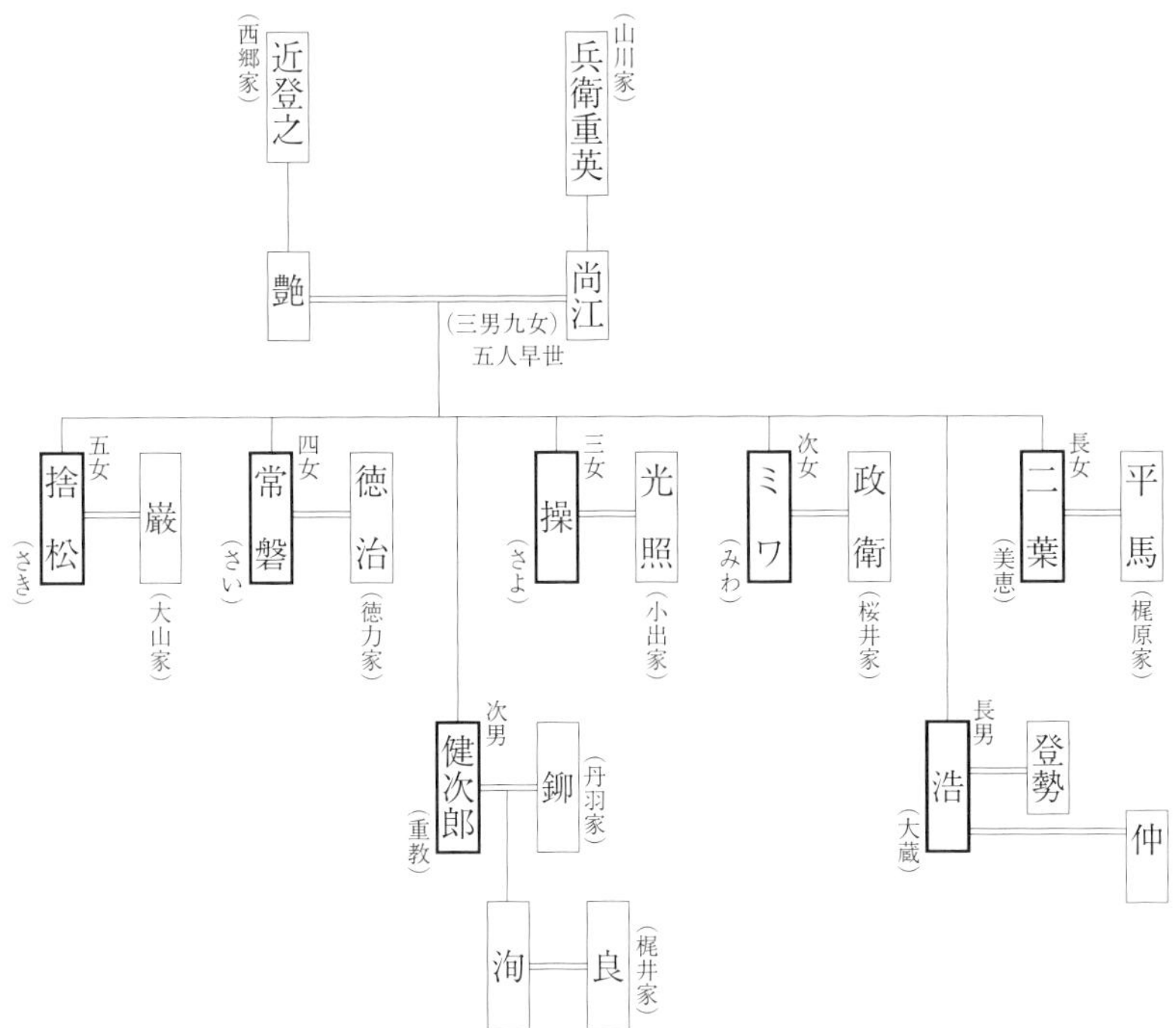

山川家系図・7人の兄弟姉妹
（巻末の参考文献、聞き取り調査等により筆者作成）

第一章　長女二葉の生き方

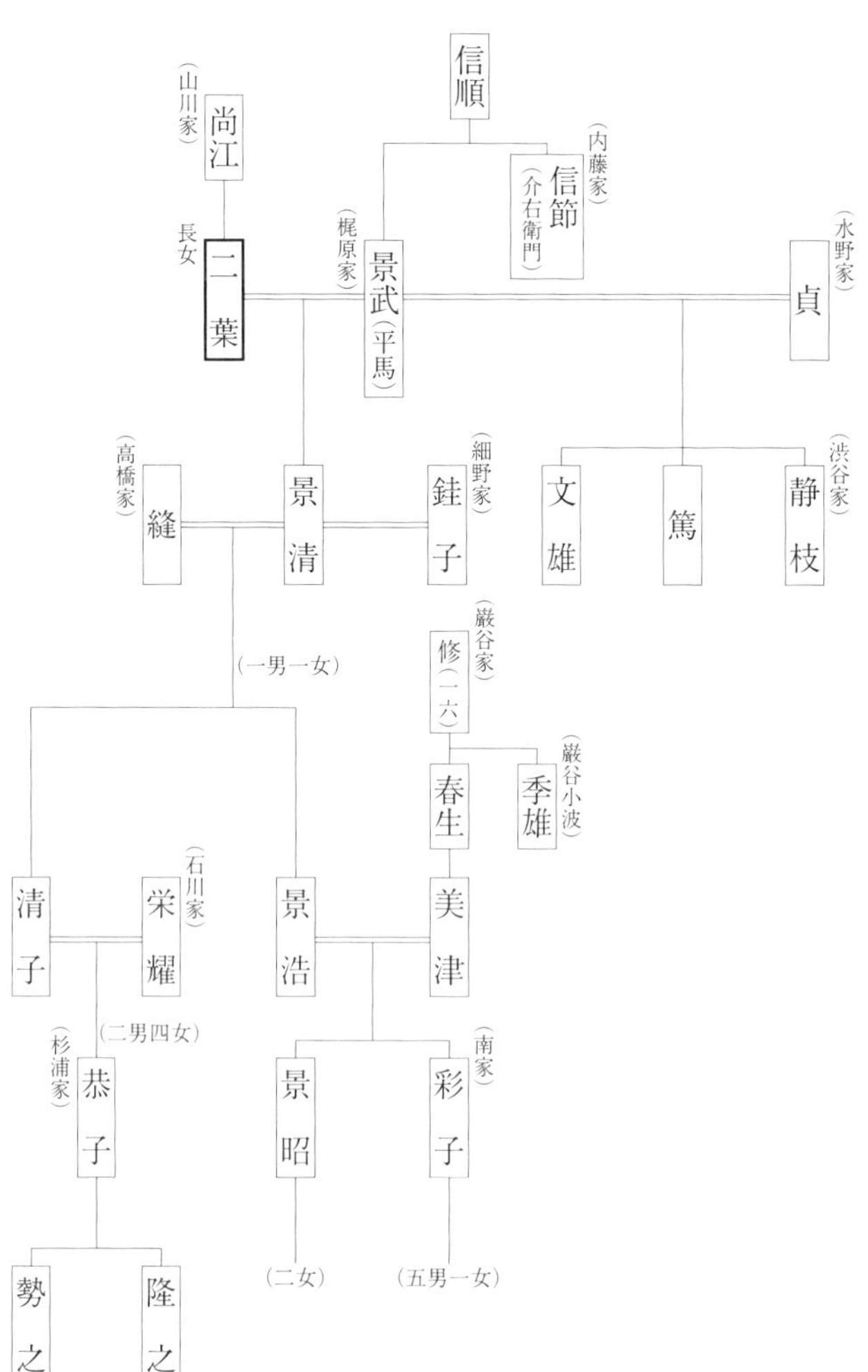

長女二葉の系図
（巻末の参考文献、聞き取り調査等により筆者作成）

山川家の長女

白は神聖な色である。白の衣装といえば、結婚式の花嫁が思い付く。平安時代から続く伝統だという。医療現場や神事でも白が多く用いられる。日本で喪服に黒が着用されるようになったのは諸外国との近代的な交流が始まった明治期以降のことで、現在も国内の各地域や国によって白の喪服の伝統は残っている。

「無垢(むく)」とは、けがれがなく清浄という意味であるが、白無垢は花嫁や神官の正装であり、はたまた切腹の装束ともなる礼服であった。二葉は、会津戦争で「白無垢」を着用し籠城戦に臨んだと回想している。その心は「素より死を決していた」と記す。

山川家の長女となった二葉は一七歳の時に父が死去、成長した七人兄弟姉妹の一番上として、幼い弟妹を母と共に支えた。二葉は「武士気質」と評されたように、規律正しい女性であったといわれる。果して、実像はどうなのか。二四歳で会津戦争を迎えた二葉は、籠城戦に参加し、家老の一族として多くの女性の模範となるよう気勢を張っていた。明治になると、東京女子師範学校（現、お茶の水女子大学）に勤めるようになり、三〇年近く奉職した。

自身は、日記のようなものを残さなかったが、明治期の雑誌への寄稿や追悼集などに、足跡やその考え方を散見することができる。例えば、『女學雜誌』（第三八九～第三九一号、一八九四年）に「會津城の婦女子」、『太陽』（第三巻二三号、一八九七年）に「寄宿生の薫陶」を寄稿した。また、折に触れて多くの和歌を詠んでいた。

死の翌年には、教え子たちにより追悼集『山川二葉先生』（黒川龍編、櫻蔭会、一九一〇年）がまとめられた。また、二葉の孫の梶原景浩（一九〇一～一九七九年）による随筆『會津の人』（八重岳書房、一九八〇年）がある。これは、『老壮の友』に投稿した多くの随筆を遺稿集としてまとめた一冊である。ここにも「祖母」としての二葉の逸話が残る。これらから、二葉の足跡を拾い集め、実像に迫りたいと思う（写真6）。

写真６　山川二葉
（矢部信太郎編『近代名士之面影』第一集　竹帛社　1914 年より）

弘化元年（一八四四）に生まれた二葉の少女時代を描写した記録はない。幕末に会津藩家老を務めた梶原平馬（一八四二〜一八八九年）に嫁いだ。奥羽越列藩同盟が結成された頃の会津藩家老を数えると、田中土佐玄清、西郷頼母近悳、萱野権兵衛長修など、合わせて一三名いたが、会津戦争中に切腹や戦死した家老が相次ぎ、平馬は「会津藩最後の筆頭家老」を務めたといわれる。

はじめに、夫である梶原平馬はどのような人物か、詳解する。平馬は、同じく会津藩家老内藤介右衛門信順の次男として生まれ、幼名を悌彦といった。幼くして、梶原健之助景範の養子となり、梶原悌彦景武と名乗る。

梶原家は、江戸時代初期から会津藩の重臣を輩出する一族で、鎌倉幕府の御家人・梶原景時が遠祖にあたる。また、「会津藩校日新館の幼年向け教科書「童子訓」によれば、梶原一族の会津家召し出しの発端は、甲斐国の梶原景信・景久兄弟の親おもう姿に三代将軍徳川家光が賞賛し、これを聴いた家光異母弟の会津藩祖保科正之が家臣にしたのがそもそものはじまり」（『幕末・会津藩士銘々伝』一二九頁）と伝わっている。「平馬」は梶原家代々の通称名であった。

文久二年（一八六二）一二月、京都守護職に就任した会津藩主松平容保に従って上洛、慶応元年（一八六五）五月には、江戸常詰の若年寄を任命され、翌年三月、「家老」となった。病のため若年寄を御免となっていた兄の内藤介右衛門信節（一八三九〜一八九九年）より先の就任となった（『会津藩に仕えた内藤一族』二〇四頁）。

このとき「平馬」を世襲し、梶原家の十代目の当主として「梶原平馬景武」と改名した。二四歳であった。平馬と二葉が結婚した年はいつなのであろうか。二葉の履歴をみると、「十七歳のとき、父君失ひ給ひしかば、其後は祖父君と母君との訓育をうけ給ひき、後、同藩の重臣、梶原景雄と申すに嫁きて、一子景清君を給ひ」（『山川二葉先生』

一頁）とのみ記されている。

二葉の長男景清は、慶応二年（一八六六）一一月一六日生まれである。二葉が父を亡くした一七歳は、安政七年（一八六〇）である。平馬が役職を拝命した時期と照合して京都・江戸・会津をどの程度往復していたのかという記録がないのが残念であるが、二葉は父亡き後、祖父と母に訓育を受けた「後」、安政七年（一八六〇）～慶応二年（一八六六）の間に結婚したと考えられる。結婚後、二葉も平馬と京都で過ごしていたのか、確かな記録はない。

梶原平馬とアーネスト・サトウの交流

平馬は、若くして家老職に就き、京都では藩外交の表面に立っていた。慶応三年（一八六七）二月一七日、イギリスの駐日公使館書記官であったアーネスト・サトウ（一八四三～一九二九年）が平馬のことを書いている。

アーネストは、文久二年（一八六二）～明治一五年（一八八二）まで日本に滞在した。著作の『日本における一外交官』“A Diplomat in Japan”は、大正一二年（一九二三）にロンドンのシーレー・サービス社から出版されたが、第二次世界大戦前の二五年間は禁書として扱われていた。昭和三五年（一九六〇）に岩波書店から『一外交官のみた明治維新』（翻訳坂田精一）として出版された。

梶原平馬をはじめとする会津藩の藩士との交流の様子は、第一六章「最初の大坂訪問」に登場する。アーネストの通訳は会津藩士の野口富蔵（一八四一～一八八三年、野口成義次男）であった。富蔵は安政六年（一八五九）に藩命により箱館に渡り、文久三年（一八六三）から英国領事ハワード・ヴァイスに英語を学んだ経歴を持つ。慶応元年（一八六五）よりアーネスト・サトウの通訳兼秘書、使用人、また用心棒として、常に行動を共にしていた。

アーネストは、「野口は京都にある戦闘部隊中で最も精鋭な部隊を出している会津藩の人間だった。私は野口を、会津藩の人々にあわせるために京都へ出張させたが、彼は帰ってきて、数名の会津藩士がやってくると話した。」

（二四一頁）と書いている。その通りに、二月一七日の晩遅く、会津藩士四名がやってきた様子は以下のようであった。

梶原平馬（家老）、倉沢右衛門、山田貞介、河原善左衛門の四名が訪ねてきた。彼らは、贈り物として数巻の淡青色の絹の紋織と、ハリー卿とミッドフォードと私にあとから届ける刀剣や、その他の品物を記した目録を持参した。公式な贈り物の場合は、奉書紙という淡いクリーム色の厚い和紙に書いた目録を品物にそえるのが習わしになっているが、品物の用意のない場合には、前もって、目録だけ渡すことがあった。私たちはお返しの品物がなかったので、できるだけのもてなしをした。

梶原は、シャンペン、ウィスキー、シェリー、ラム、ジン、水で割ったジンなどを、またたきもせず、尻ごみもせずに飲みほし、飲みっぷりにかけては、他の人をはるかにしのいだ。彼は色の白い、顔だちの格別立派な青年で、行儀作法も申し分なかった。この人々は、外国の軍艦を見たがっていたので、バジリスク号のヒューエット艦長への紹介状を書いてやった。これが、機縁となって、私は会津藩の人々とも親密な関係になったが、こうした友誼は、革命戦争によって日本国内の政治問題に関する彼我の意見が全く反するに至ったあとまでも続いたのである。そして、この場合でも会津藩の友人たちは、イギリスの望むところは一つの国民としての日本人の全体の利益であって、国内の党派のいずれにも組するものでないことを、はっきりと見抜いていたので、われわれの演じた役割を少しも恨まなかった。

（『一外交官のみた明治維新』二四一～二四二頁）

洋酒であっても、いい飲みっぷりであった平馬について、「顔だちの格別立派」「行儀作法も申し分ない」との評が見受けられる。その二日後の昼食にも「新しい友人」たちはやってきたそうで、その時も「シャンペンと罐詰の肉を平らげて、意気大いに軒昂（けんこう）たるものがあった。」（二四二頁）とある。

アーネストは断りとして、当時は正餐の席で酩酊するのは普通のことで、お客が「しらふ」で帰ると、主人側は充分相手を満足させなかったのではと気をもんだという主旨のことを書いている。その通りに、「新しい友人」は、べろべろに酔って、子供や女たちの耳に入れたくないような話、一束の猥画を差し出し気前よく分けてくれたという。会津藩士の誰の行動かは記録にないが、このような醜態に著者は仰天した。

その時、「梶原は、この馳走の返礼に、今晩一緒に酒を飲みにゆこうと、私たちをさそった。さっそくこれに応じたが、江戸から派遣されて来ている外国係の役人から文句が出た。これらの役人は、外国公使館の館員が大名の家臣の招宴にのぞむことは、たとえ会津のように将軍派に属する場合でも、前例のない、穏やかならぬ違法行為だと考えたのである。そこで、私たちは、この招宴を断念させようと、役人たちが裏面でいろいろ工作するものと思った。」（二四二頁）とある。

その日の午後、アーネストはボートの視察をしたが、長いこと歩いたようですっかり疲れていた。大坂滞在は一週間が経ち、毎日方々を視察しているが、いつも外国人をみようとする好奇心あふれる人だかりがあったのである。アーネストは、宴会の場所を探しに会津の人々と一緒にでかけた野口がまだ戻ってこないので、てっきり役人に阻止されたものと思い込み、夕食を食べ始めたところ、野口が万事用意出来たと戻ってきた。護衛は、夜の休息のため引き下がって居たので、提灯をもった男を一人つれただけで、外へ出た。「夜もおそかったので、道路の人影は全くなく、何か冒険にでも出かけるような気持ちがして悦に入った。」（二四三頁）との描写があるが、当時、西洋人をはじめとする外国人は、日本の街の夜の街路へ自由に外出することは許されていなかったのである。アーネストたちは三キロほどの道を歩いて、川に沿って下り、ようやく大きな橋のたもとの一軒の料亭に到着した。

その時の様子は、「会津の友人たちが、私たちの到着を待っていた。われわれの席として、部屋の一番上座のところへ毛布が敷いてあり、まん中に一列に並んだ高い燭台を挟んで、向こう側の座布団に会津の連中がすわっていた。」

（二四三頁）と具体的であった。アーネストは、大坂きっての有名な芸妓さんを見せてくれるという約束だったのに、「ばかに年増の女が茶をつぎに出た」や、「ようやく出てきた芸妓はたしかに美しいと思われる女も数人いたけど、お歯黒に馴染めなかった」、「日本の舞踊の身振りや調子はずれのような音調が退屈であった」というような印象を綴っている。

その後、江戸から同行してきた役人に見つかり、結局、少しの時間過ごしただけで、一一時頃に退席となったそうだが、「おそらく、会津の連中はずっとおそくまでやっていたことだろう。」と後ろ髪をひかれたようであった。平馬たちは、アーネストたちが帰った宴で、何を話題にしていたのか、気になるところである。アーネストの記録は、西洋人と積極的に関わろうとする平馬の意気込みを感じる逸話であった。

ちなみに、野口は明治二年（一八六九）、アーネストの休暇帰国に随行してイギリスに渡り、援助を受けながらロンドンの大学に入学、翌年、たまたま欧州視察中の西郷従道と面会し、国費留学生となった。明治五年（一八七二）には岩倉使節団の工部理事官随行（通訳・案内）として雇用された。帰国後、兵庫県庁に出仕するが、明治一六年（一八八三）に結核のため、四二歳で死去してしまう。野口については、『野口富蔵伝　幕末英国外交官アーネスト・サトウの秘書』（國米重行、歴史春秋社、二〇一三年）に詳しい。

その一年後、政局は大きく転換する。慶応四年（一八六八）一月三日、鳥羽伏見の戦いが勃発したのである。一五代将軍徳川慶喜は、鳥羽伏見の戦いの敗色を知ると一月六日未明、会津藩主松平容保らと江戸へ引き返し、一月一二日に帰着した。これに伴い、会津藩士も京都を撤退し、江戸に戻った。一月二〇日、慶喜が会津藩江戸中屋敷（現、芝新銭坐邸）を訪れた記録が残る。

慶喜公騎馬にて老中板倉勝静朝臣…其の他奥向騎兵の諸員を従えて新銭座邸を訪ふ。藩相梶原平馬景武、若年寄西郷勇左衛門近潔、之を迎へて先導す。…伏見・鳥羽の敗因を以て幕軍の怯懦に帰す。慶喜公、平馬竝に勇左衛門を召し藩士の勇武を感賞す。
（『会津戊辰戦史』一五七頁）

会津藩江戸中屋敷で慶喜を迎えたのが、平馬であり、慶喜から会津藩の勇武を讃えられた。会津藩の中枢を担う平馬の姿であった。同年二月一一日、慶喜は江戸城を離れ上野の東叡山寛永寺に蟄居となった。同月一六日には、松平容保は江戸を総引き上げし、会津へ帰国する。このとき、平馬は、横浜で小銃八〇〇挺や弾薬などを購入するために、江戸に留まった。その後、北越戦争で長岡藩を主導した長岡藩家老の河井継之助（一八二七～一八六八年）、桑名藩主の松平定敬（一八四七～一九〇八年）らとともに、三月二六日、海路で新潟へ上陸した。定敬は、美濃国高須藩主・松平義建の八男であり、松平容保の実弟にあたる。

同年四月一一日、江戸無血開城となり、戦争の舞台は奥羽地方へと移っていく。

奥羽越列藩同盟

古来より、白河の地は陸奥国の咽喉であった。白河の関址は明確ではない所があるが、本格的に「関」として機能しはじめたのは、律令国家が隆盛した八～九世紀頃といわれている。

白河について、戦国時代は会津の所領（蒲生氏、上杉氏）、江戸時代初期には丹羽氏、のち譜代大名の榊原氏が入封し、奥羽諸藩の外様大名の抑えとして、松平氏など有力な親藩・譜代大名が頻繁に入れ替わってきた。

文政六年（一八二三）、武蔵国忍藩より阿部正権が一〇万石で入部し、その後、阿部家が八代四四年間在封した。第七代藩主阿部正外が老中など要職に在ったが、慶応二年（一八六六）、第八代藩主阿部正静のとき棚倉藩に転封となり、戊辰戦争が始まった時分、白河藩領は二本松藩の預かり地で、藩主不在であった。

慶応四年（一八六八）五月三日、奥羽越列藩同盟が結成された。会津藩からの同盟の立役者は平馬、その人であった。旧幕府軍にとって重要な場所である白河口の大敗から数日後であった。同盟結成までの各藩の動向は、以下のようである。

これに先だって、新政府は同年一月一五日、奥羽諸藩に「会津・庄内追討の沙汰」を発出していた。奥羽鎮撫総督には、公家の九条道孝が任命された。奥羽鎮撫の一行は、三月一九日、仙台に到着し、仙台藩に対し、速やかな会津進撃を命じた。

閏四月四日、仙台藩・米沢藩の連名で「会津藩の降伏嘆願」を申し入れる会議を、白石で開きたいとの廻状が奥羽諸藩の間で廻された。閏四月一一日、白石城の一角に奥羽列藩会議所が設けられ、白石の各旅館には、各藩の重臣が続々と参集した。各藩重臣には、会津藩の嘆願書が回覧され、列藩代表は嘆願書に異議なく同意する。この段階では、戦争を回避できればというのが列藩重臣の本音であった。

翌日、仙台藩・米沢藩の両藩主の添書と奥羽諸藩の嘆願書三通を総督府に提出し、会津藩に対する寛大な処置が求められた。嘆願は会津藩の領地削減、首謀者の斬首の二点で開城には触れられてなかった。会津嘆願について、九条総督は受け入れた。が、奥羽鎮撫総督府下参謀である長州藩士の世良修蔵（せらしゅうぞう）（一八三五〜一八六八年）が反対し、嘆願書は拒否される。「尊皇敬幕論」を主張していた奥羽諸藩はこの対応に憤慨した。これを機に、再び会議が行われ、ついに、五月三日に東北二五藩と北越六藩が参加し、三一藩による奥羽越列藩同盟が結ばれたのであった。

東北二五藩とは米沢、仙台藩に加え、南部・秋田・津軽・八戸・弘前・黒石・一関・二本松・守山・棚倉・下手渡・相馬・三春・福島・平・湯長谷・泉・新庄・山形・矢島・上ノ山・天童・米沢新田・本庄・亀田の二七藩である。北越六藩とは、長岡・新発田・村上・村松・三根山・黒川藩である。「降伏嘆願」の渦中にある会津、庄内藩は嘆願される側であるため加盟はしていない。

五月一日より始まった白河口での戦闘では、攻防と奪還が繰り返されていた。戦闘は、七度にも及んでおり、千名を超える戦死者があった。そして、七月一四日、ついに仙台藩主導の白河攻撃がなされ、白河は占領される。白河の地を破ったあとの新政府軍は、すぐに三春藩に侵攻し、三春藩は二七日降伏、二八日に守山藩も降伏し、近隣の二本松藩は戦場となった。二本松藩の少年隊の悲劇はあまりにも凄惨である。

新政府軍は、会津の地に、山川家に、二葉に、刻々と迫ってくる。

会津戦争での二葉

前述の通り、慶応四年（一八六八）二月、会津藩主・松平容保は江戸を総引き上げした。この時、薙刀の名手の中野竹子をはじめ、江戸常詰の女性たちも会津に帰ってきた。

奥州街道から会津への道は数本あった。会津藩は、侵入に備えるため、四境（白河口（総督西郷頼母（たのも））、日光口（総督大鳥圭介）、越後口（総督一ノ瀬要人）、大平口（総督原田対馬）、米沢口）に兵を送り、守りを固めていたが、白河口が破られると、会津国境は緊迫した。

閏八月二〇日、新政府軍が石筵（いしむしろ）口、勢至堂（せいしどう）口から合わせて二〇〇〇名進軍、他に会津中街道の三斗小屋、会津西街道の日光口からも攻め入ってきた。石筵口を守っていたのは、大鳥圭介率いる旧幕府伝習隊、二本松藩、仙台藩であった。母成（ぼなり）峠は激戦となった。

二二日早朝、母成峠を破った新政府軍が猪苗代に攻め込んでくる。猪苗代湖から流出する唯一の河川である日橋（にっぱし）川には要害である十六橋があり、戸ノ口原の入り口であった。二二日正午、十六橋が破られ、会津藩士は散り散りとなった。その後の白虎隊の悲劇は長く語り継がれているが、城下でも西郷一族をはじめ、自刃した一族が多かった。

会津戦争での平馬は、松平容保の側近として、「十八倉の陰に敵兵潜居して城兵を狙撃するの恐あるを以て、藩相梶原平馬は兵士に命じて倉庫を焼却せしめたり。」（『会津戊辰戦史』五〇九頁）など指揮を執る精悍な記録が残る。

いよいよ新政府軍が会津城下に迫ってくると、照姫（一八三三〜一八八四年）の総指揮のもと、藩士の子女や女性など、六〇〇余名が若松城（鶴ケ城）に籠城することになる。照姫は、飯野藩八代藩主保科正丕（まさもと）の娘で、天保一四年（一八四三）に会津藩主松平容敬の養女となった。容保の義姉にあたる。

八月二三日早朝、城の櫓（やぐら）の鐘が鳴った。鐘は、兼ねてより達しされた「早々に三の丸に集まるべし」という合図であった。二葉は、午前一〇時頃に自宅を出た。この時、すでに新政府軍が城外へ近づいており、城下には、弾丸がイナゴのように飛んでいた。このとき、息子・景清はどうしたのか。操（三女）が『婦人世界』（第四巻第八号、一九〇九年刊）に寄稿した逸話がある。

> 私の姉に二つの子供がをりました。それを姉は城内へ連れて行かうとしますと、その子についてをりました乳母は非常に悲しんで、ぜひこのお子さんだけは私にいただかして下さい。私が在所へお連れ申してお育て申したいと申します。けれども姉は、乳母などにやつてしまへば、百姓として一生を終らなければならない。それより城内へ連れて行つて、自分と共に死んだ方が子供のためにも幸福だといふので、承知しませんでした。乳母は、せん方なくその子を背負うて、姉について城の方へまゐりましたが、途中で子供を背負つたまま姿を隠しました。姉は非常に驚きましたが仕方がございません。乳母は、その子を連れて自分の村へ帰りましたが、折悪しくその家が官軍の宿になつてをりましたさうで、「その子はお前の子ではあるまい。」といはれた時は、生きた心地もなかつたと、あとで申しました。それから、子供についてをりました護刀は床下に埋めて、ヤツと隠したさうでございました。
>
> （『婦人世界』第四巻第八号）

二葉は景清を乳母に託し、自身だけ籠城することとなった。自分と共に死んだ方が子供のために幸せだ、という気持ちと生き延びてほしいと気持ち、探すことをしなかった二葉の本心は後者であるように思う。

籠城戦は、一カ月間続いた。籠城中の女性たちの様子は、以下のようであった。

> 城中の男子は何れも戦場に出で、、矢石の間に馳驅（ちく）し、他を顧る暇なきを以て、糧食を調理するは、主として婦人の任務にして、日々握飯を作りて四方防禦（ぼうぎょ）の傷處に配付し、又負傷者の看護も、其任する所なりき、加之當時は今日の如き銃を用ひざりしを以て、其銃弾の如きも、方今（ほうきん）の物と同じからず、之を製するも容易なりしかば、城中に於て日毎に之を製し以て其缺（けつ（欠））を補充せしが、是亦、籠城婦人の業務なり。（『山川二葉先生』二頁）

すなわち、兵糧の握り飯を作り、負傷者の看護、銃弾を作った。二葉は、家老の一族として率先して働き、模範となるよう努めていた。

また、山川家出身の女たちは、怪我をして体が不自由になるよりも死を望むとし、誰かが重傷を負った時には、武士の道にならって首をきりおとすことを約束しあっていたといわれる。この時の母艶（唐衣）と二葉のやりとりが、籠城戦に参加した会津女性からの聞き取り「會津城の婦女子」に書かれている。明治二七年（一八九四）の『女学雑誌』（第三八九号、第三九〇号）に掲載された。

話者は、二葉をはじめ、同じく会津藩家老横山主税（ちから）の母、家老柳瀬三右衛門の娘雑賀あさ（浅子）であった。当時、あさは青山英和女学校の取締を務めていた。会津藩士雑賀重村（さいがしげむら）に嫁ぎ、明治初期は函館で生活していたが、明治一三年（一八八〇）に夫が四五歳で急死、函館では遺愛女学校舎監および裁縫教師を務めた。その後、東京、京都など各地のキリスト教系女学校で女子教育に尽くした人物である。会津関係者が多く関わったキリスト教婦人矯風会の会員でもあった。

◎山川氏当時二幼女あり　長なるは九才常盤女。次は捨松女（現に大山大臣夫人）七才なり。母唐衣女史言われけるは、万一の時、一人は妾が刺し殺すべけれど、二人とも殺さんとは、如何やらん、われながら気遣はる、一人は御身引うけ申さるべしと、二葉女史に申されけり。（『會津城の婦女子（一）』）

つまり、「万が一の時の幼い妹の自害の補助の約束」であった。「幼い妹」であった捨松（五女）は、明治三八年（一九〇五）にアメリカの「トゥエンティース・センチュリー・ホーム」という新聞に会津戦争中の出来事を寄せている。そこには、「母、姉、義姉そして私も、いつも死ぬ覚悟は出来ておりました。怪我をして身体が不自由になるより即死する方を望んでいました。ですから、私達はいつも母と約束を致しておりました。もしも私達の中で誰かが重傷を負った時には武士の道にならって私たちの首を落として下さいと。」と、ある。

九月一四日、浩（長男、当時大蔵）の妻・登勢が四か所に銃弾を受けた。登勢は、宝蔵院流槍術の名手北原匡（四〇〇石）の次女、当時一九歳であった。この時の逸話は涙があふれてくる。「早くこの苦しみから救ってくださいと苦しい息の下から頼む義姉の声を聞くことは、とても耐え難いことでした。「母上、母上。どうぞ私を殺して下さいませ。あなたの勇気はどこへ行ってしまわれたのですか。さむらいの妻であることをお忘れですか。早く私を殺して下さい。お願いです。」でも気の毒に、母は余りのむごさに、すっかり勇気を失ってしまったのです。約束を守るだけの強さは、母にはなかったのです。」と捨松は綴る。

山川家では、前線にいる夫の浩に使いを走らせ、最後の別れをするよう伝えた。しかし、義姉は浩が到着する二、三時間前に息を引き取った。登勢を思って浩の到着を待っていたのだろうか。過酷な誓いはあったが、死を目の前にした、山川家の女性たちの辛い心中が察せられる。

九月二二日、会津藩は開城した。降伏式において、松平容保とともに家臣の先頭に立ち、新政府軍にひれ伏したのが平馬であった。後世、会津の降伏を象徴する有名な錦絵にもその様子は描かれた。江戸謹慎となった容保に従い、平馬も上京した。白無垢で戦いに臨んだ二葉の命もまた助かったが、開城の際に着物は鼠色になったと伝わる。

二葉は、明治になり、会津戦争の経験を東京女子師範学校の生徒に何度も語っている。追悼集（『山川二葉先生』）には「先生がかの会津落城の生ける歴史談をはじめ給う時は、先生まづ泣きたまひて、われ等みななかされまつりき」（一二八頁）、「いと勇ましく會津御籠城の御物語をせさせられ一同感に入りて承りたり」（五三頁）などが回想される。時を経ても、消えない涙の記憶となった。

このような二葉について、「会津戦争の時に御籠城を遊ばされました事は承ってをりますが、其御勇ましい御精神が自然言語動作に顕れて、我々を御導き下さる事と存じます。」（三五頁）と生徒が感じていたように、会津戦争の経験は、明治の世を生き抜く原動力となっていく。

会津戦争は終結したが、茨の道はまだ続く。

斗南への移住、そして平馬との離別

明治二年（一八六九）九月二八日、会津松平家の再興が新政府から認められ、翌年に会津藩は「斗南藩（となみ）」へ移封となり、一万七千人の会津藩士とその家族が北へ移住した。「斗南藩」とは、現在の陸奥三郡（青森県三戸上北、下北の三郡と岩手県の一部）と北海道四郡（後志国瀬棚郡、同太櫓郡、同歌棄郡、胆振国山越郡）にあたる。

これまでなぜ「斗南」と命名されたのか、その由来、または出典について漢籍や漢詩句などが原典ではないかとの仮説がいくつも提示されてきた。例えば、中国の詩文「北斗以南皆帝州」からとり、「例え本州の最北の地に流されても、同じく民であり、朝敵でもなければ賊軍でもない。ひとしく北斗七星を仰ぐ帝州の民である。」（『猪苗代町史』二九七頁）という願いをこめたといわれており、葛西富夫氏（郷土史家）は「いつかは南へ帰るという薩長藩閥政治に対する反骨心も含まれていた。」（『斗南藩史』一一二頁）と推察された。

また「南斗六星」からとり「さそり座を薩長、射手座を会津に置き換え、会津藩を奈落の底に墜した新政府を子々孫々に至るまで未来永劫忘れることなく、きっと見返してやろうという悲憤をこめた。」（『土津神社と斗南』七七頁）との塩谷七重郎氏（郷土史家）の意見もある。

これらについて、近年の研究では「斗南」は「外南部」由来、との見解がされている。『東奥日報』（二〇一九年一月一九日）の記事を紹介する。伊藤哲也氏（幕末史家）の調査で確かめられた公文書には、明治三年（一八七〇）四月二四日に「藩名を斗南とする」と願い出たのが初めの「斗南」と書かれた書類（国立公文書館所蔵「青森県取調書」）で、その後すぐの同年五月一五日に「斗南藩知事」に松平容大が任命された書類が残っていた。

さらに、「青森県取調書」には「（斗南は）地名にあらず、北斗の南にあるの意、又文字は違うことなれども彼地方は外南部の俗称あるにより旁に撰びたるなりと相聞こえ」との記述があったという。そして、昭和六一年（一九八六）刊の『七戸町史』と平成九年（一九九七）刊の『野辺地町史』をみると、すでに伊藤一允氏（十和田市在住）が漢詩とは無関係の明治七年（一八七四）の「北下日記」（竹村秀俊著）に「斗南とは外南部の謂なり」との記述があると明記されていた。これらから、「となみ」と名付けられたヒントが「外南部」であるとほぼ決定的である、との見解がなされた。長らく斗南の由来について、漢詩や漢誌句の仮説の論争が続いていたが、斗南の由来は決着したのか、更なる史料の発掘はあるだろうか。

さて、斗南の地へは、山川家の七人の兄弟姉妹のうち、健次郎（次男）以外が移住した。家老であった浩（長男、旧名大蔵、明治になり浩と改名した）は、権大参事として斗南藩でも藩の中枢を担った。平馬もまた、東京から海路で斗南藩の所領となった青森の上市川村へ移住、二葉も一人息子の景清を連れて移住した。

斗南藩は三万石の領地はあったが、実質的には六〇〇〇石ないしは七〇〇〇石の収納にすぎず、一万七千人の会津藩士は飢餓や凍傷などに苦しんだ。柴五郎の『ある明治人の記録』や『斗南藩史』には犬の肉を食いながら飢えをしのいだ様子や厳寒にひたすら耐える悲惨な生活が綴られている。

明治四年（一八七一）、廃藩置県となった。浩は、同年一一月、青森県八等出仕を命じられるが、同年一二月に依願免出仕し（依願辞職）、同年末までに山川家本家は一家で上京した。ちなみに、山川家本家の上京時期については、明治四年（一八七一）の年末説の他に、同年六月説や八月説などがあるが（『続山川浩』六二頁）、廃藩置県の年に上京したことは確定している。

この時、平馬はどうしたのかというと、青森に留まった。すなわち、『青森県歴史』附録にある官員履歴に、平馬の名が記されており、青森県庁に一期間出仕し始めたことが分かっている。史料によると、平馬もまた、明治四年（一八七一）一一月三日から翌年一月八日まで約二ヶ月出仕したのみであった。要職にも就いていない。他の斗南藩士（旧会津藩士）の官員履歴をみると、先に挙げた浩をはじめ、数ヶ月で辞めている藩士は少なくない。しかしながら、それらの藩士は「依願免出仕」と記入されている。平馬だけ「免出仕」と記載されていた。

会津開城後、「生家内藤家は一族総自害、弟武川信臣は江戸伝馬町の獄舎で斬首」（『幕末・会津藩士銘々伝』一四五頁）され、平馬には生き残ったという苦しみに囚われていたといわれる。「免出仕」は、依願であったのか、懲戒であったのか、それを明らかにする史料は残されていない。幕末期に会津藩のために奔走し、重要な役割を果たしていた平馬であったが、戊辰戦争で敗北してからは、政治の中枢から離れた生活を送った。

二葉といつ離別したかについては、二葉側の記録には「故ありて復籍したまへりき」、「明治六年に至り、一家挙りて上京し給ひしか、先生は先に梶原氏と離別の後も、一子景清君を携えて、一身を其教育に委ね給へり」（『山川二葉先生』三頁）としか書かれていない。二葉は、明治六年（一八七三）に上京しているので、平馬が青森県庁を辞職した時期と前後して離別したのであろう。

その後、平馬は会津に戻ったといわれる。『旧斗南士族名籍便覧』に「明治八年四月　若松県下大町一ノ丁　□上市川村　梶原成馬景雄」との記録がある。青森から会津に戻った平馬は、この記録を最後に消息不明となった、とこれまで伝えられていた。

平馬は京から連れ帰った愛人と共に北海道に渡り函館で暮らしている（『根室市博物館開設準備室紀要』第一〇号六三頁）などの噂が流布したらしい。長谷川つとむ氏による『会津藩最後の首席家老梶原平馬・その愛と死』（新人物往来社、一九九二年）には、ドラマチックな平馬像が描かれている。長谷川氏は梶原家の遠戚であった。遠戚とは、平馬の孫清子が嫁いだ石川栄耀の妹の子であった。近年、平馬の明治期以降の足跡についての調査が進んでいる。これらも含め、詳細は後述する。

東京女子師範学校の「寄宿舎長」

二葉は、明治六年（一八七三）に上京した。その後、明治一〇年（一八七七）一二月一三日に東京女子師範学校の生徒取締として出仕した（『山川二葉先生』四頁）。二葉が就いた役職「生徒取締」とは、これまで寄宿舎の寮監のこととされていた（写真7）。

東京女子師範学校は、お茶の水女子大学の前身である。学校の歴史を紹介する。その沿革は、明治七年（一八七四）一一月に端を発する。

文部少輔田中不二麿により太政大臣三条実美の許に、女子師範学校設立の建議書が提出された。「忽にされてゐた女子教育を、時勢の進運に伴って促進させなければならぬ。」という趣旨であった。同年三月には、文部卿木戸孝允から「今般第一大學區東京府下ニ於テ女子師範學校設立致候條之旨相達候事」との布達が発せられる。その間、女子師範学校のための生徒入学心得書が作られ、生徒の年齢は（特例はあるが）約一四歳以上二〇歳以下、入学許可には地学事始・物理階梯・国史鑒要等の試験が課せられた（『東京女子師範学校六十年史』四～一六頁）。

写真７　現在のお茶の水女子大学の正門（文京区大塚）

明治八年（一八七五）八月二〇日、生徒百名を限って入学を許可し、一九三人の応募を得て、合格者七四名が第一期生となった。同年一一月二九日、開校式が挙げられ、東京女子師範学校が誕生した。修業年限は、はじめは五年であったが、明治一〇年（一八七七）五月に三年半に短縮された。この年、附属幼稚園が開園、学校の目的が「小学の師範たるべき女子を養成する」ことに改められる。翌年には保母練習科（対象は二〇歳以上～四〇歳以下）が設置された（『東京女子師範学校六十年史』二五～四〇頁）。

開校まもなくから、寄宿舎が併設されていた。明治八年（一八七五）から二年間は「取締」が任命され、毎夜交互に宿直した。しかし、新聞に寄宿生の監督不行届が書かれ、寄宿舎の規律を厳密にすることになった。明治一〇年（一八七七）九月二二日、寄宿舎の監事に永井久一郎（一八五二～一九一八年、尾張藩出身）、舎中副監四名（松江萩江、豊田芙雄（ふゆ）、竹村ちさ、福田米）、取締二名（近藤とく、藤川さい）が任命された。

監事の永井はアメリカ留学後に官僚となった人物で、教育界でも活躍した。長男の壮吉は小説家（永井荷風）になった。また、舎中副監に豊田芙雄（一八四五～一九四一年、水戸藩士の娘）の名前がある。芙雄は日本の保母資格者第一号として知られ、幼稚園・保育園教育の先駆者として知られる人物である。水戸藩九代藩主徳川斉昭の右腕であった儒学者藤田東湖の姪にあたる。

取締の近藤とくは、「近藤はま辞職の後を継きて取締にてありし」（『山川二葉先生』三〇頁）と補足がある。「とく」と「はま」は血縁関係があったのかは不明であるが、近藤はま（一八四〇～一八八六年）は、東京女子師範学校附属幼稚園創設時に、芙雄と松野クララ（ドイツ人、東京女子師範学校の英語教師、山林技師松野礀が滞独中に婚約し来日）と共に保母を勤めた人物で、幼稚園保姆練習所（正式名称は公文書にも明らかではない）を創立した人物である。余談だが、明治二五年（一八九二）に会津出身で、海老名季昌（すえまさ）の妻・海老名リン（一八四九～一九〇九年）がここで保母の資格をとっている。リンは、若松幼稚園・会津女学校（現、福島県立葵高校）の創立者として知られる。

さて、「取締」は「寄宿係」とすぐに改称されることになり、明治一〇年（一八七七）一二月一三日に「寄宿舎長」を置くことになった。この役職に、二葉が任命されたのである。

監督組織は監事一名（永井久一郎）、舎中副監三名（松本荻江、豊田芙雄、竹村ちさ）、寄宿舎長二名（二葉、福田米近）、寄宿舎係二名（近藤とく、藤川さい）であった。

舎中副監は宿直を免除され、監督に徹し、**寄宿舎長が隔夜交替で宿直を担い**、寄宿舎監督の実権を収めた。寄宿舎係も宿直を免除され、舎長の事務を補助した。寄宿舎の組織改編は「山川二葉氏就職によりて舎務の整頓を告けたるならんか」（『山川二葉先生』三二頁）と期待された。

なぜ、二葉に白羽の矢が立ったのかは、分からない。旧会津藩士の高嶺秀夫（一八五四～一九一〇年）や健次郎（次男）が関係していたという説がある。高嶺は慶応義塾の塾生、教員を経て、アメリカに留学、東京師範学校長、女子高等師範学校長を歴任し、「修学旅行」の名付け親として知られるが、この当時アメリカ留学中で、東京女子師範学校に関係するのはもう少し後であった。健次郎は開成学校の教授補になったばかりであった。

ちなみに、「東京女子師範学校」は、明治一九年（一八八六）に東京師範学校女子部、明治二三年（一八九〇）に女子高等師範学校、二葉が退職した後の明治四一年（一九〇八）に東京女子高等師範学校と改称された。この呼称は、終戦後の国立学校設置法による「お茶の水女子大学」の設置まで続いた。

明治中期の女子生徒の現状

二葉の寄宿舎長就任は、寄宿舎に大きな変化を与えた。追悼集には、「女子教育の事漸く、其萌芽を發したるのみにして、其方針の如きも、未だ一定せず、男女同権の盛に稱道せらる、時なりしが、先生之を正論に有らずとなし、諄々として、女子の従ふべき方針を指示し給へりき、その功労の著しき」（『山川二葉先生』四頁）とあり、「女子には女子の従うべき方針がある」という封建的女性観の教えで、生徒の規律を導いた。

学校はどのような環境であったのか。明治一五年（一八八二）の記録をみると、東京女子師範学校の職員は四八名だった。当時の校長は那珂通世（一八五一～一九〇八年）で教諭も兼務した。盛岡藩出身の那珂は、「東洋史」の概念を生んだ歴史学者でもあった。他に教諭六名、助教諭八名のもとに、一二名の訓導として杉田すゞ（一八六五～一九一六年、旧姓藤田、鳥羽藩士の娘）、坂田鎮（一八五七～一九一三年、志津、しづとも）、寄宿舎に二葉、安達安子、鳩山春子、後閑菊野ら四名という構成であった。これに対し、生徒数は本科生徒七五名、予科生徒一一〇名で、多くの職員で生徒を指導していたことが分かる（『お茶の水女子大学百年史』四一頁）。

ちなみに、訓導を務めた杉田すゞは、英学・幼稚園教育を志したが、夫は自由民権運動の指導者として知られる政治家・杉田定一（福井出身）である。同じく訓導を務めた坂田鎮は、一期生であり母校にて三八年間奉職し、退官後は神田高等女学校長を勤めた。寄宿舎で二葉と一緒であった安達安子、鳩山春子については後述する。後閑菊野

（一八六六〜一九三一年）は、のちに宮内省御用掛を経て、桜蔭女学校（現、桜蔭中学・高等学校）の初代校長となった人物である。

この頃の生徒について、明治一二年（一八七九）は卒業生三三名、就職一一名、死亡一名、明治一三年（一八八〇）は卒業生三四名、就職九名、死亡七名、明治一四年（一八八一）は卒業生三三名、就職一四名、死亡二名との記録が『女子高等師範学校一覧』（明治二五〜二六年）にある。そして、明治二二年（一八八九）までの卒業生総数は二五二名、就職一一一名、死亡二〇名であった。就職したものの結婚を機に数年で退職する者が多いのも実状であった。また、在学中に在籍者の八％が死亡するという記録もあり、この実情も驚くべきことであった。

「武家風婦人の生ける型」といわれているが、二葉は、身体が弱く、喘息でもあった。そのためか、少しでも健体であろうと、毎朝の冷水浴を欠かさず、どんな寒風でも止めなかったといわれる。一緒に入浴した生徒の話に、猿のように後ろにつながりあって背中を流し合いするとき、背中の肉が落ち込んでいて、手拭が背骨につかえてごつごつして痛くなかったかと冷や冷やすることも度々あった（『山川二葉先生』九頁）との回想があり、身体も痩せていたことが分かる。

そのような二葉が、口煩い程に、生徒の健康に非常に気を使っている逸話が多々ある。それは、在学中に亡くなってしまう生徒がいることを思いやってのことであったのであろう。

追悼集には、斯波安による「衛生に注意し給う」と題する寄稿がある。空腹に耐えらえず、入浴より先に食事をとろうとした時「皆さんお湯へ先きにおはりなさいよ。御飯をあがってからは体によくありませんよ」と注意され、不平をブツブツいいながらお風呂に入ったという話、寄宿舎裏手には梅の木があり、その実を物干し竿で突いていたずらをしていたら二葉に見つかり、「若い頃は私もよく梅を食べ、敷居へずらりと種を並べいくつ食べたなどして食べ比べして遊んだが、生梅は毒なので漬けてから食べなさい」と叱られたという話（『山川二葉先生』六一頁）を回想している。安は、卒業後に代議士斯波貞吉の妻となるが、自身は同窓生の十文字こと、戸野みちゑと共に、大正一一年（一九二二）に文華高等女学校（現、十文字学園）の創立者のひとりとなった。

また、岡田みつ（みつ子）は、身体が弱って休みがちになっていたところ、舎監室に呼び出され、「体を強くする工夫として牛乳を飲みなさい。今晩私の飲み料があるのでそれをおあがりなさい」といわれ、一夜を争うほどの病人ではないので勿体ないと断ったが、聞き入れられず、頂くことになった。その牛乳は名医の投薬より貴いなさけのこもった御薬であった（『山川二葉先生』六二頁）と回想する。

みつは、卒業後は母校で英語の教鞭を執った。硝子商・岡田英之助の長女で、父は大隈重信の眷顧を被っている人物であった。みつ自身は、明治二二年（一八八九）に新栄女学校（女子学院の前身のひとつ）に入学し、明治二七年（一八九四）に女子学院を卒業した。女子学院在学中、津田梅子がアメリカのプリンモア大学への給費留学生を募った時に抜擢され、梅子に渡米を熱心に勧められている。しかし、この時は留学を辞し、明治二八年（一八九五）に女子高等師範学校に入学した。その後の明治三五年（一九〇二）、文部留学生として、アメリカのウェスレー大学へ英語教授法の研究のための留学を果たした。このように、みつは優秀な人物であったが、妹の文子も同窓で、理化学算数の理系科目が得意な女子教育者であった。文系の姉と共に「岡田氏の双璧」と明治期に話題の姉妹であったという（『明治の令嬢』一三二頁）。女子高等師範学校でのみつが勤めていた当時の同僚には二階堂体操塾（現、日本女子体育大学）創立者の二階堂トクヨ（一八八〇〜一九四一年）や東京家政学院（現、東京家政学院大学）創立者の大江スミ（一八七五〜一九四八年）がおり、現代の女子教育の礎を築いた人物が多い。大江については後述する。

のちに女子教育界を牽引していく教え子たちが、二葉に叱責された逸話はどれも生徒への愛情ゆえの対応であった。

寄宿舎での生活

創設当初の寄宿舎は、校舎と同じ建物にあった。木造二階建ての洋風建築一棟で、御茶ノ水の地に在った。階下が教室、校長室、職員室で、階上が寄宿舎になっていた。南側が自習室、板の間にテーブル、椅子、ストーブが置かれ、一室七名の寝室であったが、間もなく寝室と自習室が合同となり、一室一二人の割合になった。その他に食堂、理髪室、浴室などがあり、浴室は一〇室あって、一人ずつ入浴していた。食事は請負いの賄いであった。

明治九年（一八七六）に自費通学生の制度が設けられ、翌年別科が設置され（のち予科と改称）、通学不便な者に入舎を許可した。生徒が増えると共に寄宿舎が増築された。この寄宿舎は一室に三〇名ほど収容され、畳敷き、寝室と自習室を兼ねた部屋であった。浴室も一度に大勢入るようになった。

明治一六年（一八八三）一〇月に、新築の寄宿舎二棟と食堂、台所が完成した。この寄宿舎は一室四名の定員の畳敷きで、各室とも自習室と寝室を兼ね、新たに台所ができ、家事実習を兼ねて朝夕の各自自炊となった。三年後には、自習室と寝室が別になり、自習室は本校舎二階に移され、テーブルや椅子のある板の間となり、寝室はこれまでの寄宿舎全部を当て、畳敷きの部屋にベッドを置いたが、翌年からは板の間になった。明治二三年（一八九〇）に再び寄宿舎増築、明治二七年（一八九四）の大地震では自習室は階下に移された（『お茶の水女子大学百年史』四二～四三頁）。寄宿舎は幾多の変遷を辿るが、いずれの時も、一葉は寄宿舎で生徒と共に過ごし、監督の責任があった。

寄宿舎では、学力優等で品行方正な生徒を室長とした。舎則も二一条あり、みだりに他室で無益の雑話をしないように、来客は保証人の証書がなければ面接できない、他出するときは「出入検査簿」に舎長の検印を受けて、帰舎には保証人か代理人の検印を得るように等、厳重に規制されていた。

寄宿舎創設期に、室長であったのは一期生の青山千世（一八五七～一九四七年、のち、森田姓）、明治一二年

（一八七九）に首席で卒業した。千世の父は水戸藩儒学者青山延寿（のぶとし）であった。彼女は、卒業後に森田龍之介と結婚して子育てに専念するが、その娘は女性解放運動で有名な山川菊栄（一八九〇～一九八〇年）である。菊栄はその著『おんな二代の記』に母の事を書いている。現在、お茶の水女子大学の歴史資料館のキャラクターモデルは青山千世であり、当時明治の女学生の間で流行した「黄八丈」（八丈島に伝わる草木染めの絹織物）と「小倉袴（こくら）」を着用した可愛らしい図柄である。

前節でも数人紹介したが、二葉が寄宿舎長の時代に在籍していた生徒を挙げると、多方面で活躍した人物が多い。明治一二年（一八七九）七月の卒業生には、妻沼町（めぬま）（現、埼玉県熊谷市）の豪農生まれの荻野吟子（おぎのぎんこ）（一八五一～一九一三年）がいる。日本での女性医師第一号である。東京女子師範学校卒業式の日に、幹事永井久一郎に石黒忠悳（ただのり）（のち陸軍軍医総監）を紹介され、卒業後は侍医高階経徳（つねのり）の医学校好寿院で学ぶことになる。明治一三年（一八八〇）卒業の加藤綿子（一八五七～一九二九年）も附属幼稚園で職に就くが、明治一九年（一八八六）にアメリカ留学を経験し、帰国後は英語、幼稚園保育に尽力した。他に、明治一〇年（一八七七）に入学した多賀春子がいる。この人物のことは後述する。

寄宿舎の日常では、二葉と生徒がよくトランプやカルタ取りをしたという逸話が多く語られている。容赦なく勝負を争い、カルタの読み役となると、「声を張り上げて息もつかず朗々とよませらる、其れ故、先生のよまるるときは非常によみよく皆々勢つきて勝負したりき」（『山川二葉先生』六一頁）と回想される。何事にも本気になる二葉の姿が眼に浮かぶようである。

また「山川先生は実に春夏秋冬朝も夕も同じ格好をして舎監室にいらっしゃいました。何か書き物読み物を遊ばしていらせる先生、他の舎監先生と御語を遊ばす先生、少し御身体を横にねぢむけて生徒にむかって何か仰っていらっしゃる先生、又は浴衣をかかえて、浴場に向ひ廊下を御あるきになる先生、食堂で御食事を遊ばす先生、実に何から何まで判で捺したように御行儀のきまっていらした先生の御風貌は私が忘れんとしても忘るることのできないほど深く頭にしみこんで居ります。」（『山川二葉先生』六五頁）という規律正しい姿を回想した逸話がある。

二葉は「寄宿舎」という大家族の模範として、清く正しく在り続け、多くの同僚や学生に尊敬の念を抱かれていた。その後の二葉の履歴をみると、明治二四年（一八九一）に助教諭、明治二五年（一八九二）に教諭、との記録があるので、寄宿舎の監督だけはなく、教鞭もとっていたのかもしれない。

追悼集には、「吾が国明治の女子教育につきては、是非相半し盛衰常ならず、或は徒らに古風に沈みたることあり或は軽々しく欧米の風俗を模倣して所謂ハイカラに狂奔したるところありき、然るに独東京女子師範学校のみ甚しく其の時弊におちいらざりしは、盖し亦山川二葉氏の功興って力ありと云ふ可きか」（『山川二葉先生』一九頁）とある。

末妹捨松（五女）が活躍する鹿鳴館時代に、東京女子師範学校の生徒も舞踏会に動員させられたが、二葉はこれを受け入れつつも、好ましくは思ってなかったことが推察できる。ちなみに、二葉は、明治一三年（一八八〇）に妹操（三女）がロシアに留学するとき、「あすよりは誰を友とし語りなん、嬉しきにつけ憂きにつけても　異国のことなる道は学ぶとも、忘るなよ努大和たましひ」と歌に詠んでいる（『會津の人』三六頁）。操の留学は第三章、鹿鳴館時代は第四章で詳解する。

海外に赴く妹に大和魂を忘れるなと激励した二葉であったが、異国の文化を嫌っていたわけではない。生徒と一緒の教室で、英語の授業を傍聴し、舎監室でも英書を手にしていた姿があった（『山川二葉先生』九頁）。軽々しく欧米の風俗を模倣するのが、教育方針として許せなかったのであり、年を重ねても教養を磨く姿は生徒の見本となった。

他に、追悼集にある二葉の生徒との日常は、二葉が東北地方へ旅行に行くので、生徒から懐剣の袋を作ってほしいと頼まれた逸話（五七頁）、埼玉栃木方面へ修学旅行の引率の予定であったが、体調が悪く行けなくなったので、お詫びの丁寧な手紙を頂いた話（五一頁）、故郷に帰省後、父母よりお土産を持たされ渡したが、ひどく恐縮され、御厚意を無駄にできないと受け取り、後で返礼があった（五六頁）など、礼儀正しく愛情深い出来事が溢れていた。

二葉による談話が、明治三〇年（一八九七）一一月に「寄宿生の薫陶」として『太陽』（第三巻第二三号）に掲載されている。二葉は、明治初期の女子教育は手探りであったこと、学校より長く過ごす寄宿舎では父母より預かった責任を果たすために「規則」を設けていること、学問ばかりできても女性としての道を尽くさないのはならないこと、「女高師の卒業生」という看板を背負っていくこと、厳格な教えは、社会に出てからの困難を乗りきるため、将来に教師となる生徒のためであること、寄宿舎の教育を受けると知らず知らずに慎み深い人物に成長できること、しかし厳格過ぎてしまっては気概がなくなってしまうので、楽しみも持たせていること等の自分の教育方針を述べている。また、健康についても、特に若いからといって試験前に一生懸命になりすぎぬようにと促している。二葉が直接話した内容をみると、言葉のひとつひとつに生真面目さ、優しさ、気遣い、謙虚さが溢れていた。二葉の考え方や想いがよく分かるので、章末に全文を転載したい。

共立女子職業学校の発起人となる

明治一九年（一八八六）四月、共立女子職業学校（現、共立女子学園）の設立趣意書が各方面に配布された。二葉がこの学校に関係しているのであるが、学園の功労者として、まず挙げられるのが、鳩山春子（一八六一〜一九三八年、松本出身）である。先に登場した多賀春子の事である。学園の創立当初から教壇に立ち、大正一一年（一九二二）には校長に就任、学園の発展に尽くした。春子は、著名な女子教育者であると同時に、内助の功、賢母としても名高い。

夫和夫（一八五六〜一九一一年）は外務官僚であった。美作勝山藩士として江戸生まれ、開成学校卒業後に渡米、コロンビア大学、イェール大学を卒業した秀才である。長男一郎（一八八三〜一九五九年）は、戦後に第五二〜五四代の内閣総理大臣に就任、次男秀夫（一八八四～一九四六年）は東京帝国大学教授、衆議院議員となった。ちなみに、長男一郎の妻薫（一八八八～一九八二年）が春子の後を継ぎ、昭和一三年（一九三八）に共立女子学園の理事長に就任している。薫は、横浜の寺田家に生まれたが、明治三八年（一九〇五）に鳩山家の養女となり、明治四一年（一九〇八）、春子の長男一郎と結婚した。現在も春子の孫や曾孫は、政治家、実業界で広く知られる人物が多い。

学園沿革には、「服部一三、永井久一郎、手島精一、宮川保全等相謀りて、女子に適応せる職業及び必要なる学科を授くるを目的とせる一女学校を東京神田区錦町二丁目一番地に創設し、之を共立女子職業学校と称し、服部一三を推して校長とし、手島精一を補佐とし、宮川保全幹事となる」（「共立女子職業学校」第二五年報、一九一二年）とある。

宮川保全（一八五二～一九二二年）とは、誰か。春子そして二葉とつながりがあるので、少し紹介する。幕臣の子弟であった宮川は、明治三年（一八七〇）に沼津兵学校に一九歳で入学した。二年後に同校が閉校となると、陸軍士官学校の前身の教導団の工兵科で学んだ。が、健康を害し除隊、文部省に奉職となり長崎師範学校に勤めた。

明治八年（一八七五）、東京女子師範学校の創立と共に宮川は着任した。官立の東京女学校と兼務であった。東京女学校は、明治五年（一八七二）二月に大学南校のキャンパス内に開設した直轄の女学校で、同年一一月に竹平町の新校舎に在った。この当時、東京女学校に在学していたのが春子であった。東京女学校はのちに東京女子師範学校と合併となる。春子は、東京女子師範学校に転校した。実現しなかったが、海外留学の内命を受けるほど、優秀な生徒であった。明治一四年（一八八一）の卒業と同時に教師となるが、半年もたたないうちに、鳩山和夫と結婚した。

明治一八年（一八八五）一〇月、東京女子師範学校は東京師範学校に合併となり、「東京師範学校女子部」、翌年の師範学校令により「高等師範学校女子部」と名前を変えて、女教員の養成を行うようになった。教育方針が定まらず翻弄されたのは生徒、そして教師も同じであり、明治一九年（一八八六）二月、宮川は学校を辞職した。

「官立学校は文部大臣の交代と共に漢、和、洋の三変化、主義主張を変更しており、卒業生はここ一〇年で異様の教養を以て社会へ出ている、生徒はその方向に戸惑っているので、是非とも女子のために私立学校を設立して、一定不動の主義の下に教育を授けたい。」（『共立女子学園七十年史』一六頁）との理由からであった。宮川は、大正八年（一九一九）に共立女子職業学校の創立記念式で、以下のように講演している。

東京女子師範学校を男子師範学校に合併するの議が起こり、私共は大反対で在りましたので、遂に実行せられましたので、一九年二月の卒業式を了えると同時に職を辞し、私が主唱者となりまして、旧東京女子師範学校に関係のあった有志の人々を糾合して、一同発起人になって、本校を設定するに至りました。

（『共立女子学園七十年史』一六頁、傍点筆者）

この講演に出てくる「有志の人々」＝発起人は二九名いた。そして、そのなかに「山川二葉子」の名前を見つけることができるのである（『共立女子職業学校二五年史』一頁）。二葉もまた合併について異論を持っていたのであろう、宮川の心意気に賛同したのである。二葉以外の発起人もすべて東京女子師範学校の関係者で、「設置願」が東京府知事に提出されるまで、さらに服部一三、手島精一、矢野二郎、富田鉄之助、山岡次郎の五名が加わり、発起人の総数は三四名となった。ちなみに、学校名の「共立」という名前は「共同して成立した」という意味がある。

この時期について、追悼集にある二葉の「履歴」を改めてみると以下の様であった。

明治一〇年一二月一三日　当校エ相雇、寄宿舎長可相勤事
明治一四年七月六日　舎中取締勤務可致事
明治一七年二月二五日　東京女子師範学校御用掛申付

明治一八年九月七日　東京師範学校御用掛申付
明治一九年一月八日　依願免職務
明治一九年六月一日　任高等師範学校舎監
明治二三年三月三一日　任女子高等師範学校舎監
明治二四年八月一六日　任女子高等師範学校助教諭、女子師範学校舎監心得ヲ命ズ
明治二五年二月一七日　任女子高等師範学校教諭、
　　三月七日　任女子高等師範学校舎監
　　四月八日　叙従八位……（中略）……

（『山川二葉先生』六～七頁、傍点筆者）

（明治二八年（一八九五）以降は中略したが、正八位、従七位、正七位への叙位等が列記され、「明治三七年一〇月二四日依願免本官、叙従五位」が最後の履歴であった。）

これだけをみると、明治一九年（一八八六）一月～六月までは「空白の時期」である。明治一九年（一八八六）三月六日には、長弟の浩（長男）が、現役の陸軍軍人のまま、東京高等師範学校校長に就任している。この事実とも関係あるのだろうか。この期間に共立女子職業学校の創立のため、趣意書を配布し資金の援助を求めているので、二葉もまた「発起人」として、この時期に資金集めに奔走したのか。

二葉の「履歴」は、明治三七年（一九〇四）の女子高等師範学校退職に伴う叙位に関する公文書にもあった（アジア歴史資料センター所蔵）。その公文書をみると、明治一九年一月八日に「依願免職務」、同年五月一日に「今般当校高等師範学校ト相成候ニ付テハ、未タ何分ノ申達無之職員ト雖モ、総テ従前之通り勤務可致事」とあった。

この内容からは引き続き、高等師範学校女子部の「寄宿舎」を取り仕切っているようだが、いずれにしても学校再

編に伴う混乱が窺える。この時期、二葉は具体的にどのような考えをもっていたのかの記録はない。女子高等師範学校再編に伴う動向やその想いはいかなるものであったのか。

昭憲皇太后と共立女子職業学校のつながり

共立女子職業学校の教育は「技芸工作」を主とした。裁縫、編物、刺繍、造花が主要科目で、いずれかを必ず習得させた。合わせて常識や婦徳、学問も一緒に教授された。すなわち、既存の女紅場（にょこうば）（手仕事である裁縫・手芸の習い事）より一段と高い技芸の習得、また女子の自活の道が立つことを目標とし、「生業としての職業教育を授ける」という特色があった。

明治二二年（一八八九）四月一二日、昭憲皇太后が共立女子職業学校に行啓している。前年に森有礼文部大臣を通して、生徒の作品が、昭憲皇太后（明治天皇の皇后）に天覧されたのが切っ掛けとなった。同日の『昭憲皇太后実録』には以下のように記録されている。

> 午前九時御出門、東京高等女学校へ行啓あらせらる。乃ち便殿に於て同校校長矢田部良吉以下教員等に謁を賜へる後、各教場に臨みて課業を御巡覧あり、尋いで御昼餐の後、講堂に臨ませられ、生徒の洋琴演奏・英語暗読・唱歌等を聞きたまふ。畢りて同校を御発、共立女子職業学校に御立寄あり、各教場を御巡覧の上、午後三時過還あらせらる。尚本日の行啓に当り、両校に夫々金二百円を下賜したまふ。
>
> （『昭憲皇太后実録』上巻四八二頁）

この時期の昭憲皇太后は、東京高等女学校（東京女子師範学校附属高等女学校）をはじめ、翌日一三日には華族女学校へ行啓しており、女子教育へ多大な関心を寄せていた。その一環として、共立女子職業学校にも興味を持ち、足を運び天覧され、激励したのであろう。学園史には「時の皇后が私立学校に行啓するのは、これが初めてであった」（『共立女子学園七十年史』二八頁）とある。先に訪問した東京女子師範学校に務める二葉や昭憲皇太后に仕える操（三女）の勧めがあったのであろうか。なんとなく、なぜ皇后が行啓したのかは推測できそうであるが、それを示すはっきりとした史料はない。『昭憲皇太后実録』については第三章に詳しく記す。

明治二四年（一八九一）一〇月には、明治天皇より「きれいな細工物の学校はどうなったか」（『共立女子学園七十年史』二八頁）という御下問があった。天皇もまた学校の教育目標や実情について御賞美した。これらが功を奏したのか、翌年二月には神田区一ツ橋通町に校地八三一坪、校舎二二八坪が「下賜」された。その後、明治二七年（一八九四）に明治天皇、昭憲皇太后の銀婚式の奉祝に花籠を奉ったのが最初となり、御慶事・御不幸のたびに、職員、生徒の製作品を献納して、皇室へ恩遇を謝した。

学園史には「明治期の学園は、時の帝の御眷顧と、文部当局の庇護により、終始順境にあって成長を続けた感が深い。都下の私立学校の中では恐らく最も幸福な学校として、他校の羨望の的ともなったであろう。大正期に入っては、皇室の恩遇の御用を充分に勤め得る程に内容が充実していたので、生徒製作品の天覧や、その他献納品の謹製については、記録に値するような製作が度々に行われた。」（『共立女子学園七十年史』八〇頁）と書かれている。

大正天皇へもたびたび、天覧の実況をした記録が残る。その後も生徒の作品は、何度も天覧されたり、万国博覧会、世界博覧会、内国勧業博覧会へ出品された。実際の作品が『共立女子学園七十年史』等に掲載されているが、確かに緻密で芸術的であった。

明治三二年（一八九九）一月、学校は財団法人の認可を受けた。財団の理事は三名（手島精一、中川謙二郎、宮川保全）、監事は二名（小西信八、武村千佐子）、商議員は一〇名であった。規定には「理事、監事は商議員会に於てこれを互選し、商議員は財団の事業に賛同し、その発展に寄与せるもの、または学識経験あるもので、商議員会の推薦を受け承諾した者であり、理事の内一名を校長とし、財団を代表する。役員の任期は、理事は五年、監事は四年、商議員は終身と定められた。」（『共立女子学園七十年史』二六頁）とある。

　商議員の任期が終身とされたのが特色であるが、ここにも「山川二葉子」の名前が見つけられる。ほとんどの商議員が創立当初の「発起人」であった。構成は、服部一三（兵庫県知事マスターオブアーツ）、手島精一（東京高等工業学校長）、永井久一郎、中川謙二郎（東京女子師範学校長）、那珂通世、小西信八（東京聾唖学校長）、宮川保全、武村千佐子、鳩山春子とあった。二葉は、学園の教職員ではなかったが、亡くなる明治四二年（一九〇九）まで学園の「商議員」として名を連ねたのである。

　近年発刊された『共立女子学園百年史』（一九八六年）、『共立女子学園百十年史』（一九九六年）をみると、「創設に参加した人々」として一一人の発起人が紹介されており、二葉は四〇〇字ほどではあるが八番目に紹介されていた。東京女子師範学校の寄宿舎の経営に尽力し、生徒から敬慕された、とあり、浩、健次郎、捨松の紹介もあった（『共立女子学園百年史』六七頁、『共立女子学園百十年史』三四頁）。

　二葉が、「東京女子師範学校・女子高等師範学校に勤務」する傍ら、「自活する女子」を育成する女子教育に理解を示し、尽力していたことを功績のひとつとして伝えたい。

　ちなみに、学校は明治四四年（一九一一）に創立二五周年を迎えると、高等師範科が設置された。中等教員無試験検定の資格が与えられたことで、学校は「女教員の養成機関」となった。また「家庭科」が新設され、春子が主任となった。これまでの勤労学校として実務精神の学校が、優美に和らげられ、「花嫁修業」もまた教育目標として運営されていった。

学園は大正期には一五〇〇名ほどの生徒を収容し、寄宿舎（大正四年）や教室の増築、校舎の拡張、大正一四年（一九二五）専門学部の設置、昭和三年（一九二八）共立女子職業学校の二本立てで共立女子専門学校の設置、昭和一一年（一九三六）共立高等女学校の設置、第二次世界大戦を経て、現在の「共立女子学園」へ発展を続けている。女性が、どう生きるか。女性の自活の道が立つよう、技芸工作を習得するための教育を行う学校の発起人となった二葉であった。

良妻賢母主義、ではある

ところで、東京女子師範学校（女子高等師範学校）での女子教育への関心に留まらなかった二葉の履歴が明らかになってきたが、その教育方針の根底は「良妻賢母主義」ではあった。当時は、良妻賢母主義教育が日本の女子教育を支配していた。良妻賢母主義教育を説明するには労力がかかるが、良妻賢母論を簡潔にいうと、前後期に分けられる。前期は家庭主義的良妻賢母論、明治三〇年代以降の後期は国家主義的良妻賢母論であった（『近代日本女性倫理思想の流れ』一二三～一三〇頁）。

これらに反動し、明治末期から社会的にも家庭的にも新しい地位を獲得しようとするいわゆる「新しい女」が出現するが、二葉はこれとは思想を別にし、女子高等師範学校では、常に「良妻賢母」「規律ある女性」を育成することに務めた。

明治三〇年代の生徒に大江スミ（一八七五～一九四七年）がいる。大江は、長崎出身で、明治二八年（一八九五）に東洋英和女学校を卒業したが、明治三〇年（一八九七）に女子高等師範学校に入学し、明治三四年（一九〇一）卒業、明治四〇年（一九〇七）に同校の教授に任官された。女房、説法、鉄砲（家庭・宗教・兵備）が揃っていれば家が守れ、平和であるという「三ぼう主義」で知られ、大正一二年（一九二三）に東京家政学院大学の前身となる家政研究所を開設した（『良妻賢母論』二四三～二四四頁）。

大江の学生時代は、良妻賢母主義教育の「規則づくめの学校生活」に「異和感」（ママ）を感じたようで「とくに舎監の山川二葉への反発はきびしく二度と会いたくないと考えている。」（『良妻賢母論』九頁）と名指して批判しているのには、驚いた。「二度と会いたくない」とまで言うとは、なんとも激しい意見である。明治三〇年代といえば、退職直前である。六〇歳という当時老齢の二葉は、先に登場した岡田みつのような教え子もいれば、若いゆえに反発する生徒もいたのであろう。

弁明するわけではないが、二葉は良妻賢母を教えとはしていたが、女性を規則で縛り、その地位を低く考えていた訳ではなかった。再三であるが、いうなれば「男女同権は正論ではなく、女子は従うべき方針があるという教え」（『山川二葉先生』四頁）を支持していたのである。

三上参次（一八六五～一九三九年、播磨国出身）の回想がある。歴史学者の三上は、東京帝国大学文科大学と兼務で、明治二五年（一八九二）より女子高等師範学校に勤めることになったが、二葉に女学生の気風を説明され、学生は男女相違あることを注意された、とある。初対面の二葉は厳粛で古人のようであったが、親しくなると「人品の高きを覚え、胸襟の寧ろ洒落なるを感じ、対談の間は恰（あたか）も春風に吹かるる心地がする」とまで表現し、健次郎と似ていると述懐している（『山川二葉先生』二三頁）。

また、男女同権ではなかったが、男女違わず「年長者は尊敬」されていることが分かる逸話として、同僚の黒田定治（一八六六～一九一四）の回想がある。黒田は新潟出身（旧高田藩士）で、欧州に留学後、東京高等師範学校教授となった教育者であった。長弟の浩（長男）が陸軍少将の身分のまま、東京高等師範学校長に就任していた時節、黒田は、牛込若松町の浩宅を訪ねた。そのときの様子が、以下である。

長身痩体清楚にして威厳ある一婦人が将軍と相対して時事を談じ、教育を論じ、或は郷里の学生の為めに語るところあるを見て、何となく其の婦人に対して尊敬の念を起した。而して其夫人の何人たるを詳かにせざりしも、只将軍が此夫人に対して尊敬を表せらる、言動あるを見て、必ず身分ある学識ある婦人ならんと思って居た。然るに其後学校にて、此婦人に会するの機会を得て、始て此婦人は女子の方の舎監で山川将軍の令姉山川二葉先生なることが分かった。

（『山川二葉先生』三三頁）

つまり、浩と対等に話している日常がみえる。黒田は、二葉について「一方厳格なると同時に温厚なる資質を有せられ、明晰なる条理的言語の中に深き慈愛の情を含まれて居られた。それに御若年の頃から人世の辛苦を嘗められて能く世態人情を解せられ、其上に学識も有られたと思ふ」（三三頁）と語っている。

一方、同じく同僚の野口保興（一八六〇〜一九四三、旧幕臣、地理学者・数学者）の回想では、二葉自身は「先生は御姉妹のうちで一番学問の程度がひくいとご自身で始終御噺でした」（二六頁）という。野口は、二葉は母から家庭教育を厳しく教えられており、学問知識は深くなかったかもしれないが、ものの道理はよく分かっていた、と述懐する。上部では厳格で怖そうであったが、内心に燃えるような厚い情があり、むやみに押さえつけるのではなく、ちゃんと目鼻をつけてほどよく押さえつけていたのは、母からの教えではないかと続けていた。

確かに、母艶の教えは、細かい間違いなどには深く責めなかったが、「志操上に関すること」で誤ったときは厳しかったことは序章で述べた。野口は、「生徒の悪い事は一寸も許さなかったが、（一旦悪い生徒だと思われた時は、いつまでたってもとけぬというような頑固すぎた点はあったかと考えるが）、この教育を受けた生徒はどこか他とは違った点があった。」（二六頁）と評している。

同僚の中川謙二郎（一八五〇〜一九二八年、京都出身）もまた、「最も厳正厳格なるお方で犯す可らざる所があったけれども実に温情溢るるばかりで親しみ易い所があった。恭しき慎み深い所が見えて居てもすこしも窮屈な感じを人に起こさせなかった。」(『山川二葉先生』二二頁)と述懐している。追悼集という性格もあるが、同僚たちの回想からみえる二葉の人物像は、初対面では厳格で古武士のような印象を与えるが、親しくなってくるとその厳格さは深い愛情であると分かる、と一貫していた。

また、余談であるが、最後まで会津藩と共に戦った新撰組の斎藤一は、明治になり松平容保より「藤田五郎」との名前を拝受し、会津藩出身の高木時尾と再婚、警視局(後の警視庁)に勤めた。明治二四年(一八九一)に警視庁を退職すると、東京高等師範学校、附属東京教育博物館看守を経て、明治三二年(一八九九)から女子高等師範学校の庶務係兼会計係(警備職)となった。勤務年が二葉と重なっているので、斎藤一と二葉は言葉を交わしたであろうか。

女子教育の芽生えの時期、二葉は厳しさと優しさの二面性を持っていた。厳しさしか分からずに卒業していった生徒もいたこともあったが、それでも「二葉」が与えた栄養は、大きな樹となり、女子教育に尽力した卒業生が多くいたことからも、人材育成にしっかりと根を張っていった。そして、男女にはそれぞれの「役割がある」という教えを持っていた。

二葉の慈善活動―日清戦争と日露戦争―

二葉自身、生徒に「学問ばかり出来ても、婦人の道を尽くさない様な事であっては決してならない」(『太陽』第三巻第二三号)と語っている。

明治二七年(一八九四)、日清戦争が勃発、一人息子景清(一八六六～一九四五)は海軍軍医として従軍した。二葉は、隅田川で「子の景清の戦さ立ちしける後に学校の人々と、舟にて涼みに赴きぬる折」として「舟とめていざ言問はん都鳥、わが思ひ子の上やいかにと」と謡っている(『會津の人』三六頁)。

翌年、下関条約が締結され終戦となるが、明治三一年（一八九八）にまとめられた「陸軍省大日記類」（防衛省防衛研究所）のなかの「金品献納者賞与の件」（「壱大日記」）という公文書に「山川二葉」の名前を見つけることができる。「陸軍省大日記類」とは明治期から昭和期にかけて作成された、陸軍省発来簡の公文書類を編冊した簿冊等の総称で、このなかに「壱大日記」（明治期から昭和期にかけて、陸軍省が内閣・省院・府県・各種団体・会社関係との間で発受信した文書類）が分類されている（国立公文書館所蔵）。

「金品献納者賞与の件」は、日清戦争の際、軍需品を寄附した人々を章典するため、賞勲局総裁へ申請するという公文書であった。どうして二葉の名前が特筆して検索できたのかというと、「二葉の献納品の出金額が不明であるので調べる事」という特例の内容であったからである。次に続く書類には「調書」のリストがあり、二葉の欄にはきちんと金額が記入されていたので、この件は解決したようである。

リストに列記されている軍需品を寄附した人々は、著名な人物ばかりであった。例えば、「海軍へ真綿五貫六百匁（代金七〇円）」を寄附したのは、華族女学校教授・浅岡一（福島県出身）二円、津田梅子一円七二銭五厘等、「恵比寿麦酒、天然葡萄酒、栓抜、巻き煙草（合代金三四四八円七一銭）」を寄附したのは、大倉喜八郎（一〇〇円）、三井八郎兵衛（三〇〇円）、三井八郎次郎（二〇〇円）、三井高保（一五〇円）、渋沢栄一（一〇〇円）、古河市兵衛（一〇〇円）などで、数人がまとまって軍需品の費用を寄附しているが、手拭い（岸田吟香）、靴足袋（八尾新助）などの個人名での寄附ももちろんあった。

このようななか、「海軍へ真綿五五貫目、靴下五五打、教育時論二〇〇部（合代金八九二円一〇銭）」と、「陸軍へ真綿一六貫四百匁（代金三一〇円）」、総額一二〇二円一〇銭を寄附したのが、「下谷区下谷竹町一九番地寄留青森県士族婦人有志会総代従八位山川二葉」であった。

公文書の二葉の欄に、補足の付箋が貼ってあり、「婦人有志会トハ、此献納ノ為ニ特ニ設ケタル團体ナラン、果シテ然ラハ各自ニ分割行賞スルヲ至當トス、本件ハ分割スル能ハサルヤ事由記入アリタシ」とあった。何人くらいの有志と協力しての献納であったのかの記録はないが、時の経済人に引けをとらないばかりか、それ以上の額の軍需品を寄附できる「婦人有志会」の代表を務めたことが分かる。

追悼集をみると、「兵士の寒気の為に凍傷に罹るもの少なからず、其困難甚だしき由聞えければ、先生同情の念禁ずる能はず、率先して同志者より真綿、または金圓を募集し、之を以て胴着を製して、数万枚を得、以て戦地に送り給う」（『山川二葉先生』八頁）と日清戦争時の逸話がある。

具体的には、二葉は同僚の安達安子（一八三五～一九一三年、加賀藩出身）と共に真綿を引き延ばして五、六枚を重ね、四方を糸で縫い、防寒用具を作った。これを生徒も空き時間に手伝った。寄宿舎では、月二回、懇親会として「土曜会」があり、鹿鳴館時代にはダンスの練習の時間であったが、この会合でも防寒具製作を行い、生徒二人一組で真綿を引き延ばした。この様子は昭憲皇太后の耳にも入り、妹の操（三女）など、二、三人の女官も学校に来て、防寒具製作を一緒に行った（『山川二葉先生』一四頁）という記録もあった。また、岩倉使節団女子留学生のひとりである瓜生繁子なども手伝っている（『瓜生繁子』一九三頁）。

その後、公文書には、「褒章」が贈られたことが記されている。頂いた銀盃は、有志婦人会の協力に成るものとして、遊就館に献納した（『山川二葉先生』八頁）とあった。また、二葉は、陸軍予備病院に収容された負傷者・病者たちのため「慰問会」を組織し、同志者を募り、能・狂言・手品等を催したり、扇子・菓子などを贈っている。ちなみに、同僚の安子は学校を退職後、京都で東亜仏教婦人会を起こし、貧民子女のために慈愛手芸女学校を創立している。

日露戦争の時には、すでに女子高等師範学校を退職した後であったが、慰問袋の寄贈を行い、また東奔西走四方より古着類の寄贈を受け、自ら仕立て直し、兵士の留守宅遺族に送った（『山川二葉先生』一〇頁）。

明治三八年（一九〇五）一二月七日、満州軍総司令官であった大山巌が凱旋した。大山巌は、末妹捨松（五女）の夫である。二葉の初孫景浩が、凱旋時の様子を回想している。景浩の履歴は後述するが、当時四歳であったが、「さすがにこの日だけは断片的でもよく覚えている」とある。

元帥の凱旋は、当時の東京の玄関である汐留の新橋駅で、そこから馬車で宮城に入り、参内し復命奏上をしてから、穏田の私邸へ帰ったのは、もう午後四時過ぎであったろう。この日は冬の雨がしっとり降っていた。一行の馬車が玄関について、元帥が降りられたら、直ちに馬車に向って突進して、僕と元帥の孫である渡辺昭、光の年子の両君と揃って、万歳三唱せよという約束だった。

ところが、背を叩かれてでた渡辺君兄弟は、人前なので急に恥ずかしくなって声が出ず、僕も恥ずかしかったが、後に控えている怖い祖母がいるので、夢中になって「バン、ザーイ」と三呼したのであった。それで元帥は優しく僕の頭を撫でてくれたのである。

（『會津の人』七七〜七八頁）

二葉は、雨のなかで義弟の凱旋を出迎えたことが分かる。義弟といっても、元帥である。どのような心持ちで臨んだのか、万歳を促したのは二葉であったのか、孫景浩による思わず笑みがこぼれる記憶であった。

日露戦争後、教え子の息子が海軍に入隊したことを聞いたときは、二葉は、「近く日露戦争に沢山の軍人が戦死為したるにも拘らず、戦争後、海陸軍とも益々軍人の志願者多きは実に悦ぶべきである。實に日本である」（『山川二葉先生』三五頁）と大変喜んだという逸話がある。

教え子が「武家型婦人の典型」と評しているように、日清戦争・日露戦争の時期、二葉は、銃後の務めを果たすべく、先陣に立っていた。生徒にも武士のような精神を持つように指導し、銃後の務めを伝授した。時代背景の下で、教養があり、強い兵士を育てる「賢母」を育成する二葉は、当時の日本に模範となる女性として心強い存在であったろう。

梶原平馬の根室での足跡

二葉の夫、梶原平馬のことである。青森県庁出仕を辞めた後の平馬の足取りについて、かつて「詳細不明」または「行方不明」と伝えられてきた。もしくは、誰も史料を追わなかったのかもしれない。

昭和六三年（一九八八）、平馬の生家筋である内藤信俊家（青森県三戸郡五戸町）で『内藤家過去帳』が見つかり、平馬の没年が分かった。そこには、「鳳樹院泰庵霊明居士　明治廿二年三月廿三日　北海道ニ於テ病死根室墓アリ梶原景雄」と書かれていたのである。

「平馬が死去した時、恐らく遺族が兄の信節のところまでそのことを知らせ、信節は誰にも語ることなく、こっそりと紙に書き留め仕舞いこんで置いたものである」（『会津藩に仕えた内藤一族』二〇八頁）とあり、平馬は「景雄」と名を変え、明治二二年（一八八九）に、四七歳で亡くなっていたことが「記録」として「公」に分かった。

内藤家は、根室で平馬の痕跡調査をはじめるが、この調査の経過は『会津藩に仕えた内藤一族』に詳しい。同書は平成四年（一九九二）に出版された。著者の菅野恒雄氏は、内藤介右衛門信節の五男源五郎の次男であった。内藤家の一族の会「会津御霊会」を作り、会津若松の菩提寺泰雲寺で自刃した内藤家を弔う活動を昭和五九年（一九八四）から続け、平成一〇年（一九九八）に鬼籍に入られるまで一族の顕彰に尽力した。

菅野氏らの調査により、根室の耕雲寺で墓石の場所が判明する。この墓石発見には、「水野貞」という女性の功績が書かれた記録が手がかりとなった。

水野貞（一八四九〜一九二七年）とは、誰か。開拓に貢献した人を紹介した『北海道立志編』（北海道圖書出版合資會社、一九〇四年）に掲載されている女性である。全五巻あり、明治の初期に北海道の地に土着して各界で開発事業に多大な貢献をした一四五〇余人に及ぶ先人達の経歴が収録されている。編纂にあたり、内容の正確を期するため、社員を全道各地に派遣して直接本人に面接して取材・調査をし、発刊を計画してから一〇年もの歳月を費やしまとめられた貴重な記録である。

同書によると、江戸の能楽師の家に生まれた貞は、明治八年（一八七五）から東京の公立桜川小学校で教え、明治一一年（一八七八）に「梶原景雄」と過ごすようになり、函館での女紅場の教員を経て、明治一四年（一八八一）頃、根室に移住した。同年より、明治二〇年

写真８　水野貞
（『北海道立志編』第３巻より）

（一八八七）まで根室の花咲小学校に勤務した（写真８）。

平馬が亡くなった後、明治二三年（一八九〇）六月から私立の根室女子小学校を開校させ校長となり、明治三二年（一八九九）の閉校まで教鞭を執った。閉校後、貞は再び花咲小学校に勤め、花咲小学校が男子校となったのに伴い、明治三五年（一九〇二）に根室女子尋常高等小学校へ転勤し、明治四三年（一九一〇）まで勤めた（『北海道立志編』三巻五八頁）。

調査は進み、平馬と貞は一女二男を儲けたことが分かった。長男篤（一八七八年生）、次男文雄（一八八五年生）、長女静枝（一八七七年生、シツエとも）である。次男の文雄が青年期に東京・日本中学校に進学した記録によると、文雄は根室郷友会をつくり、明治三三年（一九〇〇）に機関誌『北友』を発行するのであるが、冊子巻末の会員住所は「東京市小石川区久堅町三七番地山川方」とあった。これは二葉の住所である。その後、文雄は根室で小学校の代用教員となるが、二四歳で病没した（『根室市博物館開設準備室紀要』第九号）。

また、根室市が発信する情報（根室振興局地域政策課）には、明治一八年（一八八五）にできた北海道公共図書館第一号の「共同根室文庫」の会員名簿に平馬の名前があるようで、根室にて公的な仕事をしていた可能性もあるといわれる。

明治一九年（一八八六）、根室地方に屯田兵村が設置された。太田屯田兵村（現、根室市）には、二葉のすぐ下の妹ミワ（次女）の一族である桜井家が入植している。明治二二年（一八八九）当時の根室の人口は二一七九戸（八〇一六人、内男四五三五人、女三四八一人）であった。そのような根室の地で、ミワは時折、奇縁を感じながら生活をしていたと推察できるが、平馬が亡くなるまで政衛やミワとの根室での接触を示す資料はなかった。

ついでに、明治四二年（一九〇九）頃であるが、ミワ（次女）の四男懋が根室の北斗小学校で教員をしている時分、教員対象の講習で水野貞と櫻井懋が同じ講習を受けている記録はある（『根室市博物館開設準備室紀要』第七号）。ミワに関しては、第二章で詳解する。

また、根室といえば、昭和一八年（一九四三）から二年間、捨松（五女）の次男大山柏が第三三警備大隊長として根室で沿岸警備にあたっている。その時、日誌『北のまもり―大隊長陣中日誌―』（鳳書房、一九八九年）を著しているが、かつてこの地に居住していた伯父である梶原平馬、伯母であるミワ一家のことについては一切書かれていない（根室市広報）。根室には、ミワの四女マツエの子孫が今も居住していると根室市立図書館・松永伊知子氏より伺った（二〇一七年当時）。根室への赴任当時も柏にとって、従兄弟にあたる家族がまだ居たと思われるが、交流があったかは不明である。

新たに分かった平馬の足取り

加えて、平馬の足取りについて、小宮京氏により発表された論文（「山川健次郎と歴史編纂事業」『青山学院大学文学部紀要』六一号、二〇二〇年）では、北海道立文書館に以下の公文書が残されていたと報告された。

まず、明治一二年一〇月七日付の書類「福島県平民梶原景雄米商会所設立願出ニ付身元取調方ノ件」には、「函館支庁在勤　開拓大書記官時任為基」、「福島県士族　会津郡若松一ノ町七番地」と示されていたという。当時、会津郡はまだ存在していなかったようで、会津の地名変更を把握していないということは、平馬は既に函館に移住していたことを示唆していると推測された。明治一四年二月一八日付の「梶原テイ」に関する書類（師範学校附属小学予備教員の貞が、女紅場文学教員の辞令を受けた内容等）も確認された。

また、「なぜ平馬は北海道に向かったのか」という考察が興味深かった。すなわち、「子孫」である杉浦勢之氏には「妹がいたから」と伝わっているそうであるが、「妹」とは誰か、これまで明らかではなかった。山川家の筋では、二葉の妹ミワが根室に入植したが、それは明治一九年（一八八六）のことである。

論文では、「妹」とは「おそらくは函館にいたであろう、雑賀重村の妻の浅子のことを指すのではないか。浅子の上の姉に当たるツヤは平馬の兄・内藤介右衛門に嫁いでいた。つまり平馬から見れば、浅子は「義姉の妹」に当たる。雑賀重村は明治一二年に茅場郡長を命じられた。…つまり梶原は雑賀（ひいては築瀬家）の伝手を辿り、函館に渡ったのではないか。」（「山川健次郎と歴史編纂事業」一六頁）と推察された。

雑賀重村は、明治一一年（一八七八）一二月二六日に函館に転任しており、故に平馬たちは、明治一一年末から明治一二年初頭に函館入りをしたのではないか、ということである。その後、重村は、明治一三年（一八八〇）九月一〇日に亡くなる。平馬たちは、明治一四年（一八八一）頃に根室に移住しているので、「頼りにしていた雑賀が亡くなったことで、梶原一家は函館を離れる決心をしたのかもしれない。」と結論づけられた。貴重な調査であった。

川上・本田論文の調査にも、雑賀と平馬・貞が函館で近隣に居住していた事が書かれている。雑賀浅子は、先に提示した明治二七年（一八九四）の『女学雑誌』に掲載された会津女性による「会津城の婦女子」にて、二葉と共に談話に応じているので、明治以降も二葉と付き合いがあったと思われる。平馬のことをどう聞き、話していたのか。

二葉は平馬の明治期の生活を知っていたことは明らかである。著者が平馬、二葉の曾孫にあたる杉浦恭子(やすこ)氏より伺った話がある。恭子氏は、昭和三年（一九二八）生まれ。平成二五年（二〇一三）八月一六日、目白のご自宅にて聞き取りをした。

二葉の一人息子景清には、長男景浩と長女清子がいる。恭子氏は清子の長女である。清子は石川栄耀(ひであき)（一八九三〜一九五五年、えいようとも）と大正九年（一九二〇）に結婚した。栄耀は山形県出身の東京帝国大学出身の都市計画家で「歌舞伎町」の名付け親としても知られる。夫婦は二男四女（允(まこと)、中(ひとし)、恭子、倫子(みちこ)、圭子、玲子）に恵まれた。先の「子孫」である杉浦勢之氏は恭子氏の次男（当時、青山学院大学総合文化政策学部教授）であり、長男の杉浦隆之氏（当時、帝京大学薬学部教授）も同席して下さった。お会いする日、ご自宅までの道のりは緊張と期待と恐縮と憧れの気持ちで胸がいっぱいであった。夏の暑い盛りであったが、緑が溢れるご自宅で、想像通りに会津の賢夫人のように涼やかで上品な方であった。

恭子氏から、伺った話をいくつか紹介すると、梶原家に遊びに行くと祖父である景清が威厳有り気に座っている姿が印象に残っているという。そこで箱膳の食事を共にしたとき、そんなにお醤油をかけていけないと言われ怖かったという子どもらしい記憶もあった。また、母清子と健次郎（次男）の三女照子は姉妹のように仲良しであったこと、伯父景浩は山によく連れて行ってくれたことをよく覚えているという。そして、これまでの「梶原平馬は消息不明」という通説は間違いで、母清子より、「家老であった平馬は楽な生活をしないために、さらに苦労をする戒めのために北海道へ赴いたそうで、二葉とは梶原家を残すために離縁した。その通りに一人息子を「梶原」景清として二葉は育て、その二葉は、長らく根室の貞に送金していた。また、貞には梶原の姓を名乗らせなかった」と聞いていた。

確かに、根室での調査にあるように文雄が上京した先の住所は二葉邸であった。二葉は「平馬は行方不明」などころか、景清の異母弟の面倒も見て、送金するまでしていたのである。北海道立文書館の書類に「梶原貞」という記名があったことは、二葉の胸中を思うと、何とも複雑な気持ちになる。

二葉は復籍したが、息子に「梶原」を継がせ、孫にも「梶原」を名乗らせている。二葉の同僚である野口保興は、以下のように書いている。

このもえる様なあつい情は嫁して後、夫をおもひ子を思ふ又舎監として生徒の上をおもはれたうつくしいありがたい情になってあらはれてをる、先生は不遇にして随分辛苦もせられ不幸にして梶原家より離籍せらるる様なこともおありでしたが決して梶原家を忘れてはをられぬ、御子息現に海軍々医中監をちゃんと立派にそだてあげてをられる、その又御孫の御世話のなさり様などもいぢらしきまで親切でありました。（『山川二葉先生』二五頁）

この記述の通りに、景清は海軍軍医となって、その長男の景浩が「梶原家」を継いだ。

一人息子梶原景清のこと

二葉の一人息子景清（写真9）は、二回結婚した。はじめに結婚した相手は、明治二九年（一八九六）以前、女子高等師範学校の卒業生、二葉の教え子銈子（けいこ、としこと記す記録もある）であった。旧尾張藩士細野家出身で、附属幼稚園の保母を勤めていた。

こんな話が残る。二葉は先に挙げた同僚の野口保興に、息子の結婚相手の候補者を世話してくれと頼んだところ、「あなたは、どうも嫁いじめをなさりそうだが、それをなさらなければよいが」といわれた。それを聞いた二葉は、大そう怒り、涙を流したという。野口は「非常に武士気質の人で真正直の方でいらつした」と、のちに無礼であったと謝ることになる（『山川二葉先生』二五頁）。

二葉は、学校に越後屋が来た時「気に入った柄の呉服を家の嫁に買ってやると言って持ち帰った」（『山川二葉先生』四〇頁）などの逸話があるように、嫁をたいそう可愛がっていた。鉒子に、「御前は嫁の模範となれ、我は姑の模範となるつもりだ。」（一〇頁）と伝えており、「賢母良姑」を実践しようとした。しかし、鉒子は結核で早くに亡くなってしまった。弟浩は明治三一年（一八九八）二月四日に亡くなるが、この頃、結核で倒れたらしい（『會津の人』三八頁）。二葉の悲しみは重なり、痛く悲しんだ。

明治三二年（一八九九）、景清は十歳下の縫（一八七六～一九三六年）と再婚した。旧紀州藩士高橋渡の一人娘で、東京府立第一高等女学校の卒業生であった。高橋は、「紀州の大久保彦左衛門」と異名をとる頑固な人物であったようで、高橋家には養子を迎えてまで、一人娘の縫を景清に嫁がせた。この両親の結婚を、息子の景浩は「梶原家が白虎隊の家柄で、姑になる女流教育家である山川二葉を信じてのことだったのであろうか」（『會津の人』七〇頁）と不思議がっている。縫を迎えた時、二葉は、前妻の写真や歌集を弟・健次郎宅へ大事に預けている（『會津の人』三九頁）。鉒子への想いとともに、縫への気遣いが感じられる。

写真９　梶原景清
（『會津の人』75 頁）

そして、明治三四年（一九〇一）七月一五日、初孫となる景浩が誕生した。景清三六歳であった。初孫は二か月の早産で、体重は五百匁（一八七〇グラム位）しかなかった。「普通ならお前は生きていなかった」と、景浩はよく聞かされており、「その年の六月五日に祖母の弟が東大総長になったばかりで、東大病院でも新総長の親類の赤ん坊を死なせては具合が悪かったので、大切に扱われ、産科の教授の木下博士も最大注意を払い努力して下さった」（『會津の人』六八頁）と回想する。病院の廊下では、あの五百匁の赤ちゃんはまだ生きているんだってね、と噂になる程だった。保育器などの設備も不完全な時代、必死の看病が続き、景浩は無事に退院となった。

縫は、景浩に「当然に死ぬべきであったお前も、山川の大叔父と木下先生のお陰と、パパが海軍軍医学校に通っていた暑い頃に、毎日自転車で私の大好きな鰈の煮物を届けて下さったり、お茶の水の女高師帰りにお祖母様（山川二葉）が必ず見舞いにきて下さった、その熱意によるものだよ。」（『會津の人』六八頁）と云い聞かせていた。二葉が初孫の成長をどれだけ心配していたかが伺える。

翌年一二月二四日、二人目の孫の清子に恵まれた。清子は順調で健康に生まれ、あまり病気もしなかったが、景浩はよく風邪をひいて学校を休んだという。景浩の回想によると、縫は病弱で、その後、弟妹を得ることができなかった。そのせいか、景清は海軍を退職すると医院を開院するが、「母が弱いので、軍医あがりのくせ」に、産科婦人科を看板にした。家族思いの優しい景清が想像できる。

二葉は、明治三七年（一九〇四）に女子高等師範学校を退職した。退職した二年後、景浩を附属幼稚園に通わせるようになると、はじめは、二葉が付き添って通学した。当時、麻布区霞町に居住しており、幼稚園までは人力車で通学したという。のち、天現寺と青山一丁目の市電が開通するようになると、景浩は女子高等師範学校の生徒（坂本某）に同伴されて通った。

幼稚園の迎えでは、二葉は「一般附添人」の部屋で待っていた。ほとんどの職員が教え子であったため事務室に入るように何度も進められたが、二葉は断った（『山川二葉先生』四六頁）という。なんとも、謙虚で慎み深い人であった。

幼稚園の初めての夏休みでは、二葉は景浩と「相州早川」へ避暑に出かけており、孫の世話にいそしむ二葉の姿がみえる。

孫の梶原景浩のこと

二葉（長女）の孫・梶原景浩（写真10）は、読売新聞の記者となったが、元来文筆家であり、学生時から和歌、俳句、短編小説等を新聞へ多く投書していた。二九歳で処女作『日本好色美術史』（風俗資料刊行会）を出版、主に浮世絵秘戯画、春画等の好色・風俗に関する研究・執筆活動をしていたようである。

ちなみに、景浩の出身校は成蹊学園であった。明治四五年（一九一二）に中村春二、岩崎小弥太、今村繁三が中心となって創立した学校だが、学園の前身である成蹊実務学校創設時の逸話として、中村春二が池袋に住む山川健次郎の長男洵（まこと）を訪ね、学校設立場所を相談、案内してもらった逸話がある（『豊島区史』通史編二、三六八頁）。景浩は、自身が成蹊学園に入学した経緯について「府立一中、麻布中学の受験に失敗し、健次郎に相談して、創立したばかりの成蹊中学に入学となった」（『會津の人』七〇頁）とあり、山川家と成蹊学園の繋がりを示す話題に心得た。時を超え、健次郎の曾孫・三木邦夫氏も受験で母に成蹊学園を勧められた記憶があると伺った。その後邦夫氏は、開成中高に進学することになるが、詳しくは第五章で紹介する。

写真10　梶原景浩
（『會津の人』口絵）

そうして、景浩は、巌谷一六（一八三四〜一九〇五年、近江国出身の書家）の孫にあたる美津と昭和一二年（一九三七）に結婚する。一六の三男は「巌谷（いわや）小波（さざなみ）」で、児童文学者として著名である。書家の祖父と、文学者の伯父（父の兄）のように、美津もまた文筆も歴史も好きで、梶原家のことをいろいろ調べていた。その美津が、夫景浩の没後すぐに、遺稿集『會津の人』をまとめたのも納得である。遺稿集が出来上がってからも夫の文章を辿り、気になった誤字をよく直していたという。

この『會津の人』には「不如帰と金色夜叉」と題した随筆がある。『不如帰』は徳富蘆花の小説で、捨松（五女）の家族関係をモデルにして創作されたため、風評被害を被った経緯があるが（第四章で詳解する）、同時期にベストセラーとなったのが、尾崎紅葉の『金色夜叉』であった。金色夜叉の主人公寛一は、巌谷小波の若き日をモデルにしている。

> これは全く妙なとりあわせだ。それで明治二名作の主人公を、どちらも身近においた僕等がどんなに素晴らしい美男美女であるかと思えるが、実際は作者のフィクションで、僕等は至って似もつかぬ月並な凡夫婦であるのだから、これはなんとも人生の悪戯ごとなのだろう。
>
> （『會津の人』六一頁）

景浩と美津の結婚は、医師が仲人したというが「どちらも古い家と庭の趣が似ている」という理由からのめぐりあわせであった。この他、『會津の人』には、若夫婦が居を構えた東中野の近所には岸田劉生が住んでおり、梶原家の犬が岸田家の家の犬の子供を産んだ話や、かの有名な「麗子像」のモデルである「麗子さん」と語った話等、話題に絶えない。

晩年、景浩の使っていた机は、尾崎紅葉が使ったものだったが、その前の持ち主は、巌谷一六であった。景浩は、尾崎紅葉が原稿を添削するため、紙を切り出す際につけた刀傷を眺めながら、自らの奇縁を面白く感じながら、あらゆる回想を巡らせ、筆を進めていたのであろう。

『會津の人』には、景浩自身の子女の逸話もある。子女の一男一女は国立音楽高校から大学まで通ったという。「兄はピアノ、妹はヴァイオリンを学び、妹の方は男五、女一の子供をもち、上の三人の兄は実家の伯父、つまり僕の息子にピアノを習い、四人目の弟は自分の楽友にヴァイオリンを最近に習い始めさせている。」（『會津の人』九九頁）とあった。音楽に長けた仲睦まじい家族関係が伺える。

ところで、平成三一年（二〇一九）一月十九日付の『東奥日報』十一面、「わが一族」に南彩子（さいこ）氏が紹介されている。群馬県高崎市在住で、掲載当時七十八歳。彩子氏は、ビオラ・ヴァイオリン奏者とあった。写真も掲載されており、ヴァイオリンを持つお洒落な方であった。彩子氏の父は梶原景浩。景浩が「妹」と書いた人物であり、記事の見出しに「平馬の後半生知って安堵」とあった。彩子氏は、都内のカルテット演奏会にて偶然に内藤家の血族と出会い、菅野恒雄氏、そして内藤家の御霊会の活動を知ったとある。平成十六年（二〇〇四）七月には兄景昭（音楽教師）と、札幌の歴史作家・好川之範氏の案内で、根室の平馬のお墓にお参りを果たした。

平馬の渡道については、「長谷川つとむ氏の書籍に、まるで平馬が貞子さんと浮気し、二葉を捨てたみたいに書いてあるけど、菅野さんは「あり得ない、デタラメだ」と怒っていました。つとむさんは遠戚で、いい人なんですけど、お調子ものなのよ。あの本も伝記か小説か分からない書き方ですよね。首席家老になった人物なら恋仲になった女性は側室にすれば済むでしょ。二葉が一人息子の景清に梶原姓を名乗らせたことが、平馬への恨みがない証拠。きっと「戊辰戦争」に伴う深い「故（ゆえ）」があったのでしょう。」と彩子氏は話されていた。

彩子氏の回想でも叔母にあたる石川清子（景清の長女）は、健次郎（次男）の三女照子と仲が良かったとある。第五章で詳解する照子は、東龍太郎に嫁ぐが、彩子氏も結婚前の一年間、東

写真11　梶原平馬供養塔（泰雲寺）
（古川富弘氏撮影）

家へ行儀見習いに行ったと話す。また、父景浩は、娘には梶原家の話はしない人であったと述懐する。最後には「平成二六年に亡くなった兄景昭は娘が二人なので、会津藩家老の梶原姓は残念ながら消える運命です。」と語っていた。

この平成二六年（二〇一四）五月、私も杉浦恭子氏よりお電話を頂き、同年三月三〇日に梶原家を継いでいた梶原景昭が亡くなった知らせを受けた。後述する御所人形が飾られていた家を解体すること、そして景昭の娘は他家に嫁いだので梶原家が途絶えることを伺った。著者は、精悍に会津のために戦った平馬が遺した足跡をしっかり伝えていきたいと思っている。現在、平馬の生家である内藤家の菩提寺である泰雲寺（会津若松市門田町）には、内藤家一族の墓所があるが、同寺の境内には「梶原平馬供養塔」があり、平成二五年（二〇一三）にも新しい供養塔が建立されたことを地元の方より伺った。数奇な運命を辿った平馬を偲ぶ地元の人は多い（写真11）。

『會津の人』にある平馬の逸話

『會津の人』の続きである。同署には景浩の「祖父」である平馬に関する話題がある。例えば、「会津落城の版画」（『會津の人』九五～九八頁）を読むと、明治末期か大正の初めごろに、景浩が健次郎の家に泊まりがけで遊びに行った話であった。その時、「大叔母の弟の丹羽敬三さんが、いつか本郷の古本屋で「浩ちゃんのお祖父さんのでている錦絵をみたことがある」といわれ、傍にいた大叔母が「それであったら購っておいてあげればよかった」といわれた」（九五頁）という内容であった。これは、会津若松城の天守閣の前で「梶原平馬」らが薩摩藩士の前に坐している版画であった。おそらく、この時は二葉が亡くなった後である。景浩は、「祖父」である梶原平馬に興味を持っていたのであろう、その後、景浩は錦絵を丹念に調べたという。

また、「祖母のお土産人形」（八八～九一頁）という逸話は、二葉が維新前から大切に持っていた京都の「御所人形」の話であった。その人形は、会津戦争中は乳母の農家に預けられ、二葉が斗南藩移住の際にも「可憐な八躰の人形達を身から離さず、ずっと身辺においておいた」ものであった。これは、「会津藩は孝明天皇の信任が篤かったというから、祖父の平馬景武も松平容保に従って、京都に赴く機会も多く、そこで購めて新婚の祖母への土産物」（九〇頁）であった。

祖母にあたる二葉は、景浩が八歳のとき亡くなっているが、二葉の死後、平馬からの「贈り物」である御所人形は息子から孫へ伝えられ、第二次世界大戦時も、鎌倉の嫁の実家を経て、疎開先の須賀川へ持っていかれ戦火を逃れた。

景浩の元に残った御所人形は九体あり、大小あるが、裸人形が六体（座像）、着衣人形が三体（立像）であった。座像の中で最大のものは高さ九寸、附属品はすべて失われていたが、肥った姿の目鼻は小さく、可憐な傑作であったようだ。製作時期は様々で、なかには会津戦争以後のものもあるようである。昭和五〇年代当時、すべての人形の髪は失われ、つるつるだったと書かれた『會津の人』には、景浩の書斎に飾られている御所人形の写真があり、つい魅入ってしまった（写真12）。平馬からの「贈り物」は後世までつながる、かけがえのない心の支えとなっていた。二葉は、御所人形を肌身離さず、忘れ形見を立派に育て上げた。

写真12　二葉の御所人形（『會津の人』83頁）

また、『會津の人』には気になる記述があった。昭和四年（一九二九）一一月号の『文藝春秋』は、流泉小史が連載している『史外史伝剣豪秘話』の島田虎之助の巻であったそうで、このなかに「梶原平馬」のことが出ている、との話である。流泉小史は小説家ではなく、幕府の老臣に生まれた物知りであるとある。

なんでも、「島田虎之助は豊前国中津の人で、峴山と号し、嘉永五年九月行年三〇余年歳で没し、幕末三剣士の一人」と記しているのが、平馬の著作『東西見聞録』（仮称）だという。

筆者が、該当の『文藝春秋』を確認したところ、確かに「幕末三剣士」の親子（北辰一刀流の千葉父子、鏡心明知流の桃井父子、神道無念流の斎藤弥九郎親子）について説明する前置きに以下のようにあった。

> 山川男（健）の親籍に當って居られると云ふ、會津藩の老臣で、當時東奥の麟鳳會藩の智多星などの名を以て呼ばれた、梶原平馬といった著名な人物がある。この人の随筆にこれも著名な、假りに東西見聞録と名づけられて居るる所の古寫本がある（―注或は一度それが版行せられるといふ説もあるが確かではない―）。その一説に、當時―嘉永初年の頃と思はるる―の江戸府内に於ける武芸兵法の現状に際し、…」（『文藝春秋』七巻一一号八二頁）

筆録されている三剣士についての箇所は割愛するが、「梶原平馬」は「当代三剣士」について、文章に残した。なんでも、この『東西見聞録』は、「上下二巻、百七十八十枚ほどの天保から嘉永頃までの京都及び江都に起こった、著名な事実を記述した随筆的の文集で、亥文があるかと思うと、漢文で四六偶儷（ぐうれい）の古文装、さてはけれこそ侍れの國文式あるなど、内容文章共に多種多様で、原本は故文学博士那珂通世（なかみちよ）家の有、筆者家蔵之ものは其筆寫である。」との断りがあり、那珂の厳父高江幡梧楼（那珂梧楼）が、巻末に「内容の多くは筆者当年の見聞を其儘我見を加へず記述せるものの如く、天保嘉永度の民間史料として、信憑すべきものの一たるか如し」（八四頁）と附記している、とある。

景浩は、「流泉小史は、梶原平馬はのちに斉藤斉と改めたといい、斉藤拙堂や峴山と親交があり、この写本は一度板行されたという説もあった」（『會津の人』三三頁）と述べている。

斉藤斉とは、梶原平馬の随筆とは、『東西見聞録』は現存するのか、現在調査中である。

佐世保での生活

二葉の晩年に話が戻る。日露戦争では、息子の景清は大連防備隊軍医長であった。戦後の明治四〇年（一九〇七）、佐世保海軍病院に転勤となり、二葉もまた景清一家と、佐世保に移ることとなった（写真13）。退職後の二葉は、喘息に悩んでおり、一人で東京に残る選択肢はなかったという。ついでに、佐世保にも先の「御所人形」は持っていかれた。

景浩の回想によると、途中に宮島や武雄温泉で保養をしながら、九州へ向かった。佐世保滞在中の二葉は、博多や唐津海岸（虹の松原）へ避暑に出かけたり、大宰府を訪れたりして、九州での生活を楽しんでいた。九州帝国大学の大森教授邸で行なわれた女子高等師範学校の同窓会にも参加した（『會津の人』一四〇頁）。

写真13　梶原景清一家（『會津の人』37頁）
（左から縫、景昭、景清、清子、二葉）

当時の佐世保周辺には、知り合いが多かったことも好運だった。例えば、当時の佐世保軍港、海軍鎮守府司令長官は瓜生外吉だった。その夫人の繁子は、捨松の友人であるが、日清戦争時に二葉とも慈善活動を行ったことは先に述べた。また、会津出身で山川家の書生であった柴五郎が陸軍要塞司令官として佐世保に赴任しており、長崎には、妹の常盤（四女）が、夫の山川徳治が長崎大審院検事長として赴任中であったので、近くに居住していた。

佐世保の家は「清水町」という場所にあった。北から南へ流れる佐世保川の西側、傾斜面にあって、近くにこんこんと湧く泉があった。その水が家の裏庭にも流れ込んでおり、小さい石垣が屋根のある貯水所となっており、そこにビールやスイカを冷やしていた。長く手を入れていられないほどの冷たさで、かなり青白い甲羅をもった蟹が棲んでいた。景清は、庭に池を掘って、近所の沼から鯉や鮒を釣ってきたり、ナマズを飼っていれてみたりしたが、水が冷たすぎるらしく、どうも魚には不適当であったらしい（『會津の人』一二八頁）。観賞用の庭園をつくり、和みの場所としたかったのだろうか、庭いじりに奮闘するといった、充実した佐世保での日常が残っている。

孫の景浩は、佐世保市八幡小学校に入学となり、やはり夏休みには二葉と唐津海岸へ避暑に出かけている。「祖母に伴われて楽しく一夏ずつを過ごしたことも大いに懐かしい。」（一二九頁）と回想する。小学校での景浩は、「出来もしないのに全甲になってしまった。つまり、先生達が師範学校で女高師の山川先生の噂を聞いていたのであろう。一年が終わると優等生の褒美まで貰ったが翌年東京に帰ると、忽ちビリケツになってしまった。」とある。また「学校ばかりではなく、祖母は軍都佐世保市の陸海の両司令官をよく知っておられたから、楽しかったに違いない。避暑で博多や唐津にいっても、九州各地の女高師卒業生達がよく訪ねてきてくれた。」（『會津の人』一三〇頁）ともある。「二葉先生」の威光が九州にまで及んでいたことは、大変に興味深いものである。

佐世保では悲しい出来事もあった。明治四一年（一九〇八）四月、軍艦・松島が台湾澎湖諸島付近で爆沈し、海軍候補生として乗船していた捨松（五女）の長男高が殉職した。瓜生繁子の長男武雄も乗船していた。二葉と景浩は、佐世保での合同葬儀に「大山家遺族」として出席している。捨松はもちろんのこと、甥をなくした二葉の辛い胸中が偲ばれる。

景浩は、穏田の大山邸を背景にし「エプロン姿の猟銃をもった少年」の写真を明治三九年頃に、高に撮ってもらった記憶を残している（『會津の人』七八頁）。皆に惜しまれた、早すぎる高の死については、第四章でまた述べる。

この後、景浩の記録では、明治四二年（一九〇九）一月、末弟の健次郎（次男）の来泊があったとある。『山川健次郎手帳日記』（『青山史學』第三四号所収）によると、健次郎は同年二月に「九州旅行日記」を書いていた。健次郎は、二月三日午後二時に佐世保に着いているので、月の違いは、景浩の記憶違いであろうか。『山川健次郎手帳日記』の二月三日は以下のようであった。

午前六時過ぎ馬関着。七時二十分余門司発。早岐に着したるは午後一時前なり。二時同所発二時二十一分佐世保着。停車場には景浩、お縫向に出て呉れ居りたり。車にて清水町邸に至る。景清夕方帰宅。姉上は東京出発の折よりも顔色よくあらるゝ様見受けたり。

（『青山史學』第三四号一二四頁）

健次郎は、佐世保に二泊した。二月四日は「佐世保滞在」とだけあり、翌五日は午前一一時に佐世保を出発している。弟の訪問に喜んだ一時を思うと、温かさを感じる。

同年五月、再び景清が乗艦（軍艦橋立）となり、一家は東京に戻ることになった。荷物をすべて送り出すと、出発の日まで、二葉と景浩は柴五郎の官舎に泊めてもらい、縫と清子は別の知人の家に泊めてもらっていた。

大山家とのつながり

再び、東京に戻ってきた。が、すぐに家がなかったので、今度は、二葉は景浩とふたりで大山邸にて一か月ほど過ごしている。縫と清子はまた別で、縫の実家に拠った。

大山家の食堂は、毎食毎にボーイが鐘を鳴らして知らせており、食事は、白布を腕にかけたボーイが給仕するというハイカラな流儀であった。日本式の煮魚や焼き魚でも、食事法は洋風であった。景浩は、大山巌には「ヒロさん！」

と呼ばれ、勲章の大綬の裂れ地の布などを切って頂いたりした。捨松には「ヒロちゃん！」と呼ばれていた。悪戯をして大山家の飼い犬に噛まれたという、苦い思い出でもあるが、景浩はたいそう可愛がられた（『會津の人』七九頁）。

二葉もまた、西洋風の流儀で食事をしたのか、気になる所であるが、末妹と共に過ごした日々は幸せであったろう。

ちなみに、クリスマスの時期に景浩は、いつも大山家からプレゼントを頂いていたとの回想がある。


明治末年の小学校四、五年の頃、僕の家は麻布区市兵衛町二丁目の柳邸内にあった。そして、歳末になると、必ず穏田の大山家からサンタクロースのような白い髭をたらした名物の御者が運動馬車を駆って、クリスマスのプレゼントを届けてくれるのである。

その品物は玩具というよりも、ハイカラな外国風の学用品であった。だから、寧ろためになるものであって、子供達が飛びつくようなものではなかったかも知れない。つまり、大叔母は教育上役に立つようなものを選んで、おくってくれたのであろう。

けれど、あの馬車がわが家にとまると、いかにも子供ながらも歳末気分がきたようなものを感じるのであった。

そして、プレゼントをひもとくと、この辺りでは見られないような綺麗なクリスマスカードがあって、当時として珍しい異国風味を漂わせてくれたものである。

（『會津の人』七六頁）


この頃、二葉はもう亡くなっていたと思われる。捨松の子供たちはすでに成人していた。捨松が、長姉の孫のためのプレゼントは何がいいか、あれこれ考えをめぐらす姿が思い浮かぶ。

そういえば、健次郎（次男）の曾孫（三木邦夫氏）の小学生当時の思い出には、「大山巖より頂いた毛布で寝ていた」というのがあり、ミワ（次女）の曾孫（鵜沢佳子氏）にも共通の記憶があるのを著者が聞き取りしたときには驚いた。

大山家が親戚に配ったものであろうが、いつ、各家庭へ贈られたものかは不明である。山川家と縁のある各家庭では、昭和三〇年代に「大山家から頂いた毛布」で暖をとっていた、いい思い出である。

二葉の晩年、その死のあとで

二葉の追悼集の表紙には、「一点真心」とある。偽りや飾りなく人に接した姿勢を貫いた二葉に向けた、最も適した言葉であると思った。

二葉は、女子高等師範学校を明治三七年（一九〇四）に退職した時、同年一〇月二二日に当時の内閣総理大臣桂太郎より「従五位」を授与された。これまで叙位されていた「従六位」からの二級上である。叙される理由として「始終一日ノ如く専ら寄宿舎ノ整理及び寄宿生徒の訓育に尽瘁シ我句に今日女子教育ノ隆盛を致セル興テ大ニ力アリ」とあった。当時の文部大臣久保田譲より感謝状も受けている。

退職時の逸話として、教え子の下田たづが、卒業生何人かで退職のお祝いに金屏風を贈って心を安めてもらおうと計画すると、それを聞いた二葉は、学校の図書費に寄付してくださいといわれた（『山川二葉先生』四五頁）、とある。「二葉先生」はいつも質素であった。

ついでに、帝国教育会の機関誌『教育公報』二九〇号には、同年一一月九日に評議員会が開催され、「国字改良に尽力する前島密君」と並んで、「明治十年より二十有七年の間女子高等師範学校舎監となり其の任を全うし退職せられたる山川二葉君」に「帝国教育界功牌を贈る件」が議定されたとの記事がみつけられた。帝国教育会は、明治二九年（一八九六）に組織された全国的な教育者団体であった。二葉が、郵便の父として功績を有し、有名な「前島密」と同等の扱いであったことは注目すべきことである。

写真 14　山川家墓所・二葉の墓（青山霊園・東京都港区）（平成 25 年（2013）4 月撮影）

明治四二年（一九〇九）五月、佐世保から帰京し、大山家で過ごしたその後、赤坂区檜町に居を構えた。景浩の住所と異なるので、孫とは別で暮らしていたのだろうか。

そこでの、二葉は病気で伏せることが多くなった。教え子の思い出話がある。その夏、岡田みつと井口某がお見舞いに行った。当時、岡田みつは女高師に勤務していた。玄関先で帰ろうとすると、二葉は臥せっていた身体を起こし面会してくれたという。やつれてはいたが、話しぶりは元気がよかったので、全快を信じて「また一一月には見舞いに来ます。」と約束して帰った。

その一一月一四日に二葉は亡くなった。六五歳であった。亡くなった翌日、学校にみつ宛に山川家から使いが来て紙包を置いていったという。開けてみると、美しい湯呑みがふたつ入っており、みつたちの名前が入っていた（『山川二葉先生』六三頁）、という。どのような思いで次の訪問を待っていたのか、最後まで教え子を思う優しい先生であった。

幕末の会津藩で成長した二葉は、女子教育に生涯を尽くし、厳しい反面、内に秘めた優しさを持ち合わせた気丈夫な人であった。二葉は亡くなる直前、懐紙へ筆をとり、仰向けに寝たまま辞世を詠んでいる（写真14）。

「思ひおくことこそなけれ　されどなお　心にかかる　幼な子のうへ」

いつまでも未来の子どもたちの行く末を案ずる生き方であった。終生、女子教育に携わりながら、一人息子の景清を育て上げ、兄弟姉妹とも終生仲良く、家族や教え子に囲まれた幸せな日々を過ごした。

教え子で、女子高等師範学校教師を勤めた高木みつの逸話がある。みつは、二葉の死の一年後、生徒を連れて巣鴨にある廃兵院（のち、病兵院）に行った。陸軍の戦傷病兵の療養施設である。明治三九年（一九〇六）に廃兵院法が公布され、戦傷病兵を国で扶養することとなり、東京予備院渋谷分院の一部に廃兵院が設立されていたが、明治四一年（一九〇八）に巣鴨に移転してきた。

高田みつの回想によると、廃兵院の園庭は、ダリアコスモスなどたくさんの花が咲き乱れており、その花壇を過ぎると、周りに芝が植えられ、満々と水を湛えるコンクリート製の池、井戸、四阿屋（あずまや）など、園庭が整備されていた。

当時の川崎院長は、生徒に「これは山川二葉先生の遺言により、卒業生が贈った香典が寄付され、つくられたものです」と説明した。四阿屋は、栗や松、槲などが鬱蒼と生い茂るなかに建てられていた。左右義足をはめた元兵士、手足の不自由な元兵士たちは、食後運動のあとにここに集まり、自然を楽しむようになった（『山川二葉先生』一一頁）。義足の兵士が植木屋と嬉し気に庭を見廻っている姿をみたみつは、死して尚の二葉の慈善事業に感銘し、二葉を偲んでいた。

二葉は、「一点真心」という確かな志操を持ち、常に矜持を持つことを貫いた生き方をした。それは、藩政時代と会津戦争の経験が大きな基軸、すなわち大きな幹となり、日清戦争、日露戦争では銃後の母となり、慈善活動に枝葉が広がっていった。常に世の役に立つための行動をし、女子教育に邁進した。

かつて、白無垢を着て「死を決した」二葉の明治期以降の足跡を追うと、高潔な姿勢を持ちながら、どんなことにも挫けない賢母と、女子教育者としての奮闘がみえた。二葉の生き方は、いつも純白であった。その存在は明治を生きる女子たちの道標となり、温かく、時には厳しかった。刺激を与えられ、発芽し育てられた教え子たちは、次々と日本の教育界で花を開かせ、学校を創立し、後身を育て、日本の女性たちの可能性を広げていった。

現在もそれらの系譜を有する学校ではたくさんの学生が学び、今のこの時も、新たな芽を吹いている。

資料「寄宿生の薫陶」（『太陽』第三巻第二三号、一八九七年、原文に段落・ルビをつけ、旧仮名遣いで示すことに努めた）

舎監　山川二葉子　談話

私の説は女子は学問のみではいかぬ、世の中の事と両方でなければいかぬと申すのでありました。私共前は厳粛なる家庭の教育を受けまして、其後は非常な艱難(かんなん)刻苦に堪へて参った丈(た)けで、此の大勢の生徒を管理致して模範となって居らるる譯でござりますが、自然此の内に居れば最初此處に奉職しがけの様な事はなく、一日一日と分って参って、長い間困難致してござりますが、此学校は色々変遷致しまして、明治八年に此の学校が設立になって、私の出たは明治十年の末であります、又其の初めの頃と只今とは大変の差(ちが)ひで、初めは男子の方ですら女子の教育はどうして宜(よ)いかと云ふ事は失礼ながら御存じなく、西洋の事を直ちに取って此方に嵌(は)めた所が、凡ての制度から国風から異(ちが)った處で其の通りに参らぬ、十四五年までは手習同様の考へであったらうと思はれます。

追々改正を加えて参って進歩したところもござりまして、当今に至っては凡(すべ)ての事が先(ま)づ完全であらうと思ひます。

私はさういふ中に出たのでありますから、今日に至っては我々の様な者でなく成るべく学力ある人が寄宿舎の事を統括せねばならぬであれども、未だ其人を得ぬので據(よんどこ)ろなく我々共が今以て管理を致して居るのでありますが、固(もと)より私共は学校の教育で育ったのでない、寄宿舎の病人の取扱ひが衣食の世話でも取り扱ふ様な軽い様なものの、決してさういふものではない、教授時間は僅かなもので、一番長いは舎監であります。

学術の他に寄宿舎の生徒を善良の方に導くは舎監の可否にあるので、実に寄宿舎の薫陶は容易な事でないので、実に我々の様な者が預って居ては、どうしても完全な卒業生を出す事はで来ぬと云ふことは毎度申して居て、決して安んじて舎監の職を奉じて居るのではござりませぬけれども、何分にも取締りを為す杯(など)と云ふ事は、今までの幾分か風習に依りてか、年を取って居る者ではなければ重しが利かぬと云ふ譯で今にして致して居りますが、どう致しても何か参考になる書物でもあれば、さういう事を勉強する事であれども、何分日本の所であれば適当な参考の本もなく、西洋の書物の翻訳物を見たところが到底此れは我国に行はるる規則でもありませず、旁々誠に苦しんで居りまして、どうか後任者の完全な人を得たいと云ふ事は今始まった事でなく前から申して居るのであります。

学校も家庭同様にしたいと云ふ方針でございまして、我々も其の方針でございますけれども中々生徒の百人も居て見ますれば家庭通りに参らぬ所があって、ドウしても規則と云ふものがなければ治める事は出来ぬ、規則があればモウ家庭と異る所でございますし、随分沢山な生徒でございますし、一緒に十人か二十人ならば充分な事が出来やうと申して居る事でございますが。如何にも多い中でございますし、先々学問の方は専門の教師が居らるる事でございますから、私の方は今日の行ひ丈けの事を充分に申含めたり、卒業前なれば先きに行っての世の中―社会に出てからの困難に出会ふ時の事を充分に話したりするのであります。

ドンなに学問ばかり出来ても婦人の道を尽くさない様な事であっては決してならぬと云ふことは充分に申聞けてあるのでござります。私共が嘆かはしく思ひますは、只今学問を致した人を女学生―と云ふ事で、学問さへすればさうなると云ふ様に悪く取る人がある、此処の卒業生でない人でも学問した人は此処の生徒と同様に誤解されて居るのがある。さういふ失敗致したのを此処の卒業生だの何だのと云ふ様な事を申されますから、此処の卒業生は注意をせねば、卒業の後は一挙一動注意されて居るのであるから、注意の上にも注意せねばならぬと言って居ります。此処に這入る生徒は成人が這入るので、小学校や高等女学校の生徒とは異なって居りますから、私共の云ふ事は分って居りますが、併し悪いこととは違って善い事は幾度も聞いて宜い事であるから、我々の経験上の事、実験上の事を話すと云つて、毎度言って居る事でございますが、随分六ケしいものでございまして、少し厳しく過ぎると圧政に過ぎると云ふ人もありますが、私共の思ひますには、ドウ致しても父母の膝下を離れて四年も居て厳しき規則の下に立って居れば習ひ性となって、卒業の後に大変に行ひを慎む事が苦しくないであらうと云ふ説を立てて居ります。

卒業すれば、翌日から人を教ふる者が、卒業の前日まで束縛されて居るは不都合な事であると言って論ずる人もございますが、私共が此処(ここ)を預って居る以上は舎監の思ひ通り規則で縛って置くと云ふ様にせねば、到底(とうてい)此れ丈けの人を父母より預かって何事もなく卒業させる事は出来ぬ、四年の間、厳格な教へに慣れて居たならば識(し)らず知らずして慎みが行はるる様にならうと云ふ所まで主張致して居ります、年齢も年齢でございますし、極(ご)く大事な時に苦しい事ばかりあって、身体を弱くして仕舞ふては、此れ亦卒業の後に義務ある人でございますから、身体の事は非常に喧(やかま)しく言って居りますのでございます。

余り厳格過ぎて、其れが為めに気概(きがい)なくなって縮(ちぢま)って仕舞ふてはいかぬ、故へに快楽を与えるときは充分与へ、面倒をみる事は充分面倒を見、厳しくする時は充分厳しくせねばならぬ、運動の時間、食物の方は費用に制せられますから充分に行かぬが、此れも自炊になって居りますから、滋養物を成(な)る丈(た)け用ふる様に為し、又一躰虚弱な様な人には注意を与へまして、夏時などの時は成るべく郷里に帰らるる様、或は海水浴なり温泉なりに行かるる様に言ひます。

ドンなエライ人物になっても身体が悪くなっては折角(せっかく)学んだものが何にもならぬ様になる、自分の身体のみならず国家に対しても済まぬ譯でございます。若い人は身体の事に注意せぬので、試験前になれば無闇に一生懸命になって休まぬと云う様にやる、女子は心が狭いと申しますが、勉強一図(づ)になりますから一通りの事で休まぬのでございまして其れに苦しみます。

私共は苦しみもございますが、楽しいのは四年間辛苦して、卒業してから地方に行き、好い噂を聞きますのが何よりの楽(たのし)みでございます。遠国に参って居る者は始終音信も致して呉れまする。東京に居る人は義務を果たして嫁(か)した人で、子でも挙げた人は其子を伴れて参ると、孫が参った様な心持が致して誠に楽しく思ひます。

写真15　山川家の兄弟姉妹の集合写真
明治29年（1896）6月28日撮影（『山川浩』口絵より転載、鵜沢佳子氏提供）

向かって左より、最前列山川廉（常盤四男）、鶴田静子（ミワ次女・操養子ヤエ長女）、
桜井ユキエ（ミワ五女）、山川佐代子（健次郎次女）、山川憲（健次郎三男）、
山川建（健次郎四男）、
二列目着席者一番左より山川常盤（四女）、山川操（三女）、石塚ヒデ子（常盤次女忍の長女）、
桜井ミワ（次女、ユキエを抱く）、山川二葉（長女）、山川仲（浩後妻）、山川鉚（健次郎妻）、
大山捨松（五女）、大山柏（捨松次男）、
三列目一番左から鶴田ヤエ（ミワ次女・操養子）、石塚忍（常盤次女）、山川洵（健次郎長男）
大山高（捨松長男）、梶原銈子（梶原景清前妻）、大山久子（捨松五女）、山川戈登（常盤三男、
浩養子）、
四列目左より山川健次郎（次男）、山川浩（長男）

第二章　次女ミワの生き方

詳細不明であった次女ミワ

赤は活動的な色である。スペインの闘牛ではマタドール（闘牛士）が赤い布をひるがえす。牛は色を選別できないのだが、赤は目立ち、心理的に闘争心を持たせる色なので採用された。

牛といえば、会津の郷土玩具に「赤べこ」がある。厄除けや縁起物として喜ばれている。遥か昔の大同二年（八〇七）、柳津（やないづ）町の会津きっての名刹霊巌山・圓蔵寺にて、徳一大師が寺の福満虚空蔵尊堂の建設中、資材運びが難航した。すると、どこからともなく牛の群れが現れて手伝ってくれた、という逸話に因る。赤べこは張り子で出来ており、首に触れるとゆらゆら動く。その歴史は、安土桃山時代に会津を治めた蒲生氏郷の時代からとの説もある。赤く塗られたのは、呪術的な意味で病気を退散させるという意味合いからである。

山川家の次女ミワは、一〇人の子供を産んでいる。初産は一八歳であり、一〇番目の子どもは四七歳の時に生まれたことを知ると、なんとも健康的で丈夫な女性であったのではないかと推察する（写真16）。

ミワは日記や回顧録を残さなかった。それだけではなく、ミワに関する史料が少ないため、これまで「捨松や健次郎のきょうだい」として紹介されるミワは、名前または嫁ぎ先の記載のみの文献がほとんどだった。そのなかで一番記載が多かったのは、山川健次郎顕彰会が発行した健次郎の評伝である。すなわち、「次姉の美和（美和子）は桜井政衛と結婚…（政衛は）青森県上北郡の二つの小学校で主坐（ママ）教員（教頭職）を務めた後、北海道に渡り函館を経て根

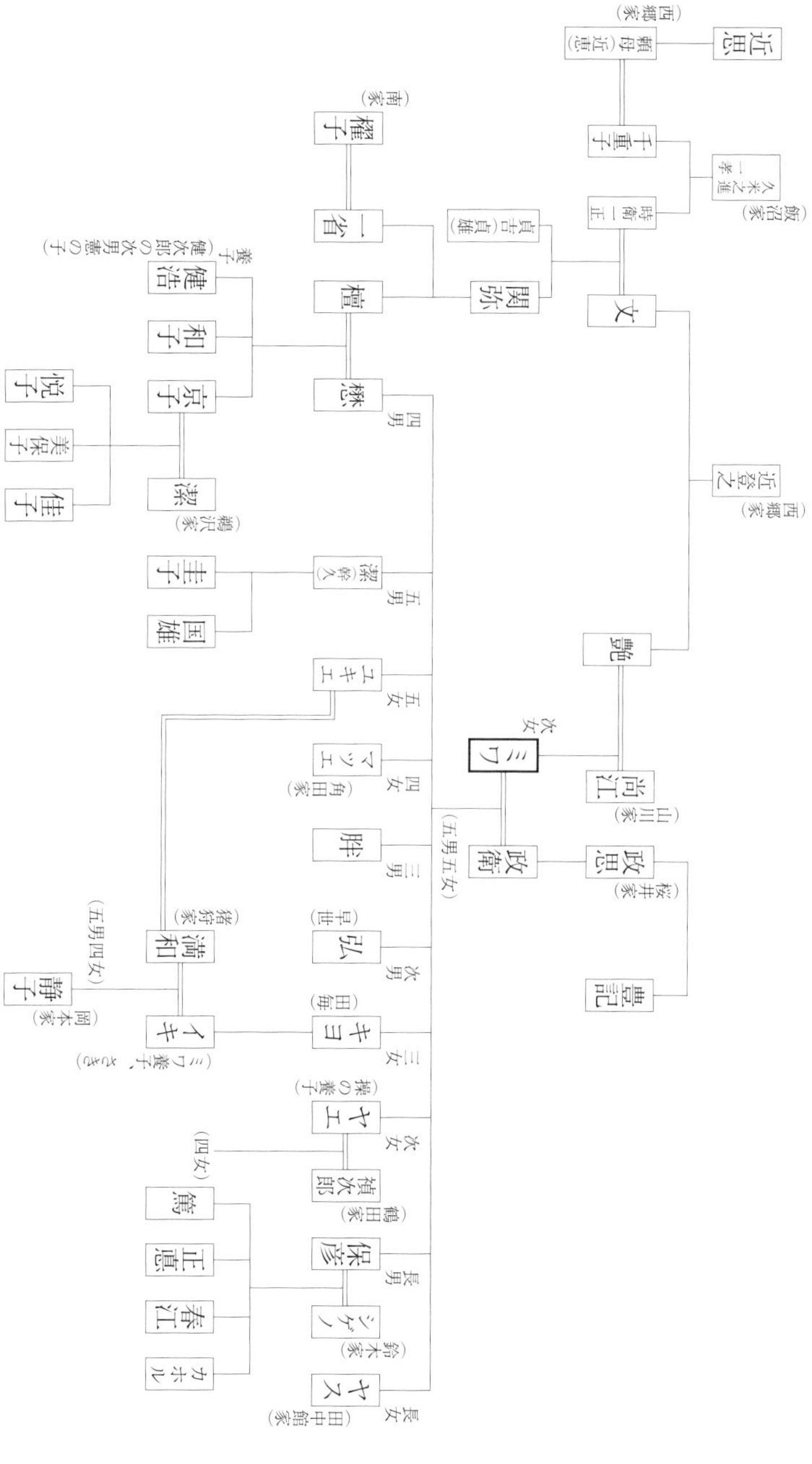

次女ミワの系図

（巻末の参考文献、聞き取り調査等により筆者作成）

室に行き荒野の開拓に力を注いだが、病に冒されて亡くなった。根室には、かつての義兄・梶原平馬も住んでいた。恐らく政衛の根室行きは、平馬の誘いがあったのではなかろうか。美和は夫を理解し、苦難のなかで彼の生涯を支えた。美和の会津、斗南、北海道の函館、根室へと、流転の生活に耐えた芯の強さに典型的な会津女性の生きざまを見る思いがする。美和は、中央で光彩を放った他の山川兄弟姉妹とは異なり、あくまで地道な女の一生を送った山川家唯一の女性である。」

写真16　ミワの肖像
（大正15年（1926）11月、80歳）

（『評伝山川健次郎―士君子の肖像―』一四頁）と紹介されており、情報が少なかったことがわかる。

これまでミワという人物については詳細不明であり、筆者もまた山川家のミワ（次女）はどのような明治期以降を送っていたのか疑問と興味を抱いていたところ、ミワの曾孫にあたる鵜沢佳子氏とお会いする機会に恵まれた。佳子氏は、昭和二一年（一九四六）満洲生まれ、優しく知識が豊かで教養溢れる方であった。

佳子氏の祖父は、ミワの四男桜井懋（一八八七～一九七二年）である（写真17）。懋と佳子氏は、どのような血縁を辿るのか、紹介する。懋は、明治二〇年（一八八七）、北海道根室に生まれ、大正七年（一九一八）に飯沼檀（一八八九～一九六二年）と結婚した。檀は、会津藩士飯沼関弥の娘であった。関弥は、明治期に会津松平家の家令を二三年間務めており、『会津松平家譜』を著したのをはじめ、多くの会津藩関連の書籍を編集している。白虎隊で自刃した少年で唯一生き残った飯沼貞吉の弟にあたる。つまり、佳子氏は、飯沼家が祖母の家系である。

ちなみに、檀の弟は、飯沼一省（一八九二～一九八二年）である。内務省官僚であった一省は、静岡県知事、広島県知事、神奈川県知事を歴任し、昭和二二年（一九四七）に公選制度が始まる直前の東京都長官を勤めた。都市計画の普及に貢献したことで知られる。妻櫂子は南弘（一八六九～一九四六年、富山県出身、斎藤実内閣の逓信大臣）の娘であった。懋と檀の結婚は健次郎（次男）の仲介であり、藩政時代より会津藩の中枢を担った一族同士の結婚であった。

懋・檀夫婦は、二女（京子、和子）を儲けた。長女京子（一九二〇～二〇一〇年）は、鵜沢潔（きよし）（一九一六～二〇〇〇年）と結婚する。潔の父孝（千葉出身）は東京高等師範学校を卒業後、ハワイの日本人学校に勤務したので、潔はオアフ島生まれであった。一六、七歳で帰国し、英語が達者のため、外資系のスタンダードヴァキューム石油株式会社、のちにモービル石油に勤務した。潔の母廉が竹早の女学校（東京府立第二高等女学校）卒業で、女子高等師範学校卒業の檀と共通の友人を介して結婚の運びとなった。

満洲に渡っていた潔・京子の若夫婦は、戦後に満洲から生後六か月の佳子氏を伴って帰国した。帰国後は、新宿区市谷薬王寺町牛込町に居を構えたが、佳子氏が中学一年生の夏に、懋、檀、若夫婦、三姉妹（佳子、美保子、悦子）が同居することとなり、佳子氏は祖父である懋が亡くなるまで共に暮らした。

懋は、才筆であった。序章に列記した山川浩の伝記『山川浩』（一九六七年、私家版）、『続山川浩』（一九七四年、続山川浩伝刊行会）をまとめた功績がある。他に、会津図書館に所蔵されている『補遺（未定稿）山川健次郎博士遺稿』（一九六九年）などを著した一方、自身の桜井家に関する記録もいくつかまとめていた。

桜井家に関する記録史料は、いずれも私家版で手書きであった。まず「桜井家の記録」（一九六八年八月上旬、私家版）がある。

写真17　桜井懋（昭和30年代）

こちらは、懋の甥、ミワの五男幹久の次男桜井国雄が翻刻し、親戚に配布した経緯がある。もうひとつは、懋の自伝「吾が家の記録と吾がたどった道」（一九六八年一〇月一六日、私家版）であり、手書きの史料を佳子氏より拝借し、筆者が翻刻した（全文未発表）。

佳子氏は大学生の頃、懋が書いた『山川浩』などの原稿を清書しており、祖父と共に過ごした時間が多く、懋が山川家をはじめ、親戚の世話に明け暮れている姿を間近でみていた。懋はあちらこちらの親戚から信頼されており、それにより家を空けることが多かったそうである。

佳子氏には、桜井家をはじめ、山川家、飯沼家に関する膨大な記録史料（回想録、戸籍謄本、手紙など）を拝借し、また祖父の記憶などを、ここ一〇年に渡り、何度も著者に時間を割いて教えて下さった。本章で明記のない逸話のほとんどの出典は、これらの記録による。登場人物の生年や結婚離婚等の日付等は、戸籍謄本による。また、本章に掲載する写真のすべてを佳子氏より拝借した。

ミワの夫政衛と懋については、これまで調査対象になったことがある。例えば、本田克代氏の調査がある（「明治時代の根室の人々（四）カーペンター夫人、桜井政衛・桜井懋」『根室市博物館開設準備室だより』一四号、一九九九年）。桜井国雄から提供された史料によるもので、桜井家の来歴や政衛と懋の経歴が簡潔に示されたが、ミワに関する記述は二〇〇字足らずで、子女については、五男幹久には少し触れているが、他の子女についての詳しい記述はなかった。

また、懋は、山川健次郎の「遺稿」七冊の編纂をしているため、「遺稿」を調査した小宮京氏による懋の追跡もあるが（「〈史料散歩〉山川健次郎のもう一つの「遺稿」」『日本歴史』八一七号、二〇一六年）、ミワに関しては懋の母としての記述のみであった。本章では、ミワの生涯を少しでも明らかにするため、記録がはっきりしている周辺の人物に関する記録を軸にしながら、戊辰戦争を経ての明治期以降の展開、すなわち、家族構成、生活した場所・環境など、ミワの生き方に少しでも迫っていきたい。

桜井家に嫁ぐ

ミワは、弘化四年（一八四七）一一月一一日、山川家の次女として誕生した。三歳上に姉の二葉、二歳上に兄の浩がいた。各文献をみると、三輪・三和・美和などの表記がみられるが、本書では戸籍にある「ミワ」と表記する。

文久三年（一八六三）六月一一日、ミワは、一六歳の時、会津藩士桜井家（五〇〇石、物頭）の長男政衛（まさえ）に嫁いだ。政衛は、弘化元年（一八四四）生まれ、三歳年上であった。結婚前は江戸勤番、文久二年（一八六二）以降は、京都に赴いた経験があった。結婚後も、元治元年（一八六四）の禁門の変（蛤御門の変）に参戦しており、孝明天皇の御大葬では御出門の警護の任にあたっている。

桜井家の初代は尾張出身と伝わる。戦国末期に加藤嘉明の近臣となり、文禄の役で功を挙げた。のち、京極忠高、松江藩を経て、保科正之に仕えた。正之の会津藩の藩主就任に伴って会津入りを果たし、物頭（足軽五〇人、鉄砲五〇挺）とあった。桜井家の通り名は「弥一右衛門」で、ミワの夫政衛は桜井家九代目となる。ちなみに、政衛の叔父（父政思の弟）に土津（はにつ）神社（祭神は保科正之公）の宮司であった桜井豊記がいる。

政衛は、戊辰戦争をどう戦ったのか。慶応四年（一八六八）年一月三日、鳥羽伏見の戦いに参戦したのち、二月に会津に帰国した。会津藩では、これまでの長沼流より軍制改革がおこなわれたが、同年四月、「朱雀隊」の二番隊足軽隊長に任命される。総野の戦いに参加、宇都宮の攻略に尽力した。

閏四月二六日には、義兄である日光口総督山川浩（当時大蔵）の指揮下に属し、野州今市の攻略戦に参戦、七月二七日には、二本松藩の救援に赴き、本宮口の戦いに加わるが、二本松は落城となり、政衛は腹部貫通の銃創の重傷を負って会津に帰還となった。ミワはこの間、慶応元（一八六五）年一一月一一日に長女ヤス、慶応四年（一八六八）七月二日に長男保彦を出産している。

慶応四年（一八六八）八月二三日、会津城下まで新政府軍が迫り、警鐘が鳴った。会津藩では藩士の家族に対し、万一危急が迫れば警鐘を鳴らし、それに応じて入城するよう布告していたことは第一章で述べた。

この時、二本松藩へ加勢したことにより、重傷を負っていた政衛は自宅で療養していた。それでも、家族に援けられて槍を杖き、城に向かったが、すでに城門は閉鎖され入城できなかった。そして若松南方雨屋（現、会津若松市大戸町）に向かい、従者の家で療養して戦況を見守っていた。

この時、ミワはどうしていたのか。籠城した山川家の姉妹たちの記録には、ミワが籠城したという話題はないので、おそらく、政衛と行動を共にしたと思われる。もっとも、生後二カ月に満たない乳児を抱えていたことが分かったので、それだけでも籠城戦参加は無理があったであろう。先に挙げたように、姉の二葉（長女）は二歳の息子景清の籠城を断念している。

籠城戦は一か月続いた。他の六人の兄弟姉妹の無事を願うミワの胸中が察せられる。同年九月、政衛は二番寄合隊頭、軍事奉添に任命され、家老萱野権兵衛の指揮の下、田中蔵人隊の別選組頭となり、城外の越後口の守備にあたったらしいが、傷がどこまで回復していたのか、詳しい事は伝わっていない。

夫政衛の謹慎生活

九月二二日、会津開城となった。城外で転戦していた会津藩士は塩川村に幽閉となった。その後、越後高田藩へのお預けが決まると、翌年一月、一七〇〇余名が「会津降人」として送られた。現地では、四〇数人単位で五〇数カ所の寺に分散収容され、謹慎となった。政衛も越後高田藩にての謹慎生活となり、本誓寺中本浄寺、または本誓寺中長楽寺にて過ごしたといわれる。謹慎生活は自炊であったが「時間的な余裕が与えられていたので、茶の湯とか歌の会などが頻りに催され、後には経書の講義なども始められた」（『会津藩士の越後流亡日誌』五五頁）といわれる。

ここでの旧会津藩の責任者は家老の上田学太輔で、上田の命で「旧会津藩学問所」が開設された。南摩綱紀(一八二三〜一九〇九年)を講師とする漢学所で、三〇名ほどが午前は大学、午後は詩経を学んだ。南摩は会津藩校日新館を経て、江戸昌平黌に入り経史を修め、八年間助教を務めたことがある人物であった。大坂で緒方洪庵について洋学を学んだ経験もあり、武芸(弓・剣術・槍・馬術・柔術)も免許皆伝の腕前であったという。謹慎中の身でありながら、越後高田藩の儒家や和算家も南摩を尋ねてきている。明治期になると、東京帝国大学教授、東京高等師範学校教授などを歴任する。

同じく越後高田藩で謹慎生活を送った旧会津藩士十倉新八の伝記がある。この本に、謹慎中は「新八は大変勉強が好きであり、約二〇人の学習生を集め、漢学塾を設け、南摩八之丞(綱紀)先生を師と仰ぎ、桜井弥一右衛門(後政衛)を塾長として学習に励んだ。」とあった。つまり、南摩の補佐的役割を果たしていたのが政衛であった。時々、学生に紛議が起こると、政衛に「貴殿、和解の労を取り給え、南摩先生の耳に入ると厄介だから」(『十倉綱紀伝』三一頁)となだめられたという逸話もある。

これらから、政衛は、教育者、学者として高名な南摩と共に漢学を教えながら、謹慎生活を送っていたことが分かる。

青森での生活

明治二年(一八六九)一一月、会津藩は「斗南藩」としての再興が決まり、翌年春より旧会津藩士は下北半島付近に移住することになった。桜井家、そしてミワもこれに従った。会津開城から斗南藩への移住までのミワの動向に関する記録はないが、家人の実家を頼り、会津近郊で過ごしていたと思われる。

明治三年(一八七〇)六月、桜井家は斗南藩領である青森県田名部郡斗南岡七二番地屋敷へ移住した。斗南での厳しい環境は、第一章でみてきたが、懋の自伝（「吾が家の記録と吾がたどった道」）にも「斗南に於ける生活は、並大抵のものではなく、殆んど飢餓線上にあったと云ふも、過言ではないのである。海浜に至り打ち上げられたる昆布を拾い集め、これを鍋に入れ、どろどろに煮て、その中に一握りの米を入れた粥状のものを啜りつつ、開墾に従事した。」とある。記録をした懋は、斗南での生活を送っていないので、家族もしくは他の旧会津藩士よりの聞き取りであろう。ミワを含む桜井家は飢えを耐え凌ぎ、過酷な生活を送った。

同年秋、斗南にて名義上存在していた白虎隊の解隊式を安渡（大湊港）で行っているが、その時、政衛が隊長を務めたといわれている。

明治四年（一八七一）、廃藩置県となり、斗南藩も廃藩となった。桜井家の記録をみると、明治六年（一八七三）年五月に青森県上北郡三本木村字並木三四番地へ移住したことが分かっている。同年七月七日には次女ヤエが誕生している。旧会津藩士は、帰郷したり、上京したり、北海道へ再移住したりと、斗南の地を離れる一族が多くいたが、桜井家は斗南の地に残ることを選択した。廃藩置県後に山川家は東京へ移住したが、ミワの長男保彦は、山川家の書生として上京した。また、正確な年は不明であるが、この頃（明治八年以降）、長女ヤスも山川家を頼り上京し、東京女子師範学校に通うようになった。二葉（長女）とも共に過ごしたのかもしれない。

桜井家の生計はどうしたのかというと、同年一一月、政衛は青森県三本木小学校の教員となった。と、同時に明治九年（一八七六）に青森小学師範学校に入学する。青森小学師範学校は、明治九年（一八七六）八月に設立され、一一月に始業したばかりで、明治一一年（一八七八）一月には「青森師範学校」と改称される。政衛は明治一一年（一八七八）に卒業し、「師範学校卒業」の資格を取得している。

学制が発布され、明治六年（一八七三）に開校した三本木小学校は、地域で一番早く設立された小学校であった。明治一二年（一八七九）当時の「十和田市内小学校概要」をみると、三本木小学校の項には、教員数は男性のみ五名、生徒数は男子一〇二名、女子二八名であり、「首座教員」に「桜井政衛」の名前があった（『十和田市史』六〇二頁）。首座教員とは、現在の学校長のことである。任用資格が必要で、有資格者が少なかった。師範学校を卒業の資格を取得した政衛は「青森縣教督として上北郡在勤、その後同十六年上北郡藤島伝法寺の小学校に勤務された」と桜井家に伝わっている。これについて、「明治一四年米田小学校首座桜井政衛は、藤島・伝法寺・大不動・滝沢・沢田・奥瀬の七校を兼務した。」（『十和田市史』六一六頁）との記録もあることから、政衛は同時期に首座教員を七校兼務していたことになる。

青森の小学校に勤務した約一〇年間にはさらに四人の子宝にも恵まれ、明治八年（一八七五）一二月一九日に三女キヨ（別名田毎（たごと））、明治一一年（一八七八）四月八日に次男弘（同年五月一七日早世）、明治一二年（一八七九）九月四日に三男胖（ゆたか）、明治一五年（一八八二）五月一二日に四女マツエ（松江）が誕生した。

この頃の、政衛の活動が分かる公文書が残っている。明治一五年（一八八二）一二月に提出された青森県令郷田兼徳への「就産資金拝借之儀嘆願書」（『青森県史』資料編近現代I所収、二〇二頁）である。

この書類は、「牧畜産馬、養蚕製糸、機織などの始業資金として六九八七五円を拝借し、五カ年一期限とする三期限（一五年）で返納したい」という内容の嘆願であった。嘆願は、県令から国へ伝えられ、明治一六年（一八八三）四月に農商務卿西郷従道の記名により聞き届けられるのだが、この書類に「青森県管下居住、旧斗南藩士族一千七十五戸、総代平治右衛門、政衛…」と記名がみつけられた。政衛が、五戸村の金沢平治右衛門と共に青森県三本木村に残留した旧斗南藩士（旧会津藩士）たちの総代を務めていたことが明らかになった。

その後、政衛は、実績が認められたのか、明治一六年（一八八三）九月に小学校を辞任し、函館縣檜山爾志郡書記として学務を担当することになり、函館に渡った。明治一八年（一八八五）には、御用係となり勧農業課に勤務するようになる。

この時、桜井家はどうしたのか。長女ヤスは、東京女子師範学校を修了したあと、江差の小学校に勤めていたので、函館で政衛と共に生活することになったが、ミワやその他の家族は、三本木に残っていたようである。

明治一九年（一八八六）一月、函館縣が廃止となり、政衛は三本木に帰ってきた。同年三月、再び三本木小学校に勤務したが、同年五月に退職、同五月二五日、家督を長男保彦に譲った。保彦がいつ東京から青森に戻ってきたかは不明であり、この時、政衛は四三歳、保彦は一九歳になっていた。

ちなみに、長女ヤスは江差に残り、明治二八年（一八九五）一一月七日に岩手県盛岡市大沢河原小路出身の田中館寛次郎に嫁いでおり、明治三四年（一九〇一）まで引き続き函館に居住している。

根室・屯田兵の生活

屯田兵は兵農兼務で、屯田兵制度は、北海道の開拓と北辺警備を目的とした。明治七年（一八七四）に屯田兵例則が定められ、翌年より札幌地域に東北出身の士族が入植したことに始まる。根室地域には、明治一七年（一八八四）六月に屯田兵村の設置が決まり、翌年一〇月より二二〇戸の屯田兵屋が建設された。筆者は、以前に屯田兵について調査した経緯があり、屯田兵の概要、屯田兵制度の変遷についてまとめているので拙著を参照されたい（『近代開拓村と神社』）。

明治一九年（一八八六）五月、屯田兵第二大隊本部が設けられ、六月五日より青森・山形・新潟・福井・石川・鳥取の六県より募集された士族二二〇戸、一〇八三人が根室方面に移住入地し、戸主皆兵をもって屯田兵第二大隊第一中隊が編成された。第二大隊長が和田正苗であり、その名をとり、和田村との呼称が決まった（『根室市史』四〇八頁）。

桜井家は、「屯田兵」、すなわち「戸主」を長男保彦として志願し、根室の屯田兵村（根室郡和田村一五七番地、いわゆる東和田兵村）に移住した。屯田兵の募集年齢は、明治一八年（一八八五）当時の屯田兵条例では一七歳以上三〇歳以下と定められており、明治二三年（一八九〇）に一七歳以上二五歳以下と変更された。屯田兵は、屯田兵村への定住を前提としたので、若い年齢の戸主が求められたのである。

ちなみに、根室地域には、更に、明治二一年（一八八八）に一二〇戸、明治二二年（一八八九）に一〇〇戸が第二大隊第二中隊として入植し、西和田兵村と呼称された。西和田兵村の出身県は石川・愛知・滋賀・鳥取・広島・福岡などであった。明治二二年（一八八九）には東和田兵村と西和田兵村を合わせ、第四大隊として再編成されている。

青森から根室に移住した桜井家の人員は、政衛、ミワ、クニ（政衛妹）、長男保彦、三女キヨ、三男胖、四女マツエの七人であり、祖父母は会津高田に帰還した。長女ヤスは函館に居住しており、次女ヤエはミワの妹操（三女）に世話になり上京した。

同年六月五日、各地を廻り、東和田兵村へ入植する屯田兵たちを乗せた御用船「和歌の浦丸」が根室港に入港、船会社の倉庫で一泊し、翌日朝から根室市街地から東和田兵村まで四里、原始林の中のただ一筋の細い道のりを徒歩で向かった。一六時には現地に到着し、中隊幹部より屯田兵屋が割り当てられた（『屯田兵村の百年』中巻一五八頁）。

定めとして、屯田兵には家具・農具が支給され、三年間は食料（扶助米、塩菜料）も支給されたが、三年間で五〇〇〇坪の開墾が義務付けられていた。屯田兵もその家族も起床や食事など、すべてラッパの合図で生活をし、戸主は毎日練兵場で訓練があったため、家族が開墾に従事した（『根室市史』四〇九〜四一〇頁）。

懋の自伝には「扶助米は一五歳以上六〇歳未満には玄米七合五勺、六〇歳以上一五歳未満には玄米五合、七歳未満には玄米三合」とある。屯田兵村での生活は、以下のようであった。

屯田兵屋は、間口五間、奥行三間半の木造で、壁は中塗だけで外部は板張であった。内部は四畳半、六畳との二間は畳敷で、天井板は四畳半の室だけが張ってあった。その他、三坪の板張の室に炉が切ってあって、薪を燃やし、煮炊や暖を取るのに使った。炊事場は一坪五合、土間は七坪。この土間に、冬期の根菜類を貯蔵する穴蔵が作られており、農具置場もあった。銃架は六畳間に設えてあった。便所は七合五勺、裏出入口の外部の軒の下に作られ、冬期は雪除を作らないと吹雪の時などは便所に行かれなかった。この他、馬小屋があった。これは自費の建物であるが、いつ頃建てられたのか、いつ頃馬が飼はれていたか不明である。農作業には使っていなかった。

屯田兵屋は道路に面して、四十間毎に整然と建てられ、兵農村としての面目を形づくって居た。桜井家の処は、通称六軒家と呼ばれ、その名の如く地勢の関係上、向三軒両隣の六軒よりなかったので、その名が自然に生じた。

家屋敷の奥の方には、境界に小川があり、且つ谷地があって菅坊主や水芭蕉などが群生しており、開墾には不適の地であった。井戸は共同使用で、道路の向側にあった。吹雪の時や暴風雨の時は水を汲むことは、なかなか難儀であった。また厳冬の折は、井戸水が凍って汲むことが出来ないので、雪をとかして使用したことも珍しくなかった。

さて、五千坪の開墾の終った者には、追給地として更に五千坪の土地が給与された。その選択は五千坪開墾の順位によって定められた。その後、別当賀という所に更に五千坪の土地が支給されたが、熊笹が生い茂る土地であった。合計壱万五千坪の土地は、太平洋戦争の後の農地法によって不在地主の故を以て、全部他人の有に帰してしまった。

和田村に移住してより、二年間軍紀の下の生活は、兵士として勤務する戸主はともかく、家族は何れも士族伝統の生活に慣れているので、生まれてから一度も鋤や鎌等を握ったことのない人々が多かったので、巨木を伐り倒し、茨を刈り唐鍬を以て荒地を開墾する等の急激な生活環境の変化は甚だしき過労と苦痛をもたらした。桜井家もその例に漏れず、男手は兄上（注：保彦のこと）が練兵（毎日午前中）に出ている間は、父上一人であとは女手のみなるため、開墾はとかく意の如く進捗しなかったと聞き及んで居た。

屯田兵としての移住者は士族といふことになっていたが、中には士族の株を買って士族となり移住した者もあり、それ等の人々の開墾の実績は大いに挙がって居った。以上のごとき状況で、三年間の扶助のあった間は、どうにかその生活が細々ながらも続けられたが、扶助の廃止と共に生活難はひしひしと迫って来たのである。

而してこの和田村は、開墾当初は大麻、黍、そば、大豆類を始め、馬鈴薯、大根等の農作物は相当に収穫があったが、これ等の作物は、年と共にその収穫が不良となり、しかも主食たる米そばを生産しない、この豊穣でない土地の農作物では、一家の生活を維持し兼ねる有様なので、兵役関係の終了と共に、この土地を見限り他に転出するもの、或は他に職を求めるもの、漸く多きを加えるに至ったのである。吾が家でも兄上は、後年根室郵便局に就職され、そしてどうにか糊口を過す程度であったが、生活そのものは貧困の一語で尽くされたのである。

（「吾が家の記録と吾がたどった道」）

ミワは一律の屯田兵屋に住み、屯田兵の家族として上記のような辛い開墾生活に耐えた。他の根室への入植者による「兵士として勤務する戸主はともかく、家族はこれまで何れも士族伝統の生活に慣れ、生まれてから一度も鍬や鎌を手にしたこともなく、それが巨木を刈り倒し茨を狩り、唐鍬で一鍬一鍬荒地を開拓するという、急激な生活の変化と甚だしい過労と苦痛を与えたもので、なかにはそのために気が狂った者さえあった」（『根室市史』四一〇頁）という逸話も残る。非常に厳しい開拓生活であった。

根室での喜びと悲しみ

根室に移住してからも、桜井家は多くの子宝に恵まれる。明治二〇年（一八八七）一〇月一六日に四男懋、明治二一年（一八八八）一二月一〇日に五男潔（明治二九年（一八九六）に幹久に改名）が誕生した。

この時生まれた本人の懋は、続けての男子誕生を「母上の御苦労はさこそと察するに余りありといふべきである。」と回想している。余談であるが、戸籍謄本をみると、懋は、明治二三年（一八九〇）六月二八日に松川清三郎（根室弥生町一丁目一一番地）の養子となったようだが、翌年八月二五日に養子離縁され、桜井家に復籍している。理由は分かっていない。

また、三男胖は当初、根室の小学校に通ったようであるが、その後上京し、山川家（浩邸）の書生となった。この頃、四女マツエもまた上京し、ミワの妹操（三女）の世話になりながら小学校へ通った。また、すでに上京していた次女ヤエは、明治二四年（一八九一）八月二五日に操の養女となった。ヤエは陸軍軍医・鶴田禎次郎に嫁ぐことになるが、詳細は第三章で述べる。

同年八月三一日には、三女キヨが鈴木左近（北海道標津郡伊茶仁村字川向）へ嫁ぎ、明治二五年（一八九二）四月一二日に長女サヨを産んだ。が、サヨは、理由は定かではないが明治三二年（一八九九）六月二七日に早勢善作（根室緑町六丁目一五番地）の養子となった。三女キヨに関しては、複雑な人生を送ることになる。

明治二七年（一八九四）七月、日清戦争が勃発した。翌年三月四日、長男保彦が日清戦争に応召された。が、すぐ講和となり、同年五月三一日に凱旋となった。

長男凱旋の喜びも一転、ミワに悲しみが訪れる。同年八月二〇日、上京していた三男胖が亡くなったのである。

一六歳であった。亡くなった場所は、福島県白河町桜山にある山川浩の別荘「逸遊亭（いつゆうてい）」であり、病死であった。浩も存命中であり、体調が悪い甥の胖を療養させていたのであろう。

三男胖は、このまま白河の常宣寺に葬られた。白河戦争での会津戦没者の墓碑がある会津ゆかりの寺であった。ちなみに、「逸遊亭」とは、白河金勝寺の桜山にあった松平定信（一七五九～一八二九、老中）の別荘跡に、山川浩が別荘をつくったもので、浩は時折ここで、愛馬「千里」と共に余暇を過ごしていたといわれる。歌集のタイトルも「さくら山」と名付けられている。現在、白河の「戦死供養塚」と同所に、浩を偲ぶ碑「故山川将軍乗馬之碑」が建立されている。

この時、悲しみに遭ったミワは、妊娠中であった。明治二八年（一八九五）一〇月一七日、五女ユキエ（雪枝）が誕生した。四七歳になっていたミワにとって、一〇人目の出産であった。

ミワの子どもたちの結婚など

ここから、ミワの子どもたちの結婚、離婚などをみていこう。戸籍謄本が残っているので、年月日などが詳しくわかっている。一〇人の子どもたちは、三者三様に成長にしていく（表2）。

明治二九年（一八九六）年五月、屯田兵制度が廃止となった。同年九月一九日、操（三女）の世話になっていた四女マツエが根室に戻り、同じ和田村の屯田兵の角田両角（新潟県出身）に嫁いだ。入れ替わるように、明治二〇年代後半、五男幹久は、和田村の小学校を卒業後に上京し、操の世話になっている。その後、東京農学校（現東京農業大学）林学実科に入学した。

明治三〇年（一八九七）八月一一日には、長男保彦が同じ和田村の屯田兵の娘シケエと結婚した。シケエは、明治一五年（一八八二）七月一三日生であり、山形県出身の屯田兵・小松重春の次女であった。同じ屯田兵村での出会いであったろうが、明治三一年（一八九八）年二月に離婚となった。翌年（一八九九）八月一〇日、長男保彦は、同じ和田村の屯田兵の娘シゲノ（明治一六年（一八八三）八月一日生、秋田県出身の屯田兵・佐々木辰次郎の長女）と再婚となった。この頃、保彦は根室郵便局に勤務していた。ちなみに、このおめでたい再婚の三か月前、同年五月に三女キヨが鈴木左近と離婚していた。家族が増えたり、減ったり、出戻ったり、とミワの近辺が目まぐるしい時期であった。

この後、保彦夫妻は、明治三四年（一九〇一）八月一二日長女カホル、明治三七年（一九〇四）一月七日次女春江、明治四〇年（一九〇七）一月一日長男政悳、明治四三年（一九一〇）六月二三日次男篤に恵まれ、ミワはまだ幼い我が子と共に、孫にも囲まれた環境となった。

明治三四年（一九〇一）三月、四男懋は、和田小学校を卒業した。この頃の根室には、唯一の中学校である「私立根室実修学校」があったが、「家庭の事情」で入学できなかったので、一年間代用教員を務め、翌年三月札幌の北海道師範学校予備科（一年間）に入学、のち本科（四年間）に入学し、五年を寄宿舎で過ごした。八月の夏休み中は根室に帰省するお金がないため、函館から岩見沢、のち旭川に移住していた長女ヤス宅に世話になっていたようである。当時は、札幌から函館まで鉄道、函館から汽船で根室という行程であった。

そういえば、懋の札幌滞在中、ミワは操（三女）が病気となったので、看病のため上京したことがあったとの記録がある。その時の詳細は不明であるが、東京にて兄弟姉妹と一時過ごしたことは確かである。

ちなみに、第一章の章末に掲示した浩、二葉、ミワ、健次郎、操、常盤、捨松の全員が写っている写真（写真15）は、明治二九年（一八九六）六月二八日に撮影されたもので、それぞれの子どもを交えての再会にミワも心躍ったに違いない。ミワは、北海道にこもりっきりではなかった。浩は明治三一年（一八九八）に亡くなっているので、最後の七人の兄弟姉妹の集合であったかもしれない。他に「山川家の兄弟姉妹」が写る写真として、明治二六年

表２　ミワの子ども

続柄	名前	出生日	ミワの出産年齢	ミワより先に亡くなった年	女子の嫁ぎ先	書生として
長女	ヤス	慶応元年（1865）11月11日	18歳		田中館氏に嫁ぐ	浩宅へ上京
長男	保彦	明治元年（1868）7月2日	21歳	大正4年5月1日死去（享年47歳）		浩宅へ上京
次女	ヤエ	明治6年（1873）7月7日	26歳		操養女、鶴田氏へ嫁ぐ	操宅へ上京
三女	キヨ（田毎）	明治8年（1875）12月19日	28歳		鈴木氏へ嫁ぎ、離婚	（旭川産婆学校）
次男	弘	明治11年（1878）4月8日	31歳	明治11年5月17日死去（享年1歳）		
三男	胖	明治12年（1879）9月4日	32歳	明治28年8月20日死去（享年16歳）		浩宅へ上京
四女	マツエ	明治15年（1882）5月12日	35歳		角田氏へ嫁ぐ	操宅へ上京
四男	懋	明治20年（1887）10月16日	40歳			健次郎宅で世話
五男	潔（幹久）	明治21年（1888）12月10日	41歳			操宅へ上京
五女	ユキエ	明治27年（1894）10月17日	47歳	大正7年6月2日死去（享年24歳）	猪狩氏に嫁ぐ	
養女	イキ（咲子）	明治35年（1905）5月1日	三女キヨの子		猪狩氏後妻	

（鵜沢氏よりの資料をもとに筆者作成）

（一八九三）の写真（第三章で掲示、写真23）が存在する。この写真はミワがどこに写っているのかいないのか、判別出来ないのだが、山川家の兄弟姉妹の仲睦まじい写真はいくつか残っている。東京に住む山川家は月例会をしていたらしいが記録に乏しい。それでも集合写真の存在は、明治期以降にもそれぞれの配偶者や子女を連れて何度か集まる機会があったことを物語る。

明治三五年（一九〇二）五月一日には、三女キヨが嫡出ではないイキを出産するという出来事があった。同年五月六日には、標津郡伊茶仁村の鈴木鐙之助が認知するが、その後、イキは明治三九年（一九〇八）一月に政衛・ミワ夫婦の養女となった。

離婚を経験したキヨは、波乱の人生を送る。一時、キヨはイキを伴い、小石川同心町に住む操の元に世話になるのだが、根室に戻り、看護婦として勤務、産婆学を学び、産婆の試験に合格した。資格を得ると、旭川に住んでいた長女ヤスにイキを託しながら、旭川で産婆の実習に励んだ。のち、札幌の豊平にて産婆院を開業した。

このような一辺倒ではなかった姉キヨの生涯について、懋は「田毎姉上様、数奇の運命に弄ばされた方は、吾が兄弟姉妹では他にあるまい、而しながら晩年は安らかに終られたことは何よりであった。尚ほ余談だが吾が一家で、鋤を踏めるのはこの姉上一人であった」と回想している。文中の「田毎」はキヨの別名である。

根室の名物校長「大砲先生」

明治三七年（一九〇四）、日露戦争が勃発すると、後備役であった長男保彦が補充兵として応召され、第七師団歩兵第二七聯隊に入隊し出征、奉天会戦に参加した。この頃の政衛について「明治三〇年代の後半、政衛も植別（羅臼）、厚別、別当賀（根室）で教員をしている。厚別では妻のミワも裁縫を教えたらしい」（「私立根室女子小学校校長「水野貞」事跡」五二頁）と伝えられている。

根室に残る郷土史を探ってみると、政衛は、明治三六年（一九〇三）、明治三七年（一九〇四）に厚別簡易教育所、明治三八年（一九〇七）に穂香簡易教育所、そして明治三九年（一九〇八）一〇月一日より別当賀特別教育所（後の別当賀小学校）に赴任し、初代校長に就任していた。

別当賀小学校は、正式には「幌茂尻尋常小学校附属の別当賀特別教育所」であり、四年制学級として創立された。生徒数は最初七名であった。ちなみに、創立九〇周年を迎えた平成一〇年（一九九八）に厚床小学校と統合され、現在は閉校となった。根室市街地から別当賀までの道は「僅かに人と駄馬を通ずるのみで、道の両側は草と小枝で被われ、その下をくぐり抜けるという熊の出る山道」（『別当賀の歩み』六四頁）といわれていた。

校舎は集落で建てた山の神神社を改造して、教員住宅と教室（一一坪半）に仕切った単級学校で、「桜井政衛先生（漢文の先生）を迎えて初代の先生としました。勿論、寺子屋の延長みたいなもので、一斉指導ということはなく、もっぱら一人一人を先生の膝下におよび一字一字を指して教える個別指導でした。筆一本算盤一つで教科書さえ備わらず先生が力に応じて手本を書きあたえて学習した。それでも子どもは親しみよく学びました。」（『別当賀の歩み』六四頁）と伝えられている。

また、同僚かつ校長の後任となった伊藤初太郎（一八八三～一九七六年）は、以下のように回想している。

当時、老師慰安の酒は地元にはないので休みの日には遠くの三里の山路を温根沼まで買いにきたものでした。貧乏徳利を背負った異様な姿をしているので、大砲先生という異名をつけられていた。当時の教授法は寺子屋式で同学年でも年齢の相違があり、男女、大小混ぜて十人足らずの単級教室だったが、桜井先生の情熱には頭が下がった。

（『根室新聞』）

休みの日は温根沼まで行ったということは、政衛は別当賀で生活していたことが分かる。別当賀から東和田村や根室市街地は二〇キロ近くあり、ミワも同居していたのか記録はない。「大砲先生」という異名、また「情熱には頭が下がった」と評されており、政衛の包容力があり、誠実で教育熱心な人柄であったことが伺える。

この記録は、『根室新聞』の昭和二七年（一九五二）一〇月二一日付であるそうだが、出典は、別当賀小学校五〇周年の時に伊藤が述べた記事による。筆者は、『根室新聞』のバックナンバーを調査したが、戦後の混乱のため入手困難になっており、国立国会図書館には該当日の新聞は未所蔵であり、北海道立図書館では所蔵が在ったはずだが実物は行方不明であった。根室市立図書館にも所蔵が在ったはずだが行方不明で、特に根室市図書館には資料捜索に大変手を尽くして頂いた。本書では前掲の論文（「私立根室女子小学校校長「水野貞」事跡」五二頁）から一部引用した。論文によると、別当賀小学校「五〇周年」とあったが、新聞掲載年は開校年から五〇年経っていない。新聞の所在を調査中である。

また、伊藤初太郎とは誰か。根室出身の文化財研究者（考古学や植物研究）であり、明治二二年（一八八九）に愛知県より西和田兵村に家族で入植した人物であった。花咲尋常高等小学校高等科、北海道師範学校を卒業し、明治三四年（一九〇一）に弥生小学校に勤め、明治三六年（一九〇三）より幌茂尻小学校の校長となった。以後、根室市内の小学校校長を歴任し、別当賀小学校では二代、七代の校長を務めている。伊藤は、根室市内の遺跡調査、特にチャシを丹念に研究し、また、花咲港の車石の研究紹介、天然記念物である落石のサカイツツジを発見したことで知られている（『根室千島歴史人名辞典』三三一頁）。

職員録をみると、「校長の在任期間」は、政衛は明治三九年一〇月一日～明治四〇年六月一日、伊藤は明治三九年一一月一〇日～明治四三年四月二九日（『別当賀の歩み』九四頁）とあり、勤務期間が重なっている。伊藤は「本校・幌茂尻小学校」との記載があるので、任務を兼務していたためか。尚、政衛の職員としての「勤務期間」は明治四〇年（一九〇七）六月二一日までとあった。

また、余談であるが、別当賀小学校の開校七〇周年記念誌を作成するために、昭和五一年（一九七六）六月二日に「別当賀の今昔を語る」という座談会が開かれた。そこには「最初の先生は桜井先生という先生で、その人は乃木大将の奥さんの弟だと言われています。先日亡くなった伊藤初太郎さんが話してくれました。」（『別当賀のあゆみ』八一頁）とあった。乃木希典の妻静子は鹿児島出身の湯地家に生まれた末子であり別人である。なぜそのような話が伝わっていたのか、ミワの弟・健次郎は確かに「フロックコートを着た乃木将軍」といわれていたが、政衛に威厳があったためだろうか、と思わせる逸話であった。

明治四〇年（一九〇七）三月、四男懋が北海道師範学校の本科四年を卒業し、和田小学校勤務と決まり、根室に戻ってきた。懋が戻ると「両親の喜び、特に母上の御満悦は一通りではなかった」という（写真18）。はじめは、保彦一家と同居していたが、同年八月頃、手狭になったので、和田小学校前の空き兵屋を借り、懋、政衛、ミワで過ごすように移転した。

移転してすぐの一一月、懋は左肺炎カタルのため、退職となる。二〇歳の青年が、半年間の療養は辛かったろうに、病状は回復し、翌年五月には復帰となり、目梨郡薫別（くんべつ）の単級小学校へ赴任となった。場所は、知床半島東側の付け根である。この時、懋が心配であったのか、政衛、ミワ、イキも一緒に、目梨郡薫別の単級小学校の校舎の一隅に移転した。

政衛もまだ現役であった。北側に位置する隣村の植別村簡易教育所に勤務するようになり、週末だけ薫別に戻るという生活となった。その後、懋は、明治四二年（一九〇九）一一月に根室町の北斗小学校赴任が決まると、今度は、一家で根室町に引っ越しとなり、また根室で数年の生活が営まれた。

ミワをはじめ、桜井家が転々とした時期である。次々と家族総出で住まいを変えていた懋の自伝による細かい記録を知ると、明治人の柔軟さなのか、ミワたちのもまた、お互いが助け合う柔軟な絆があったのだと思う。

写真18　桜井懋の学生時代（前から二列目、左から4人目）

夫と長男の死

明治四五年（一九一二）七月、懋は函館への転勤が決まったが、政衛が胃癌で重態となり延期された。同年（大正元年）八月三日に政衛は死去する。政衛だけをみても、江戸、京都、戊辰戦争、謹慎を経て、斗南から青森、函館、根室と、明治時代の辺境の地における初等教育に、情熱をもって生きた不屈の人生であった。会津藩士として生まれた政衛は、自分の境遇をどう思っていたのであろうか。悩むことはなかったのだろうか。「大砲先生」の件からは、名物先生として子どもたちと共に明るく過ごす日常があり、自身の境遇を数奇な運命だとは思っていなかったことが伺えるのが、救いである。

多くの困難を共に乗り越えてきた最愛の夫を失ったミワは、ここから数年の間、懋と共に暮らすようになる。同年九月、懋は函館の「住吉小学校」へ赴任することとなり、ミワ、クニが函館へ同行となった。クニは屯田兵入植の時に、一緒に渡道し、これまで保彦一家と暮らしていたと思われる政衛の妹であった。懋の記録に時折登場するが、頻度は少ない。その後すぐに、保彦が病気になったため、クニは看病のために根室へ戻っている。保彦が死去すると、今後は、クニは札幌の三女キヨのもとで過ごしたと伝わっている。桜井家もまた、一族で支え合い、面倒見合いながら、困難な時代を乗り切った。

一年後、懋は函館の気風が合わなかったようで、一念発起し、大正二年（一九一三）八月に上京を決める。懋の自伝には、この時のことがつらつらと書かれていた。それというのも、「住吉小学校」の教育方針についてだいぶ悩んだようである。何かは具体的ではなかったが、「どうしても吾が良心がこれを許さず、またその任にあらざるを痛感する一方前途を考慮した結果、ここにこの際方向の転換を企図した」、「母上や田中館姉上とも相談し、茲に決意を固めた」とある。「田中館姉上」とは、長女ヤスのことである。

結果、ミワは秋田県の営林署に勤務していた五男幹久と同居することになり、秋田へ移ることになった。営林署とは、現在の林野庁東北森林管理局秋田森林管理署であるので、幹久は公務員であった。

懋の上京にあたり、ミワは政衛の遺骨を抱き、懋と長女ヤスと共に会津へ出かけている。政衛は、桜井家の代々の墓所がある高巌寺に埋葬され、墳墓の地で眠ることになった。ミワは、明治期にも会津の地を踏んでいることが分かり、どのような心持ちであったか、察するに余りある思いがする。

同年一二月より懋は、東京の泰明小学校に勤務となり、大正三年（一九一四）四月には東京・鉄砲洲小学校に転勤することになった。新天地で教鞭を執るや否や、波乱は続いた。この頃、兄の保彦（長男）が重態となったのである。懋の自伝によるとミワは家計援助のため、懋に廃学して帰郷するように説得をしているという。根室での保彦一家の生活が大変であったのだろう。

悩んだ懋は、叔父健次郎や叔母操に相談した。向学心に燃えていた懋は、在京を強く希望していたのである。そこで、懋が山川家に居候することで、生活費などの給料分を根室に送金することで金銭面は解決となった。懋は、在京を続けられることになった。

大正四年（一九一五）五月一日、保彦が死去した。戊辰戦争中の会津で生まれ、苦楽を共にした息子であった。まだ五三歳であった。保彦の妻シゲノは実家の佐々木家に復籍することになり、保彦の長男正悳（七歳）、次女春江（一一歳）は秋田の五男幹久の許に引き取られることとなった。ミワは幼い孫と同居し、その世話をすることになった。その後、正悳は少年時代を秋田で過ごし、福島高等商業学校（現、福島大学経済学部）に入学した。

懋の結婚

大正になってから、ミワの周りでは不幸が続いていた。大正六年（一九一七）一二月二〇日には五女ユキエが、ミワの妹常盤（四女）の世話により、健次郎の教え子であった猪狩満和（一八八五～一九四五年、会津出身、東京帝国大学卒業）に嫁いだ。しかし、翌年六月二日にユキエは病死する。二四歳であった。末子であった五女ユキエを、ミワは相当可愛がっていたので、悲しみの連鎖であった。

一方、懋は、大正五年（一九一六）秋に健次郎（次男）の世話で明治紡績合資会社に就職が決まり、福岡へ赴任となった。こちらも随分遠くでの就職であった。懋が勤めた明治紡績合資会社は、健次郎（次男）と私立明治専門学校（現、九州工業大学）を創設した安川敬一郎（一八四九～一九三四年）とその次男松本健次郎（一八七〇～一九六三年）が設立した会社であった。安川家は、麻生家・貝島家と並んで「筑豊御三家」と称された地方財閥である。松本健次郎は、他に安川電機、九州製鋼（のち八幡製鐵所が買収）を設立、五男安川第五郎（一八八六～一九七六年）は安川電機を経て、日本原子力発電初代社長、昭和三九年（一九六四）の東京オリンピックの組織委員会会長を務めた人物である。第五郎は、第三章・第五章で登場する梶井剛とは東京帝国大学の同級生で懇意であった。このような環境で懋は福岡（北九州市戸畑、のち行橋）での生活を始めた。

大正七年（一九一八）七月二三日、健次郎が仲介となり、飯沼檀（まゆみ）と結婚の運びとなった。山川家の兄弟姉妹の母艶の妹文は、会津藩士飯沼一正に嫁いでおり、文と一正の息子・関弥の娘が檀であるので、懋と檀ははとこ同士であった。

この結婚について、「懋の結婚はほぼ健次郎の命令で定まった。新婦檀は、健次郎の従弟飯沼関弥の女で非常に似合いの夫婦あった。檀は女子高等師範学校の才媛で軽妙でユーモアを解する婦人だった。夫婦とも人柄がよく、最後迄山川家と深い関わりを持っていた。結婚式は山川家の二階の奥の間で至極質素に行はれ女蝶男蝶の男の子は、山川仲の親類に当る河田幸男だった。私ども子供は、次の間から物珍しくのぞき見したものである。」（『羇旅』一六頁）との回想がある。山川仲とは、浩（長男）の後妻である。記録したのは、当時七歳であった懋の従兄洵（まこと）（健次郎長男）の娘光子であり、第五章にて詳解する。

この頃、ミワの末妹捨松（五女）がスペイン風邪で死去している。感染症が流行している影響もあってか、懋と檀は、結婚してから二年後の大正九年（一九二〇）三月二七日から四月七日に「青森県在住」のミワのもとに挨拶に赴いた、と懋は記録している。これにより、幹久夫妻と暮らすミワは秋田から「青森」に転居していたことが分かったが、その時期についての資料は残っていない。

女子高等師範学校を卒業した檀は、大正七年（一九一八）一〇月から昭和一五年（一九四〇）まで行橋（ゆくはし）の京都（みやこ）女学校に勤務した。当時、珍しく共稼ぎの家庭であった。その間、大正九年（一九二〇）八月七日に長女京子、大正一一年（一九二二）三月二日次女和子が誕生した。

また、懋は、昭和二年（一九二七）より「健浩」を引き取って育てることになった。健浩（たけひろ）とは、健次郎の次男憲（ただす）の長男、つまり懋の従兄の子どもであった。憲の妻鈴音（山川家では若子と呼ばれていた）は、産後の肥立ちが悪く、亡くなってしまっていた。まだ幼い健浩はやんちゃであり、だいぶ手を焼いたと、懋の孫にあたる鵜沢佳子氏は聞いている。

写真19　山川健浩結婚式（左から懋、健浩）

父の憲はどうしていたのであろうか。健次郎の死後すぐに編まれた『男爵山川先生伝』には「満州に奉職せられ」（四七六頁）とあり、『大衆人事録』などにも「分家した」程度の記録しかない。その後の憲は、「東京大空襲の混乱に行方不明となった」と桜井家には伝わっており、「満洲で客死した」と山川家には伝わっている。

桜井家には、昭和三〇年代と思われる健浩の結婚式の写真が残っており（写真19）、成人してから、定職につかず、転々と居を変える健造を、懋はいつも心配していたと佳子氏はいう。懋が使用していた「住所録」が残っているが、何回も「健浩の住所」が書きかえられていた。著者も健浩の写真を何点かみたが、優しい顔の青年であった。山川家に生まれ、祖父は偉大な教育者でありながら、母を早くに亡くし、父は行方不明である自身の境遇を、どうすることもできない不安があったのだろうか。

弟・健次郎の訪問

ところで、大正八年（一九一九）夏、青森に居住するミワを、弟の健次郎（次男）が訪ねている。当時、健次郎は、二回目の東京帝国大学総長の任に在った。一回目の東京帝国大学総長は、明治三四年（一九〇一）〜明治三八年（一九〇五）であった。すなわち、日露戦争開戦前、明治三六年（一九〇三）に政府の軟弱外交に対して強硬外交を主張する東京大学法科大学教授を中心とする七人の博士が政府に意見書を提出した、いわゆる「七博士事件」の一連の責任をとって辞職した。

健次郎は、明治四〇年（一九〇七）六月には私立明治専門学校（現九州工業大学）総裁、明治四四年（一九一一）に九州帝国大学総長を経て、大正二年（一九一三）に東京帝国大学総長に再任し、大正九年（一九二〇）まで勤めている。ミワを訪問した時は、東京帝国大学総長としての出張の途中であった。自慢の弟であった。

記録は、健次郎の日記による。日記は、秋田県公文書館が所蔵している。これまで健次郎の日記帳の存在は知られていたが、原本は所在不明であった。平成二四年（二〇一二）に中澤俊輔氏（秋田大学）により日記の一部である写本四冊が発見され、『山川健次郎日記』（芙蓉書房出版、二〇一四年）として小宮京氏（青山学院大学）と共に翻刻された。本書では翻刻を参考に経緯を紹介する。

健次郎は、同年七月二八日より北海道方面へ向かい、翌二九日の朝七時に青森に到着した。日記には「青森には潔出迎居り万事世話し呉れたり」とある。潔は幹久のことで、ミワと同居している幹久（ミワ五男）が出迎えたことが分かる。その後、一二時に函館に向かった。七月三〇日朝七時半に札幌に着くと、「停車場に田毎、さき、迎に参り居たり。」とある。田毎はキヨ（ミワ三女）のこと、さきはイキのことである。イキはキヨの子であり、ミワの養女となった人物である。この頃、イキは実母のもとで過ごしていたことが分る。まとめると、停車場にはミワの三女キヨとその娘イキが出迎えた。

翌日の日記には「田毎、さき子来宿し桜桃の土産あり」とあり、キヨとイキの二人が、翌日健次郎の宿を訪れ、桜桃を差し入れしたことが記されている。その後、健次郎は北上し、滝川、富良野、旭川の各学校を視察、八月六日に札幌に戻ると、またキヨが出迎えた。

すべての視察が終わり、帰路となるが、東京に帰る前、健次郎はミワが住む青森の狩場沢に寄っている。これが、姉と弟の再会であった。何時ぶりかは記されていない。該当の日記は以下の通りである。

> 八月九日　午前四時過ぎに青森に着。食堂に入りたる手間取る由につき食事せずして乗車す。六時半発、七時三十分余にて狩場沢に至る。高橋は尻内に至り待ち合わす事とし予のみ下車す。潔並びに政悳及び姉上迎に出で居らる。潔の宅は直くそこなるにより、之に至り朝食の馳走を受く、金拾円を土産として姉上に呈す。十時十九分の汽車にて狩場沢を発し十二時五分かに尻内に至る。怪しげなる宿屋にて昼食を為す、潔は尻内迄送り呉れた。
>
> （『山川健次郎日記』一四五頁）

狩場沢駅には、五男幹久、長男保彦の長男政悳と共にミワも迎えに出た。日記にある「高橋」は出張の随行者である。三時間足らず、朝食を共にしただけであったが、弟健次郎と短い時間ではあるが、ミワは喜びの出来事であったに違いない。

ミワの養女・イキのこと

ところで、この後、大正八年（一九一九）一二月二三日にイキは猪狩満和の後妻となった。イキの三女にあたる岡本静子氏に話を伺うことができた。静子氏は、大正一三年（一九二四）生まれで、平成二九年（二〇一七）九月一一日、練馬にてお会いしてお話を伺った。九〇歳を超えているとは思えない素敵な気丈夫な方で、今も孫に毎日食事を作っていると伺った。

静子氏によると、満和とイキは五男四女（淑子、雅子、静子、満昭、満友、満信、紀久子、満敏、満教）に恵まれ、猪狩家には女中（使用人）が二人ほどいたという。山川家の書生であったかは定かではないが、満和は会津出身で、健次郎と師弟関係にあった。東京電気（東芝の前身）に勤めたあと、諸所の大学で物理学の講師を務めていた。例えば、『照明学会誌』（二七号、一九四三年）に「氣象學に於ける視度―視程の測定の理論と實際―」という論文が掲載されている。猪狩家には、定期的にロンドンから洋書が送られてきており、家が傾くほど蔵書があったといい、満和はいつも洋書を読み、勉学に熱心な父であったとの回想であった。

しかし、満和は末子の満教が四歳の時、昭和二〇年（一九四五）三月に亡くなってしまう。六〇歳であった。イキ自身は物静かな女性で、娘である静子氏は怒られた記憶がないという。イキ自身の父である鈴木家とも繋がりはずっとあったらしいが、戸籍では兄（血縁では伯父）にあたる桜井懋をかなり頼っており、亡くなった時は、戦中でもあったので家族は混乱し、懋が蔵書を売る手伝いをしてくれたと、述懐なさっていた。

静子氏は、ミワやキヨについての逸話をもっと聞いておけば良かったと今になって思うと話された。また、父の前妻であるユキエについて、誰も覚えている人がいないのを嘆き、静子氏は没後一〇〇年の供養をしたという。大正六年（一九一七）に挙行された猪狩満和と前妻のユキエの東京での結婚式の写真を保存なさっているのは驚きと共に、静子氏を通して、イキの優しさを感じた。結婚式にミワも式に同席したのも筆者は確認でき、このとき（大正六年（一九一七））もミワは上京したことが分かった。多くの苦難を乗り越え、九人を立派に育てあげたイキは、昭和五五年（一九八〇）に亡くなった。

写真20　ミワの晩年・家族写真（大正9年（1920）11月頃）
前列左よりイキ（イキ次女雅子を抱く）、淑子（イキ長女）、フキ（幹久妻、長女秀子を抱く）、ミワ、ヤス、キヨ、後列左より幹久、懋、政憙（保彦長男）、春江（保彦次女）

大正九年（一九二〇）一一月九日（入籍は一二月三日）には、五男幹久がフキと結婚した。フキは、明治三〇年（一八九七）三月七日生であった（父布目五郎平、母チヨ）。

ミワは、引き続き幹久家族と生活をしたので、晩年も孫に囲まれたにぎやかな生活を送った。幹久夫妻の次女桜井圭子氏によると、ミワに生姜を薄く切って砂糖で煮たものを食べるかと勧められた思い出があるという。圭子氏は晩年のミワと共に過ごしており、九〇歳を超えてなおご健在で、平成三〇年（二〇一八）四月に心遣いのある達筆なお手紙を拝受し、著者は感激した（写真20）。

圭子氏より鵜沢佳子氏に伝えられた話によると、「年は定かではないが、ミワは福岡の懋のもとへ赴いたことがあった。幹久の妻のフキが上野まで送り、そこから迎えが来て、九州へ向かった。当時、懋も妻の檀も仕事が忙しかったそうで、孫の京子、和子、預かっている健次郎の孫の健浩、ねえやとばあやがいたそうだが、馴染めなかったのか、ゆっくりできなかったのか、すぐにミワは帰ってしまった。」という。ばあやとは、佳子氏によると、懋の家の女中（使用人）と思われるが、名前は定かではない。古希を過ぎて九州まで一念発起で赴くとは、どうしても懋に会いたかったのだろう、と鵜沢氏は思いを巡らせていた。

昭和七年（一九三二）五月二六日、ミワは死去する。前年六月二六日には、弟健次郎も死去していた。病気の報を聞いた懋は、福岡より見舞いにいったが、臨終には立ち会えなかった。懋の自伝をみると「母上には、御生前、一方ならぬ御苦労をかけたことを思うと、断腸の思いにたえないのである。しかし、晩年弟幹久夫妻の孝養により、この世を終われたことはせめてものことである。どうか安らかにと、この御冥福をお祈りする次第である。」と偲んでいる。

幹久夫妻の次男国雄は、冒頭で示した伯父にあたる懋の「桜井家の記録」を翻刻した人物である（全文未発表）。国雄から鵜沢氏に宛てた手紙（年月日不明）によると、桜井家の本家は保彦の長男正悳の息子規夫（平成一六年（二〇〇四）死去）が継いだとあり、国雄は二歳までミワと青森で過ごしたこと、何時かは定かではないが、懋が青森を訪れ、幹久と根室の子ども時代についてお酒を酌み交しながら話していたこと、国雄が仕事で釧路に赴任したとき（昭和五五年（一九八〇）から二年間）、父幹久と根室を訪れ、かつての桜井家の居住跡が牧場になっていたことを確認したこと、その時、根室の郷土史家から質問を受けたこと等が綴られていた。幹久は昭和六〇年（一九八五）に九八歳で亡くなったとあり、大往生を遂げた。国雄は平成三〇年（二〇一八）一月に鬼籍に入られた。

会津の学風

戊辰戦争の敗戦後、斗南、根室、秋田、青森で厳しい環境を逞しく生き抜いたミワの墓所は、夫政衛と同じく会津の高厳寺にあり、故郷で静かに眠っている（写真21）。

ミワは、五男五女を生み、養女が一人いた。斗南や根室といった辺境の地にいながら子女に教育を受けさせる努力をし、三女キヨ、五女ユキエ（次男弘は早世）以外の子女七人を、東京の山川家（浩、健次郎、操）の書生、居候として過ごさせていた。また小学校だけではなく、師範学校をはじめとする高等の学校に通わせた子女もいた。根室での生活が一番長かったが、同じ屯田兵村内で婚姻を結んだ一家が数家あった事実から、近隣との関係も良好で過ごしていたことが推察される。自身は、裁縫を教えたりした時期もあったが、所属する仕事をすることなく、夫の人生に寄り添い支えていた。

東京で撮られた写真が数点存在することから、明治中期のミワは根室に籠っていたのではなく、上京する機会が少なからずあったこと、夫政衛の納骨のために会津にも帰郷していたことも明らかになった。また、上京した子女や孫の婚姻、嫁ぎ先は会津出身者が多かったことも特筆したい。そして、山川家の兄弟姉妹とは、晩年に至るまで連絡を密にしており、お互いの子女・孫の嫁ぎ先や就職先に至るまで面倒をみて、支え合いながら、明治大正期を生きたのである。

写真21　大塚山公園内にある高巌寺桜井家の墓所
（平成29年（2017）7月撮影）
（昭和40年代に区画整理され、現在地に改葬）

前掲した『山川健次郎日記』にも健次郎宅に出入りする親戚や婚姻による親戚との交流の様子が細かく記されている。また、岡本静子氏の話によると、自身の幼少時代（昭和初期）は操（三女）の養女となった次女ヤエの家（鶴田家）が千駄ヶ谷にあり、よく遊びに行ったことを覚えているという。山川家同様、どこか話し方も上品で憧れの家であったとの話であった。

また、桜井圭子氏の話では、鶴田家には、操の宮中の人形が飾ってあり、羨ましかったという。鶴田家は四姉妹であり、それぞれが嫁いだ後、次女井深磯子の三男健明が鶴田家の養子となった。時代や世代が代わっても、山川家に関わる子や孫、曾孫たちの繋がりは深い。

ミワの人物像はどのようであったのだろう。夫は漢学塾の塾長や首座教員（学校長）など教育に携わる仕事を続け、長女ヤスや四男懋も小学校教師を勤めた。

かつて、会津藩では藩士の子弟の義務的な就学制度として、一〇歳以上の男子はすべて日新館で教育を受けた。日新館とは、享和三年（一八〇三）、会津藩五代藩主松平容頌（かたのぶ）の治世に創設された藩校である。教科書は、孝経、大学、論語、孟子、中庸、小学、詩経、書経など儒教を中心とした総合的教育であり、会津藩祖保科正之の思想に拠る学制であった。一二歳になると書学寮、武学寮で書道や武技も学んだ。

藩校への就学前（六〜九歳）の子弟は「什（じゅう）」で学んだ。什とは一〇人前後の集団を指す。午前中は寺小屋で過ごし、午後には集まって什で過ごす。各集団を「遊びの什」とも呼び、年長者が什長となった（『会津若松史』第四巻二五六〜二七四頁、三一二〜三一五頁）。什が集まる家は交替制であり、それを監督するのが女子の役目であった。

ちなみに、什で学ぶのが、かの有名な「什の掟」七ケ条である。年長者の言うことに背いてはなりませぬ、年長者にお辞儀をしなければなりませぬ、嘘言は言うことはなりませぬ、卑怯な振舞をしてはなりませぬ、弱い者はいじめてはなりませぬ、戸外で物を食べてはなりませぬ、戸外で婦人と言葉を交えてはなりませぬ、と各条がすべて「なりませぬ」との禁止で終わり、最後に「ならぬことはならぬものです」と念押しする。

朱子学的倫理として色濃い「悌（てい）」（年長者に従順に仕え、兄弟・幼長に情が厚いこと）の教えであり、毎日の「お話」というかたちで実践・体得させていた。いつできたか定かではないが、享和三年（一八〇三）に発行された『日新館童子訓』（低学年用の修身教科書）が生まれる基になっていたので、それ以前であることは確かである（『会津人群像』一号二〇頁）。

このように、会津藩では家庭教育が重視されていた。「家庭にあって主として子女の教育に当った主婦は、素読・習字をみてやる傍ら、純愛にともづいて将来の心得となるべきことを何くれと教誡」（『会津若松史』第四巻三一六頁）し、切腹の稽古や質素倹約、厳しい躾を行い、子弟が藩校に入学する以前から一種謹厳の風が養なわれるとともに、勇武の風尚を養成していたといわれる（『会津若松史』第四巻三一七頁）。

ミワの人物像とは

会津藩では、藩祖保科正之が家臣に公布した「家訓十五ケ条」（寛文八年（一六六八））が代々藩主に受け継がれていた。例えば、毎年、正月一一日、八月一日、一二月一八日の三度、城中で家臣一同が拝聴するならわしがあった。

第一条には「大君之義、一心大切ニ可存。忠勤付加以列国之例自処焉。若懐二心則非我子孫面々、決而不可従旨。」とあり、会津藩は他の藩よりも徳川家への恩義を忘れてはならない、二心を抱くことなく忠誠を尽くすことという内容であった。正之の異母兄三代将軍家光との託孤奇命（先君の頼みを受けて幼君をもりたて国政をとり始めること）による藩祖の遺訓として、幕末に至るまで藩の醇正な精神として忠誠の心得となっていた。

このことから、正之の存在は幕末に至るまで影響力があった。正之は「女性は斉家のために、夫や家族に奉仕すべきもの」「女性は家を守るために貞節であることがあるべき姿」（『福島県女性史』三八頁）という女性観をもっており、つまり、女子は夫や家族に奉仕し、家を守るため貞節であるべきという「良妻賢母主義教育」が会津藩の目指す女子教育の基本精神であった。

第一章で、二葉（長女）をみてきたが、結婚前、会津藩での教育を二葉と共にミワも受けていた。良妻賢母主義教育と近世の会津藩の女子教育の方針はよく似ている。会津藩の学風が、例にもれずミワにも受け継がれたとすると、ミワは夫や家族に尽くし家を守ることに従順であり、子女には（例えば懋は厳格な性格であったと鵜沢氏から伺ったように）厳しい躾を行い、不備なく教育を受けさせた。

「会津藩での女子教育は人間的生き方が制約された面もある。」（『福島県女性史』三八頁）ともいわれているが、この学風があったからこそ、ミワは北海道の大地に挑み、多くの困難を乗り越えていく意義を見出していたのではないだろうか。

ミワの生き方は、会津盆地の豊かな自然と相反する斗南の厳しい環境、根室の未開拓の大地に身を置きながらも、藩政時代と同じく子育てや教育に堅実に取り組み、そして着実に歩んできた姿は毅然とした節義あるものであった。

一〇人の子育てを成したミワ。序章でも示したが、日本の東端にある根室は、日本で一番早く朝が来る。ミワは、七人の兄弟姉妹のなかで、いつも一番早く朝を迎えていた。ミワの明治期以降の足跡を追うと、嫁した桜井家は、いつも厳しく困難な生活であった。が、如何なる状況でも、東京にいる兄弟姉妹を頼り、子どもたちに教育を授けており、その子どもたちは、成長すると恩返しのように、山川家に尽くしていた。

根室の地は、濃霧となる日が多いので、農業より酪農が盛んである。その大地から昇ってくる真っ赤な朝日をみながら、ミワはいつも希望の夜明けを忘れなかった。地に足をついていたミワの生き方は、着実に大地を踏みしめて、地道に生きる大切さを教えてくれる。時代も環境も過酷ななかで、常に信念のある賢母として在った。

その芯の強さをみると、自分の置かれた厳しい環境にも屈せず、夫の支えに、子女の教育に、子女の悩みにもいつも正面から向き合って、命の火を燃やし続けていた人物であったと確信するのである。

第三章　三女操・四女常盤の生き方

第一節　三女操

フランス語が堪能な三女操

黄色は、光や太陽を想う。明るく心弾ませる色である。フランス王国のルイ一四世は「太陽王」と呼ばれた。絶対王政の全盛期の王で、領土拡大を実現し、ヴェルサイユ宮殿を造営した。しかし、莫大な戦費調達と放漫財政により、国は深刻な財政難となり、民衆の生活は困窮していった。光が多いところでは、影も強くなる。

明治一三年（一八八〇）五月、操は駐露公使となった柳原前光の夫人初子の世話役としてロシアへ渡り、ほぼ二年間に渡ってフランス語を学んだ。

この頃、夫の海外派遣、海外留学に同行する妻（夫人）が現れ始め、夫人には女性の世話役が随行することが多かった。夫に同行した最初の渡航者は、明治五年（一八七二）にイギリスへ渡った蜂須賀茂韶の妻斐子（一八五二〜一九二九年）で、世話役として貞子が随行したという記録が残る（『鹿鳴館貴婦人考』一二一頁）。斐子は蜂須賀隆芳（徳島藩一門）の娘で、夫の茂韶は徳島藩の最後の藩主であった。理由は定かではないが、帰国後の明治七年（一八七四）、茂韶と斐子は離婚している。貞子については追跡できなかった。

江戸初期にジャカルタに渡ったじゃがたらお春（イタリア人と日本人の混血）、幕末に上海に密航したといわれる長

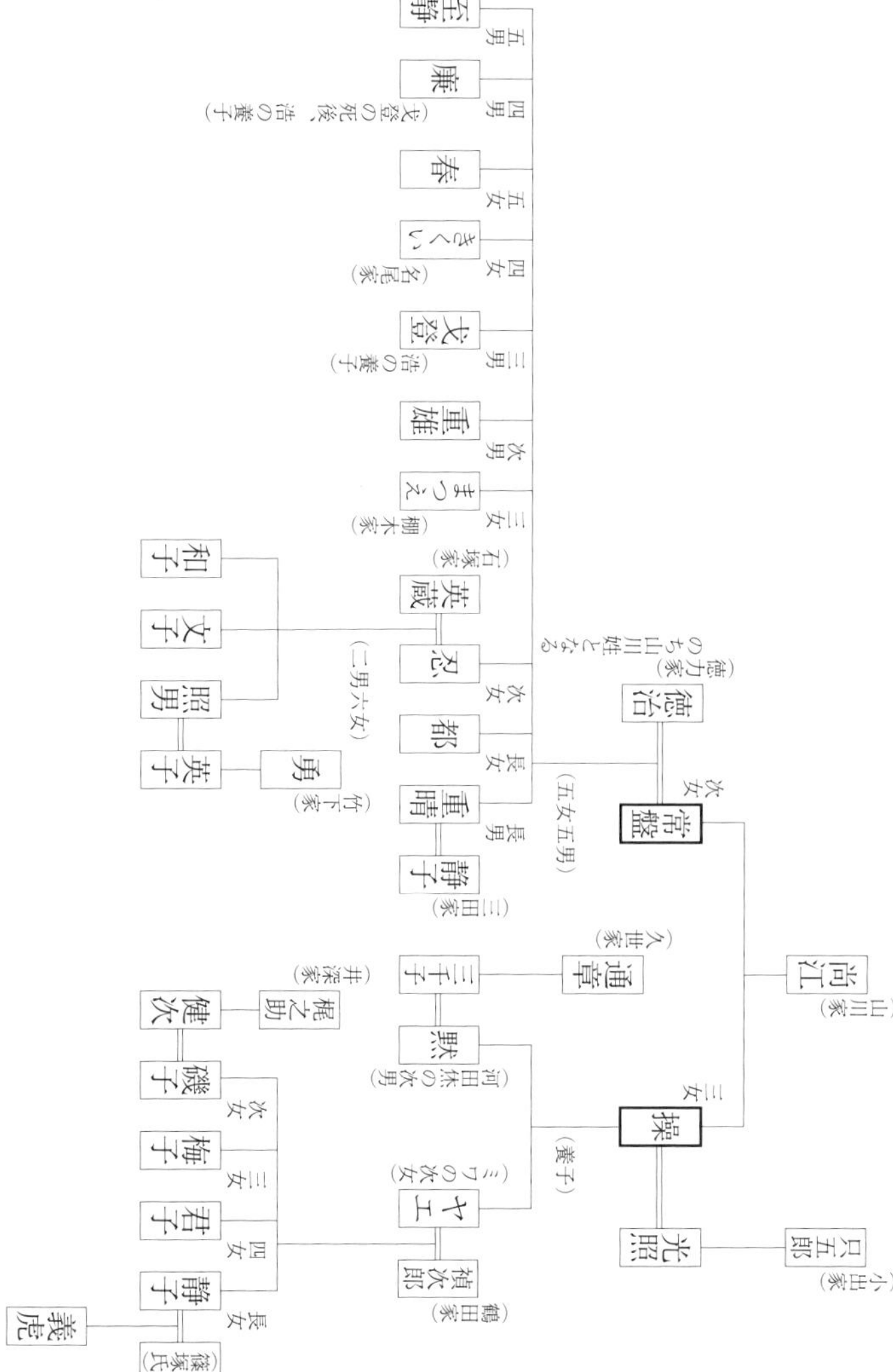

三女操・四女常盤の系図

（巻末の参考文献、聞き取り調査等により筆者作成）

崎の大浦慶（一八二八〜一八八四年、茶商）など、海外へ渡った女性の歴史はいくつか伝えられるが、鎖国が解かれ、公式記録にある女性の海外渡航者の第一号は、慶応三年（一八六七）のパリ万国博覧会に関連した加禰、寿美、佐登といわれる。博覧会の日本式の茶店で閑雅に座り、その姿や服装を見物人に見せるのが役目で、江戸柳橋の抱え芸者であった。

写真22　操の肖像
（養女ヤエの子・静子を抱く、明治29年集合写真より抜粋）

明治四年（一八七一）の岩倉使節団女子留学生は余りにも有名であるが、その他、商用の名の元に渡航した女性、また帰国する外国人に伴われて渡航する女性（洋妾）も存在した。

明治六年（一八七三）にはイタリア弁理公使河瀬真孝（長州出身、旧名石川小五郎）の夫人英、翌年にはイギリスへ鍋島直大（旧佐賀藩主）の夫人胤子が海外へ同行した。胤子には世話役として北島以登子（一八五二〜一九一二年）が随行している。以登子は鍋島直大家の侍女を務めていた。帰国後、宮内省御用掛として操と共に通訳を務めるようになる。

その他、アメリカ特命全権公使吉田清成（薩摩出身）の夫人貞子、アメリカ臨時公使高木三郎（庄内出身）の夫人須磨子、イギリス特命全権公使上野景範（薩摩出身）の夫人いく、そして明治九年（一八七六）には外務大臣となる井上馨（長州出身）の夫人武子が夫に同行し、海外生活を経験している。それでも、当時の男性はもちろん、女性の海外生活の経験者は稀有であった。

操（写真22）は、嘉永五年（一八五二）七月に山川家の三女として生まれ、一七歳の時、会津戦争で籠城戦を経験した。その後、結婚、夫との死別を経て、昭憲皇太后付の女官となる。

今泉宜子氏の『明治日本のナイチンゲールたち』（扶桑社、二〇一四年）には、「操については、『明治天皇紀』等の記述から、フランス語が堪能だったため宮内省御用掛に用いられたという事実は確認できるが、いつどのように語学を習得したのかも含め、その人となりを把握することができずにいた。」（一五五頁）との記述がある。今泉氏は宮内省宮内公文書館の所蔵史料（『進退録（女官ノ部）』）を手掛かりとして、操の履歴書や留学先について調査した。

筆者もまた、操がどのように生きたかについての追跡を進めたが、実は、明治大正期に発行された雑誌や書籍に多く登場していたことが分かった。あまりにも著名な妹・捨松（五女）の影に隠れてしまっている操であるが、彼女もまた光り輝く功績を残している。

明治中期に書かれた操の評伝

明治三五年（一九〇二）に発行された『名士名家の夫人』（須藤愛司、大学館）は、当時活躍している女性の列伝であった。各人の紹介が四〇〇字ほどにまとめられ、一三六名が挙げられた。著者の須藤は、須藤靄山のペンネームがあり、同時期に『維新後の人物と最後』（求光閣、一九〇二年）、『名流頓智談』（金港堂、一九〇二年）などの人物評伝を著しており、列伝を得意とした。

目次をみると「山縣侯爵と其夫人」、「伊藤侯爵と其夫人」、「大隈伯爵と其母堂」、そして捨松は「大山侯爵と其夫人」などと紹介されており、目次に該当の「夫人」や「母堂」の名前はない。個人で紹介されている女性は七人だけである。そこに、矢島かぢ子（一八三三～一九二五年、熊本藩総庄屋出身）、跡見花蹊（あとみかけい）（一八四〇～一九二六年、摂津国出身）、野口小蘋（しょうひん）（一八四七～一九一七年、南画家・日本画家、難波出身）、村松しほ子（一八五四～一九二二年、上野国沼田藩医村松玄庵の長女、江戸藩邸で出生）、中島歌子（一八四五～一九〇三年、武蔵国入間郡森戸村出身）、税所敦子（さいしょ）（一八二五～一九〇〇年、歌人、京都出身）と共に「山川操子」が列挙された。

個人で明記されている女性は、夫や息子の経歴に付随して紹介される女性とは一風変わっていた。例えば、矢島かぢ子（楫子（かじこ））は女子教育者であった。略歴は、富豪の林七郎の後妻となるが三五歳で離婚し、明治五年（一八七二）に上京、新栄女学校教師となる。明治六年（一八七三）受洗し、明治一四年（一八八一）に櫻井ちか（一八五五～一九二八年、幕臣の娘）が創立した櫻井女学校を引き継ぎ、明治二二年（一八八九）に櫻井女学校と新栄女学校を合併させ、女子学院（現、女子学院中学校・高等学校）とし、初代院長に就任した人物である。楫子を含むその姉妹は「熊本四賢婦人」といわれており、姉久子は徳富家に嫁し、徳富蘇峰・徳富蘆花は甥にあたる。日本キリスト教婦人矯風会会頭も務めた。

跡見花蹊も女子教育者で、明治八年（一八七五）に跡見女学校（現、跡見学園）を創設した。村松しほ子は助産師で、明治一八年（一八八五）に東京産婆会第六支部長となった。安生堂産院、産婆学校を創立した。中島歌子（登世）は一五歳で水戸天狗党に参戦する林忠左衛門と結婚、歌子も入獄され、獄中でも歌を詠んだと伝わる。明治一〇年（一八七七）頃、東京小石川の安藤坂に歌塾・萩の舎を開き和歌を教え、全盛期には門弟が千人を超えたといわれる。門弟に三宅花圃、樋口一葉などがいる。税所敦子は、女官として昭憲皇太后に仕えた。

錚々たる顔ぶれの女史が紹介されているが、操についての全文は以下である。「刀自」とは敬称であるが、特に貴族、または宮中に勤めた女官に用いる。

山川操子刀自

古来貞操の二字、夫人の行為が高きを指して之を呈す、然（しか）も余輩（よはい）は其字解を知って未だ其の之が的真の夫人を見る蓋（けだ）し稀（まれ）なり、然らば則ち貞操の語如何なる夫人に冠して其實（じつ）を得るや、余輩同胞幾千万夥多日夕其数を増す、然も貞操の名を呈して現代其の美徳を称するもの山川操子を措て、亦他に有らんや、

夫人は會津の士陸軍少将山川浩氏の令妹なり、若ふして同藩の某に嫁す、容姿絶美言語明晰普賢菩薩の再来を

見るが如し、夫君に仕る貞にして大に内政を助く、然るに不幸天此の良縁を忘れしか、婚後僅にして鴛鴦翼折れ、連理枝を裂くの悲運に遭ふ、時に夫人年尚ほ若く芳艸春未だ闌なり、人其の再嫁を勧むるも夫人貞操厳烈誓って両夫に見えず、志を立てて、決然上京し、遂に魯国に遊学す、勉苦多時、よく国内の事情に精通し、傍ら又佛国語を修めて、之に熟す。

写真23　山川家兄弟姉妹（明治26年（1895））（会津武家屋敷所蔵）
最後列左から２人目から健次郎、浩、洸（浩息子）。
中座列４人目から捨松、仲（浩夫人）、鉚（健次郎夫人）、常盤、二葉、操。
ミワは不在か。

帰朝後宮中に仕へ終に皇后陛下に親近するの栄を得、外人拝接するに際し能く通奏の労を執る、常に質素を主とし冗費を省き余裕を以て有為の青年に与ふ、然れば、夫人の家常に幾名の好学生を見る、吁方今徳義日に非にして上下其の弊に靡かんとするの時、貞操夫人の如き、寡独十年一日の如く自ら世に処して能く其の名声を博す、操子の名実に欺かずと云ふべし、新聞紙上日々其の汚行を暴露せらるゝもの是を読んで其穢腸を一洗せよ、余輩が夫人を推して古今其の匹儔を見ずとなす、又所謂なきに非ざるなり。

（『名士名家の夫人』六〇〜六一頁、傍点筆者）

操は「容姿絶美、言語明晰、普賢菩薩の再来を見るが如し」と評され、夫の死後の貞操や女官としての活躍、質素な生活に多くの書生を教育する姿勢が他に匹敵するものがいないと絶賛された。兄弟である浩邸、健次郎邸には常時多くの書生がいたことは周知だが、操邸にも書生が多く出入りしていた。

これより前、明治二五年（一八九二）に発行された『明治閨秀美譚』（鈴木光次郎編、盛文館）にも操は挙げられている。鈴木は「読売新聞記者」とのクレジットがある。

総勢六一名の女性が紹介されている。この本に紹介された操は、「皇后陛下の御通弁を務めて、俸給奏任の上官にあるも、心少しも驕らず、余裕あれば直ちにこれを有為の青年に與て学費を助け、家常に十数名の大学生を養ふ、故を以て家政裕ならず」（一七〜一八頁）とあった（写真23）。

大正九年（一九二〇）に発行された『精神修養逸話の泉』（洛陽堂）にも「山川操よく学生を助く」と題し、「極めて質素でよく有為の青年に学資を與え、家に十数名の大学生を食客として、其器を成しめたと云ふし」（二七七頁）とある。数十年に渡り、書生が常に「十数名」いたことに驚く。

操は実子がいなかったが、養子は二名いた。ひとりは、明治二四年（一八九一）八月より二姉ミワの次女で、姪にあたるヤエである。第二章で詳解したように、主に北海道在住であったミワの子女は、ヤエの他にも三女キヨ、四女マツエ、五男幹久が操の元で書生生活を送っている。

もうひとりの養子は、明治四一年（一九〇八）より河田黙（しずか）（一八六六〜一九六六年）であり、幕臣河田休の二男であった。黙、のちの山川黙についての詳細もまた後述する。操は夫と死別後、自活しながら、後身を育てる自立した女性であった。

ちなみに『明治閨秀美譚』の巻末には「十六名媛当選者」の記事があった。一六項目とは、教育家をはじめ、和文家、洋楽家、小説家、宗教家、家政家、交際家、裁縫家、日本音楽家、西洋音楽家、書家、画家、風流家、舞踏家、産医家、美貌家に分けられ、それぞれ三位までの投票結果が発表されていた。投票方法や投票者の詳細が書かれていないのは残念であるが、当時の各分野で活躍する女性が評価されていた。

「教育家」の第三位に操の名前がランキングされていた。一位は棚橋絢子（二七五点、一八三九～一九三九年、大坂生まれ）、二位は跡見花蹊（二四一点）、三位の操は二三三点。一位の絢子は、大坂の酒造業者牛尾田家に生まれ、一九歳で盲目の棚橋松村と結婚した。尾張で私塾経営から始まり、東京女子師範学校、学習院の教員を経て、私立東京高等女学校（現、東京女子学園、港区芝）の初代校長となった人物である。花蹊と合わせて、操は明治二〇年代の著名な「教育家」として名を馳せていた。序でに、末妹の捨松は「交際家」の二位であった（一位は土方かめ子）。

操の少女時代

操の弟健次郎（次男）の寄稿や談話を集録した『男爵山川先生遺稿』がある。祖父にあたる「山川兵衛重英略傳」に操の逸話が登場する。兵衛が薦めていた天然痘（疱瘡）の予防接種「種痘」の件である。

時は嘉永六年（一八五三）、兵衛は常府家老として江戸和田倉内の会津藩上屋敷に在った。会津藩八代藩主松平容敬の娘に敏姫（一八四三～一八六一年）がいた。容敬は、甥にあたる松平容保を養子としたが、容敬の実子の敏姫を容保の正室に据えた。

天然痘の流行を恐れ、敏姫に種痘を施そうとの藩の動きがあったが、藩医土屋一庵は反対した。当時、なかなか理解が得られなかった「種痘」について、兵衛は種痘の免疫法を信じていた。

> 然るに祖父君はフト一策を考へられた。夫は予の姉君（操君）が當時十二歳であつたのに種痘を施し、其の後疱瘡患者があると聞くと、右の操君を其の宅に遣はされたのである。併し前後數十回患者に接しても遂に傳染しなかつたので、此の事を歪曲土屋に話されたが、土屋は中々同意しない。各自の職權を重んずる祖父君の事であるから、殘念には思ひながら止められた。
>
> （「山川兵衛重英略傳」八頁）

すなわち、兵衛は操を実験台として効果を知らしめたのである。なぜ七人の兄弟姉妹のうち操であったのか、その説明はない。敏姫に年齢が近かったからであろうか。結局、敏姫には種痘が施されず、その後天然痘に罹患してしまった。敏姫は顔に跡が残ってしまったという。罹患の三年後、心身ともに衰弱し一九歳で亡くなった。

操は、一七歳で会津戦争を経験する。明治になり、長姉の二葉と同様、籠城戦の体験談を女性雑誌に寄稿した。第一章で一部を紹介したが、タイトルは「十七歳にて會津籠城中に實験せし苦心」（『婦人世界』第四巻八号、一九〇九年、二四～二六頁）、会津の女性たちの籠城中の様子を知る貴重な記録である。

慶応四年（一八六八）八月二三日早朝から、九月二二日に開城して城を出る九月二三日までの一か月間の長い籠城であった。操によると、入城した日は朝から雨が降って、肌寒い日であった。数名いた家人には、着物も道具も皆持てるだけ持って、何処へでも逃げなさいと伝えた。家を出たのが朝食前であったので、炊事担当の家人が心配して、御飯を焚いておはちに入れ、城の門まで持ってきてくれたという。その後、家人はなぜか屋敷に帰ってお釜を一所懸命に洗ったようだと回想する。「どうあわてましたものか」と操は綴るが、変わらないと思っていた日常と現実との隔たりが、印象的な逸話である。

女性たちは「一同潔く主君のために戦って、一思ひに討死にしようと覚悟していた」ので、籠城中は拝領の衣類を着たそうで、操は「黒羽二重の紋付」で籠城戦に臨んだとある。

籠城すると、女性たちは弾丸を作り、負傷兵の看護をし、兵隊用食料の握り飯を作った。「私共は家老職の娘でしたから、自分が先に立つて働きませんと、他の女たちの勇気が鈍りますから、一生懸命に働きました」と、一七歳ながら、家中の模範となる様に努めている。籠城中の食料は、大きな釜にお湯を沸かしただ玄米を煮ていたが、次第に減っていくと、古く蓄えてあったので虫入りの道明寺粉を糊のようにして、塩と一緒に食べたという。開城後に妹二人（常盤と捨松）が身体中腫れ、顔も眼が塞がるままとなってしまった原因は食事であったと回想する。

弾丸の作り方も詳細に書かれている。「弾丸は小さく切った紙片をひろげて、それを細い竹筒に巻きます。そうすると、紙が筒形になりますから、紙の一方をチョッと捻って底を拵へ、中の竹筒をスポッと抜きます。その中へ弾を入れて、その上に火薬を入れて、紙の上の方をまたチョッと捻ります。これを幾つも幾つも並べておきますと、十から十二三ぐらいの子供たちが、皆それを持って、一生懸命に運ぶのでございます。大砲や小銃の弾がドンドン飛んで来ます中を子供たちは平気で運んでまいります。」籠城中の女性、そして子どもも実戦に備え、よく働いたのである。

特に、九月一四日の総攻めでは、四方八方より大砲小銃の弾が雨のように降ってきて、凄まじかった。負傷兵を看護しているところへも飛んできたので、大砲のくる方角をみて、負傷兵を動かしながら弾を避けた。

大砲の弾は丸い頭ぐらいの大きさで、破裂せず屋根や畳の上へ落ちると、女性たちは布団や着物を水で濡らして、裸足で屋根へ上がり火を消し止めた。それをみていた「頑是ない」子供たちがワーイワーイと面白そうに囃し立てていたそうで、「いかに無邪気な子供とはいひながら、今に自分の親兄弟も討たれ、自分たちまで殺されるのを知らずに喜んでいるとは可哀さうなものよ、と思はず涙がこぼれました」と、籠城戦の辛さが描写される。

負傷兵の看護、山川家の登勢の悲惨な最期についての回想は、読み手にとっても悲痛であった。彼女は、籠城中に銃弾にあたって戦死する。そして、「二人の娘を殺して死ぬ覚悟」との小見出しが付いた逸話は以下のようであった。

私の妹は一二歳と九歳との二人でございましたが、私の母は、いざという場合になって、殿様のお姫様がご自害あそばしたら、すぐに二人の妹を刺殺して、自分も死ぬ覚悟でおりましたそうです。けれども、母は、とても自分には二人の子供は殺せないといって、私の姉に「一人は私が殺すから、一人はお前が殺しておくれ」と申して伝えたそうでございます。

（『婦人世界』第四巻八号）

「私の妹」とは常盤（四女）と捨松（五女）のこと、「私の姉」とは二葉（長女）のことである。第一章に示したように、二葉もまた同じ話を回想している（年齢は少し異なっている）。操は、「今から考えてみますと、随分と恐ろしいことでございました。しかし、主君のためには水火をも辞せぬという忠義の心から出た戦でございましたから、私どもは夢中で働いたのでございます。」と結ぶ。開城後、城の外へ出るとおびただしい数の戦死者が目に入った少女操は「恐ろしい有様」と書き留める。

救いのない苛烈な戦争を経験し、この後、操もまた故郷会津を離れ、斗南へと移住した。

小出光照との結婚

明治四年（一八七一）、操は結婚する。夫となった会津藩士小出光照（こいでみつてる）（一八四五〜一八七四年）は鉄之助と称し、兄浩（旧名大蔵）の親友といわれる。

光照の出自については、諸説ある。ひとつは、父小出只五郎（後、彦右衛門）が篠田覚左衛門の子として生まれ、小出家の女とみの婿養子となり小出家を相続したという説（『三百藩家臣人名事典』四〇頁）、もうひとつは、光照自身が篠田覚左衛の子として生まれ、後に小出只五郎の養子となった説（『幕末維新人名事典』）である。

少年光照は、俊才であった。藩校日新館で学ぶと、抜群の成績を修め、一五歳で一等試学に及第（平常は一八歳）、漢詩をよくした。その後、抜擢されて君側にある小姓となるが、辞退し、江戸にて幕臣かつ兵学者の古屋佐久左衛門（一八三三〜一八六九年）に入門し、洋学を学んだ。この古屋は、医師の高松凌雲（一八三七〜一九一六年）の兄であり、箱館戦争で戦死したのは惜しまれる。

その後、一過失（定かではないが、花見帰りに番所役人より咎められたといわれる）があり、慶応三年（一八六七）に帰藩を命じられたが、この時、師匠の古屋は光照の才能を惜しみ、脱藩しての外国留学を進めたという。これに光照は決意し、横浜の外国人の世話による洋行の準備を進めていたが、時を同じくして、鳥羽伏見の戦いが勃発、この幕末の擾乱の危機に接し渡航を中止した。その後、浩（旧名大蔵）の執り成しで脱藩の罪が許され、会津藩軍事方勤として帰藩となり、越後口の戦いや籠城戦で奮闘した（『三百藩家臣人名事典』四〇頁）。

会津開城後は、猪苗代に謹慎中、秋月悌次郎と謀り、西軍参謀であった奥平謙輔（長州藩士）に処遇を陳情すると共に、二人の少年の教育を懇願している。その少年二人が小川亮と健次郎であった。このことは、序章でも示した。

東京謹慎中は藩の再興に尽力し、赦免後に斗南で操と結婚の運びとなった。斗南では、田名部役所に出勤し、廃藩置県後に松前福山開拓支庁長に就任した。この時の開拓大判官は岩村通俊（一八四〇～一九一五年）で、明治六年（一八七三）に岩村の佐賀県令就任に従い、光照も佐賀県大属として異動する（『幕末維新人名事典』）。岩村に気に入られたといわれる。土佐藩出身の岩村は初代北海道長官として名を残している。

明治七年（一八七四）、佐賀の乱が勃発する。この時、工部省に出仕する岩村通俊に代わり、弟岩村高俊（一八四五～一九〇六年）が佐賀県令に就任することになった。光照は高俊を門司まで迎えにいき、一旦は熊本へ赴いた。その後、「県令の佐賀入りに小兵を連れて行くと却って、彼らの戦意を挑発するから、大軍を以て一挙に威圧すべし」と光照は説いたが、高俊は恐れすぎだと言って、結局、半大隊で佐賀に入ることになった。そして、案の定、暴徒の襲撃が激しくなり高俊は久留米に敗走、光照は敵弾に倒れ、二月二八日に戦死した。二九歳であった。この時、浩も左手の肘から上部を一弾に貫通されている（『會津の人』一二二頁）。

操は、結婚後は夫に従って、各地を転々としていたのか、それを示す記録はない。光照の墓は泉岳寺、ついで谷中天王寺に改葬されたが、無縁墓となり、現在不詳である。

皮肉なことに、夫の死後、操の足跡は詳しく辿れる。前掲した今泉氏の調査によると、操は、明治一〇年（一八七七）

写真24　松平容大

より公立小学柳北女学校で六等准訓導を命じられ、明治一一年（一八七八）より学習院で教鞭を執った。

　操は、これ以前、慶応二年（一八六六）から二年間今泉勇次郎（福島県士族）、明治二年（一八六九）からは井沢清二郎（青森県士族）から漢学を学んでいたらしいが、夫との死別後もまた上野塾で数学、樋口逸斎から書を習っており（『明治日本のナイチンゲールたち』一五八頁）、教壇に立つ素養は身についていた。

　柳北女学校は浅草向柳原一丁目（現、台東区浅草橋）にあった。浅草区は、明治三年（一八七〇）、西福寺に東京府第五小学校が仮設され、これが旧幕府医学館跡に移転し松前小学校と改称され、その隣接地に女子のみを収容する柳北女学校が明治九年（一八七六）に創立された（『幼児の教育』第八五巻第五号、一一六頁）。

　学習院の記録を探ってみると、明治一三年（一八八〇）四月の「學習院年報第二年報」に操の名前が見つかった。当時の華族会館長岩倉具視宛の報告で、学習院長は立花種恭（一八三六～一九〇五年）であった。立花は、安土桃山時代の立花宗茂の弟直次の家系で、陸奥国下手渡藩（現、伊達市月舘）の第三代藩主、のち筑後国三池藩主を務めた人物で、廃藩後、初代の学習院長に就任していた。

　明治一一年（一八七八）一二月末調査とある当時の教員は二七名、生徒数は一八三名で、明治一一年の事項に「九月二日小出操女ヲ算術教師トス」との名前があった。

　また、この時の生徒名簿をみると、小学生徒に「従五位松平容大」の名前があった。明治二年（一八六九）に生まれた旧会津藩主松平容保の長男で、生まれてすぐに斗南藩主に就任し、数奇な運命をたどった人物である。操は、幼いかつての藩主・容大の成長を身近で見守っていたことが分かる。その後、容大は、明治二〇年（一八八七）に学習院を校則違反で退学となり、同志社英学校（現、同志社大学）に通うもまたしても退学、東京専門学校（現、早稲田大学）を卒業し、一年志願兵として陸軍に入隊し騎兵大尉、のち貴族院議員に就任したが、明治四三年（一九一〇）に四〇歳で亡くなった（写真24）。

容大は会津松平家一一代当主であるが、一二代当主は弟の松平保男（一八七八〜一九四四年、容保七男）が継いだ。ちなみに、もうひとりの弟で外交官となった松平恒男（一八七七〜一九四九年、容保六男）は、秩父宮勢津子妃の実父である。

ロシアへの渡航

明治一三年（一八八〇）五月、操に転機が訪れた。

ヨーロッパ各国の王室制度調査の特命全権大使（兼駐露公使）としてロシアへ赴任する柳原前光（一八五〇〜一八九四年）の夫人初子の世話役として同行することになったのである。操は、二年ほどロシアに滞在し、フランス人ロールネールに従ってフランス語を学んだ（『明治日本のナイチンゲールたち』一五九頁）。

柳原前光は、公家の柳原光愛の子、大正天皇生母となる柳原愛子は妹である。前光は、明治四年（一八七一）に日清修好条規の調印に尽力した「公家中の逸材」といわれる。慶応四年（一八六八）一一月三〇日に、伊達宗城の次女初子と結婚した。宗城は宇和島藩の八代藩主で幕末の四賢侯といわれた外国官知事であった（「柳原前光と明治国家形成」一七五頁）。

柳原家は藤原冬嗣の兄真夏の子孫で日野家の支流、代々文筆をもって朝廷に仕えていた。初子は明治九年（一八七六）に長男義光を生んでいる。ちなみに、前光の妾に奥津りょう（新見正興の娘）がおり、その娘燁子は大正三美人といわれた歌人・柳原白蓮（びゃくれん）（一八八五〜一九六七年）である。

前光に関しては伝記が少ない。調査団に同行した尾崎三良（さぶろう）（一八四二〜一九一八年、京都出身）が日記を書いている。尾崎は、三条実美（さねとみ）の家人であった。幕末よりロンドン留学を経験しており、英語教師の娘バサイア・キャサリン・モリソンと結婚し、三女に恵まれていた。前光に随行したのは、自身の離婚問題を解決することが目的のひとつであったといわれる。イギリスで一六歳まで育った娘の英子セオドラ尾崎（一八七〇〜一九三二年、翻訳家）は、尾崎行雄（一八五八〜一九五六年、相模国出身）の後妻となった。漢方医の家に生まれた行雄は、後に「憲政の神様」として知られる。

三良はベンジャミン・フランクリンの自叙伝に影響を受け、長男洵盛に自らの自叙伝を口述筆記させ、初編を大正五年（一九一六）に印刷、近親者に配布している。のち、孫の春盛が『尾崎三良自叙略伝』三巻（一九七六〜七七年、中央公論社）として出版し、人々の注目をひいた。自叙伝の他に、日記が翻刻（『尾崎三良日記』）されている。これらの本によれば、明治七年（一八七四）の華族会館設立時に前光と懇意となったとある（写真25、26）。

写真25　柳原前光

写真26　尾崎三良

尾崎の回想録には、当時三〇歳の前光は、公家のなかでも学識才能が秀越であり、西園寺公望と並び、三条実美、岩倉具視の跡を継ぐものと期待されていた。西園寺は早くから伊藤博文に追従していたが、前光は自負心が強く、伊藤・山縣有朋に下らないどころか、動（ママ）もすれば反抗する気風があったようで、伊藤は天皇家の外戚である前光を排斥できないため、円満に彼らの範囲内に容（ママ）れないよう外交の事務に熟練させようと考え、ロシア駐在公使に任命された、とある（『尾崎三良自叙略伝』上巻、三二一五頁）。

尾崎の渡航の辞令は、明治一三年（一八八〇）三月二五日、調査団の出発は五月二八日であった。出発時の記録がある。文中の「付添女小出」が操である。フランス籍の船でロシアを目指した。

柳原全権公使と共に横浜より仏国汽船にて解纜、一行には柳原夫人、付添女小出、書記生二人、高田正久、曲木如長、予と共に都合六人なり。香港、サイゴン、セイロン、アデン、スエズ、堀割より伊太利のナポリを経てマルセーユに着し、夫より陸路巴里に出て、此所にて各々衣服調度を為し、墺国、ウワソーを経て、露国セントペータースバーグに着す。時に六月、年中最も日の永き時なり。即ち夜の一二時といへども点燈せずして読書する事を得る時なり。

（『尾崎三良自叙略伝』上巻、三二六頁）

調査団は同年八月三日にペテルブルクに到着した。到着時のロシア公使館には、外交官・西徳次郎（一八四七～一九一二年、薩摩藩出身）が代理公使、長田桂太郎が二等書記官、安藤謙介が書紀生として駐在していた。調査団一行が到着すると、前光が公使となり、柳原夫妻と高田正久が公使館に入り、尾崎（一等書記官）、長田（二等書記官）、安藤、高田、曲木（書記生）、山本某（陸軍少佐）は館外に下宿となった。「付添女小出＝操」についての記録はないが、初子夫人付きとして、ロシア公使館で共に生活したのではないかと思われる。

操が同行したかは不明であるが、一行は、すぐに避暑中のロシア皇帝アレクサンドル二世に謁見するため、離宮ツヤルスクエセロを訪れ、英語で会話をしたとの記録がある。各都市や名所、皇帝の各宮を見物し、その壮麗広大さに驚いている。同年一〇月一七日には、前光がスウェーデン公使の兼任となると、スウェーデンへ向かうことになった。同行者は尾崎、高田、曲木としか記載がなく、こちらも初子夫人や操はどうしていたかは不明である。

興味深い逸話がある。尾崎の回想には、ロシアからフィンランドを経て、スウェーデンに行く途中、ロシア語より英語、フランス語が多く話されていることに気づき、ロシア語通訳として同行させた安藤をロシアに帰らせている。この時、「英語ならば不自由なく、露語は一切通ぜず」とはっきり書いている。なぜ操は、ロシアでフランス語を学んだのか、その根拠を示す資料は見つからなかったが、兄の浩（長男）がフランス語を身につけていたのとともに、尾崎の経験があったのかも知れない。

前光ら一行は、ストックホルムで目的を果たし、帰路は氷結のため陸路をとり、コペンハーゲン、ベルリンなどの大都市を見物しながら、帰着している。操は同行しなかったとしても、彼らの土産話は聞いたのではないだろうか。その後も調査団は、盛んにヨーロッパ各地を遊学している。

明治一四年（一八八一）五月三日の項をみると、「五月三日　火　陰　午後公館ニ至ル。セルビヤ書記官ヲホテルアングルテヤニ訪フ。晩刻柳原、室、小出、高田等来。陰絵の劇ヲ為ス。」（『尾崎三良日記』上巻、一二八頁）とあった。影絵の劇の内容は何であったのか気になるが、ロシア滞在中のひと時が目に浮かぶ。

この直後、尾崎三良は明治一四年（一八八一）六月に帰国するが、操はいつ帰国したのか。前光は「二年半の駐露公使」であり、明治一六年（一八八三）二月八日にペテルブルクを発ち、六月一八日に帰国した。初子夫人、そして夫人の世話役の操はずっと前光と一緒であったのか。外交史料館の所蔵史料に初子の渡航期間の記録が残っていなかった。この後、海外生活を経験した初子は、鹿鳴館の華として活躍する。

末妹捨松（五女）の一一年間のアメリカ留学を経ての帰国は、明治一五年（一八八二）一一月二一日であった。この日に操は立ち合ったのか、探ってみる。捨松が帰国した当日の記録をみると、横浜港に入港したアラビック号が錨を降ろすと、小舟が近づいてきたそうで「乗客たちが梅の父上と妹、前ニューヨーク領事の高橋氏、私の二人の姉達、そして十年間私達とアメリカで一緒だった親友の繁であることが分りました。」（『鹿鳴館の貴婦人』一四八頁、傍点筆者）との回想があった。「二人の姉」とは誰と誰か。

その後、「捨松は迎えに来てくれた肉親とゆっくり話をする間もなく」、横浜港から汽車にて東京駅、そして人力車に揺られ、牛込の山川家に着くと、「門の前には母親の唐衣、次兄の健次郎と妻りう、すぐ上の姉常盤夫妻とその長男の重晴、それに三人の書生と使用人四人がずらりと並んで捨松を出迎えた。」（『鹿鳴館の貴婦人』一五〇頁）という。四姉の常盤は横浜には行かなかったか。

そして、捨松は帰国してから、「一週間もすると山川家の経済状態が手に取る様に見えてきた」とある。長兄浩は陸軍少将に昇進し、山川家は斗南時代よりは比較にならないほど収入も増えていたが、書生が常に二～五人、親類の他に二〇人に送金をしており、決して生活は楽ではなかった。姉妹については、「長姉の双葉（ママ）は、東京女子師範学校の舎監の仕事についており、又ロシア留学から帰国した次姉の操もフランス人の家に住み込み通訳として活躍し、姉二人は立派に自活の道を歩いていた。」（『鹿鳴館の貴婦人』一五二頁）とある。これは「当時の」捨松の回想による記述か、著者の久野明子氏の見解かどうか分からない。

操が、捨松より先に帰国していたように推察できる点が多くあるが、はっきりとした記録がなく、なんとも断言できない。操の帰国時期について、今後調査を進めていきたい。

女官として―宮内省御用掛―

『明治天皇紀』の明治一七年（一八八四）二月一二日の項は以下である。

佐賀縣士族北島常泰妹以登・青森縣士族山川浩妹操を宮内省御用掛と為す、共に佛語を善くするを以て、外賓接伴の用に充てらるゝなり。

（『明治天皇紀』六巻、一七二頁）

操は、明治一七年（一八八四）二月よりフランス語の通訳として宮中に出仕することになった。前年である明治一六年（一八八三）一一月八日に捨松が大山巌（旧薩摩藩士）と結婚したばかりであった。操の出仕が決まった『明治天皇紀』の二月一二日の項には、「参謀兼陸軍卿」の大山巌がヨーロッパへの軍事視察の命を受け、三浦梧楼や川上操六、桂太郎らを伴い天皇謁見所に参内した記録が連なっている（巌らは一六日に横浜から出発）。前掲した今泉氏の調査でも指摘されている（『明治日本のナイチンゲールたち』一五六頁）ように、巌が新妻の姉を通訳に推挙した可能性がありそうである。

操の「履歴書」がある。国立公文書館が所蔵する「故元皇太后宮権掌侍山川操叙勲ノ件」（昭和五年三月二二日）であり、当時の内閣総理大臣は濱口雄幸、亡くなった操には勲六等瑞宝章が授与された。本質族籍の欄には「福島県士族」とあった。履歴書には叙位も記してあるが、職歴だけ示すと以下のようであった。

明治一七年二月　宮内省御用掛、明治二三年二月　皇后宮蹄（ママ）御用掛、
明治三三年五月　権掌侍、大正二年一一月　依願退官

初めての叙位については、明治二五年（一八九二）一二月一日付の「官報」には、同年一一月二九日に従六位を授与され、「特旨ヲ以テ位記ヲ賜フ」（宮内省）とある。その後、明治四三年（一九一〇）に正五位まで授与された。

操は、実に二九年一〇か月の間、宮中に仕えた。明治天皇は、嘉永五年（一八五二）生まれで、明治四五年（一九一二）七月に崩御されており、主に仕えた昭憲皇太后（皇后美子）は嘉永二年（一八四九）生まれ、操の三歳年上であり、大正三年（一九一四）に崩御されている。

女官の手当は年功序列であった。一般的に、操の官名である「権掌侍（ごんのないしのじょう）」の勤続一〇年の月棒（内賜金）は一五〇円との公示があるが、「履歴書」の明治三三年（一九〇〇）には「手当一か年千五百円下賜」とあったので、実際には月棒一二五円であった。参考に、明治三〇年前後の物価は、大阪朝日新聞の一か月購読料は三三銭、月給は高等文官初任給五〇円、銀行員初任給三五円であった（『明治の宮廷と女官』一二六七頁）。これと比較すると、女官の月給は高給であったことが分かる。勤続五年経過すると、掌侍は一〇〇円、権掌侍は七五円ずつ昇給していった。勤続二五年を超えた操の退職前の月給は、「権掌侍」であるならば、三七五円であった（最終官名が掌侍だと五〇〇円）。

「権掌侍」とはどのような官位か、『明治の宮廷と女官』（扇子忠著、雄山閣、二〇一四年）に依って紹介する。女官には現代語では「じょかん」と読むが、明治時代には上級の女官を「にょかん」、下級の女官を「にょうかん」と区別されていた。日本の律令制度が整った頃より女官の制度があり、平安時代以降の「典侍」は天皇の食事、着替え、床延べなど身の回りのお世話する女官で、天皇の侍妾となることもあったので「権典侍」という職位が追加される。一方、「掌侍」は「典侍」の手助けをして天皇の身の回りの世話をする女官で、一般に侍妾にはならない。その下位に「権掌侍」という職位があった。これらの高等女官は全て公家出身の子女が選ばれていた。

明治を迎え、女官制度は何度か改革される。まずは、明治二年（一八六九）六月に先帝・孝明天皇時代の女官全員を一旦罷免し、新たに官名や定員を定めた。が、老女官たちは隠居としてお局に残ったので、実際には一部のメンバーが入れ替わっただけの形であった。

その後、明治四年（一八七一）に旧態依然とした宮廷に入り浸る公家や女官たちを若い天皇から引き離し、威厳に満ちた天皇像を築き上げるため、西郷隆盛、大久保利通、木戸孝允らの命により、吉井友実や村田経満（通称新八）らが大胆な宮中改革を行った。またしても女官は総免職となり、女官の職位・名称が統廃合され、新たに勅任官、奏任官として「典侍」「権典侍」「掌侍」「権掌侍」「命婦」「権命婦」のほか、判任官として「女孺」「権女孺」、「雑仕」が置かれた。「典侍」から「権掌侍」までは華族の娘、命婦以下は士族の娘であることが定められる。

明治四年（一八七一）当時の女官は一二八名、天皇付き女官（内女房）と皇后付女官（皇后宮女房）に分けられた。しかし、それぞれに属する女官の間で葛藤が絶えなかったようで、翌年に「女官はすべて皇后の指示に従う」ことになり、宮中の権力が初めて皇后の掌中に納まることになった。

権掌侍以上の女官は旧公家出身の子女、命婦以下は京都士族か社家出身の子女という家格が明文化された。このような体制の宮中に、操は出仕し始めたのである。フランス語の素養があるとはいえ、身分を考えると、大抜擢であった。

明治二〇年末時点の「高等女官」のリストに操の名が挙がっている。操はどのような一員と共に勤めていたのか、参考に列記してみる。ちなみに、公文書に記されている履歴には、操は「権掌侍」とあるが、以下のリストには、操は「掌侍」に名を連ねる。「掌侍」は「権掌侍」より位が高く、月給も五〇円多い二〇〇円であった。出典は『女官録』『太政官日誌』『進退録・女官ノ部』『官員録』（以上、いずれも宮内省公文書館所蔵、その他より比較照合の補正収録）とあった。

明治二〇年代末の時点の高等女官
典侍　四辻清子（四八歳）、高倉寿子（四八歳）
権典侍　柳原愛子（三二歳）、千種任子（三三歳）、小倉文子（三八歳）
掌侍　細井秋子（三六歳）、樹下範子（四五歳）、山川操（三五歳）
権掌侍　税所敦子（六二歳）、鴨脚頼子（不明）、園祥子（二〇歳）、姉小路良子（三一歳）、藪嘉根子（不明）、
津守好子（不明）、吉田鉦子（二四歳）、北島以登子（三五歳）

命婦　小槻広子（不明）、堀川武子（五三歳）、西西子（三八歳）、鳥居大路信子（不明）、松室伊子（不明）
権命婦　藤島朝子（不明）、生源寺政子（不明）、中東明子（不明）、平田三枝（不明）、生源寺伊佐雄（二四歳）、
樹下定江（一八歳）等

（『明治の宮廷と女官』一四九頁）

「明治四〇年末時点の高等女官」リスト（『明治の宮廷と女官』一五一頁）にも操の名前が残っている。当時五五歳、「掌侍取扱」として列記されていた。また、同書には「山川と香川（香川志保子）は必要に応じて宮中に通勤し、「お局」住まいをしていた訳ではない」と示された。

山川三千子の記録

女官として勤めた日々を貴重な回想録として残した山川三千子（みちこ）（一八九二〜一九六五年）がいる（写真27）。子爵久世通章（くぜみちふみ）の長女で、明治四二年（一九〇九）より宮中に出仕し、大正三年（一九一四）に退官した。退官後、操の養子となった山川黙（旧姓河田）に嫁いだので、操は姑となった。

三千子の回想録は、『女官』（実業之日本社、一九六〇年）と題されて出版された。宮中出仕中の出来事、つまり明治天皇と皇后、大正天皇と皇后の生活や性格等について具体的に記録されており、貴重な記録となった。平成二八年（二〇一六）に講談社学術文庫にて再版された。

彼女の回想録にも、御用掛として任用された操は、フランス語の「お通弁」をしており、小石川にある自宅から御用の時だけ出勤していた、とある。仕事の内容は、専門のデザイナーがいなかったので、「フランスから送られてくるカタログによって、この人たちが、皇后宮さまの御洋服の形を考えて、お裁縫所で作らせる」（『女官』一七八頁）

写真27　女官時代の山川三千子（左が三千子、右は日野西権掌侍）（『女官』323頁より）

とある。回想録に記された他の御用掛には北島以登子（英語、権掌侍）、香川志保子（英語、権掌侍待遇）で、操はフランス語のカタログの翻訳までか、洋服の形まで考えたのか分からない。

三千子によると、「皇后宮様がお用いになったお化粧品などは、巴里ピアノ会社の肌色でクリーム状の白粉、口紅も今の棒状のものと変わりません。香水なども皆フランス製をご使用になっていました。」（『女官』一一四頁）とあるので、フランス語の「通訳」は宮中の日常生活に必要であったと考えられる。

他にも、三千子は操のいろいろな思い出話を聞いていたようで、例えば、「御陪食の途中、明治天皇より直接「おい操、伊藤（博文）にしゃくをしてやれ。」との御言葉に女官にそんな仕事をと、いささか憤慨したらしいが、「やはりあれはお酒の上でのふとしたおたわむれであったと、悟ったと申していた」（『女官』四八～四九頁）という逸話がある。

ところで、外務省のお雇い外国人のオットマール・フォン・モール（一八四六～一九二二年）による回顧録『ドイツ貴族の明治宮廷記』（講談社学術文庫、二〇一一年）がある。タイトルの通り、ドイツ出身で、明治二〇年（一八八七）四月～明治二二年（一八八九）一月までの二年間宮中に勤務した。

皇后に仕える高位の女官として室町（清子）と高倉（寿子）を挙げ、「ともに親切で愛想がよく活発な女性だ。とくに後者は若いときはたいへんな美女であったに違いない。つねに優美なほほえみをみせてくれた。」というふうに、女官の具体的な印象を書いている。この記録の「宮中にて」（五三～八四頁）に操が登場する。

二人よりももっと下位の女官には、英語を話しかつ書く北島嬢と大山伯爵夫人の姉でフランス語を話す山川（操）嬢がいた。二人とも、あらゆる行事に皇后にかならず同伴し、忠実な通訳の仕事を果たしていた。

（『ドイツ貴族の明治宮廷記』七八頁）

操についての評は芳しい。モールは、宮中で働く女性の家庭を訪れた時、男性だけではなく、女性も和装であることに注目し、「彼らは勤務中は洋装をしているところを見られたい様子であったが、家庭内では好んで和装を着ているのだ。」と不思議そうに記している。操もそうであったと思われる。

『昭憲皇太后実録』に登場する操

三〇歳前半から六〇歳まで操は宮中に仕えた。『明治天皇紀』の補完を為す『昭憲皇太后実録』がある。昭和三二年（一九五七）より昭和四一年（一九六六）にかけて編纂された史料を、昭憲皇太后百年祭の平成二六年（二〇一四）を機に吉川弘文館より刊行された。皇太后の全生涯を時系列に記述した本編（上下二巻）と、別巻（年譜・解題・人名索引を収録）がある。原本は宮内庁書陵部（宮内文書館）所蔵、全二五八冊ある。

原本の膨大な記述をまとめた『昭憲皇太后実録』の人名索引の「山川操」の記事は四ヶ所であった。初めの記述は、明治一九年一〇月一五日の項である。「皇族妃及び大臣妻等を召し御懇談」の内容で、以下に抜粋するが、宮中に出仕して二年が経った操であったが、昭憲皇太后と、皇族妃、名だたる大臣の妻たちとの懇談に同席し、時を過ごしたことが分かる。

御懇話の為、皇族妃及び大臣其の他の妻を召させらる。即ち午後二時御内儀に於て熾仁親王妃董子・能久親王妃富子に御対面あり、又内大臣公爵三条実美妻治子・宮内大臣伯爵伊藤博文妻梅子・大蔵大臣伯爵松方正義妻満左子・海軍次官子爵樺山資紀妻登茂子・公爵鷹司熙通妻順子に謁を賜へる後、一同と懇談あらせられ、且御前に於て酒饌を賜ふ。皇后宮大夫香川敬三・典侍室町清子・華族女学校学監下田歌子・宮内省御用掛山川操之に陪す。

（『昭憲皇太后実録』上巻、三八四〜三八五頁、傍点筆者）

次に、明治三三年（一九〇〇）七月三一日の項は以下である。

是の日、御使として権掌侍山川操を広島陸軍予備病院に遣して、同病院に収容の北清事変に於ける内外の傷病将兵を慰問せしむべき旨を仰出さる。操乃ち八月二日新橋駅を発し、同月五日広島陸軍予備病院に至り、同所に於て我国及びフランス国の将校・下士卒負傷者を慰問し、尋いで七日序を以て呉鎮守府海軍病院に至り、同所に於ても我海軍の負傷水兵を慰問し、更に九日には再び広島陸軍予備病院に立寄り、任を終へて十二日帰京せり。尚此の御使の御差遣に際し、煙草及び団扇を負傷者に下賜あらせらる。

（『昭憲皇太后実録』下巻、八〇頁、傍点筆者）

操は、広島陸軍予備病院へ御使として慰問に行ったことが書かれているが、これについて、前掲した『女官』にも、操が明治天皇、昭憲皇太后の使いとして広島病院に見舞いに行くよう直接沙汰された逸話がある。

観桜会だったかの席上特に、「操をよべ」とのお言葉に、何ごとかと皆一瞬はっとしたそうです。それは御用掛として外国人（フランス人）に御対面の時だけにしか出ない、いわば門外漢の人間だったからなのですが、「両陛下のお使いとして、広島病院へ見舞に行け」と直接のご沙汰でした。「本当にあの時ほど感激したことはない」と、後々までも話しておりました。これなどもあの当時、篤志看護婦となって一生懸命に働いておりました姑のことでもご存じであったのか、或いは彼女を一番適当な人間とおみとめ下さいましたのかもしれなせん。他の御用掛には香川志保子（皇后宮大夫の娘）さんもおりますし、他にも人はたくさんございましたが、直接のご沙汰とあれば、誰も左右することはできませんのでした。

（『女官』四八頁）

明治天皇からの沙汰は語り草となったようで、操の喜びが伝わる。この他、明治三三年（一九〇〇）の大正天皇が皇太子の折、九条節子姫との婚礼の際、操が九条家に迎えに行き、ご陪乗で公式に入内した（『會津の人』一二一頁）という記録もある。これは、前掲した「履歴書」にも「明治三三年五月五日、皇太子殿下御婚礼当日皇太子妃殿下供奉仰付」との記載があった。九条節子姫はのちの貞明（ていめい）皇后（大正天皇の皇后）である。操は、この栄誉ある逸話をよく親戚に聞かせていたことが分かる。

さて、日清戦争後の逸話にあるように、操は、「日本赤十字社」の「篤志看護婦人会」の会員であった。大正七年（一九一八）に発行された『婦人社交名簿』（日本婦女通信社編）をめくると、操は「名誉幹事」に名前があった。この名簿は、他に基督教婦人矯風会、大日本婦人衛生会、大日本婦人教育会など、当時の日本に組織されていた三七の団体を運営する女性幹部のリストでもあった。

日本赤十字社は、明治一〇年（一八七七）、熊本洋学校に設立した博愛社が前身である。明治一九年（一八八六）にジュネーヴ条約調印により、翌年、日本赤十字社と改称、同社に有栖川宮熾仁（たるひと）親王の董子（ただこ）妃をはじめ、伊藤梅子、井上武子、大山捨松ら二九人の発起人により、この「篤志看護婦人会」が組織されている。

篤志看護婦人会の会員は、明治一七年（一八八四）に組織された「婦人慈善会」の会員と、ほど同じ顔ぶれである。婦人慈善会は日本初の看護婦教育所である「有志共立東京病院看護婦教育所」の設立を進め、鹿鳴館にて「慈善バザー」を主導した団体であるが（『昭憲皇太后からたどる近代』一一一頁）、これらの活動については第四章にて詳解する。

『婦人社交名簿』によると、大正七年（一九一八）当時の総裁は、閑院宮妃智恵子殿下、会長は鍋島栄子であった。操が「名誉幹事」を務め、他に樺山登茂子、東條千歳子が名誉幹事に名を連ねた。評議員としては四六名が明記され、そのなかには捨松の名もあった。操が「名誉幹事」であったことは、女官経験者として、当時の女性から一目置かれる存在であったことが推察できる。ちなみに、「篤志看護婦人会」には、同志社英学校を創立した新島襄の妻となった新島八重（山本八重子、一八四五〜一九三二年）が、明治二三年（一八九〇）より京都支部の会員として活躍している。大河ドラマの主人公として『八重の桜』で有名になった八重であるが、会津戦争をともに戦った経験を持ち、幹部である山川姉妹の存在は、同郷として誇りであったに違いない。

他に、『昭憲皇太后実録』にある記述は、明治四一年（一九〇八）一月三一日にイギリス大使館附武官「オノラブル・シー・ジェー・ドーマー邸」が全焼したので、大使館に銀コーヒーセットなどのお見舞いを操に持参させた記録（下巻四四五頁）、明治四三年（一九一〇）八月二五日にベルギー国特命全権公使男爵「アルベーク・ダヌタン」が死去したので、操を弔問に遣わした（下巻五七八頁）との記録であった。

通訳だけはなく、明治天皇、皇后陛下の外国要人への「遣い」として仕えており、操は両陛下に信頼される存在であった。

社会福祉事業家・瓜生岩子の介添

会津出身の社会福祉事業家・瓜生岩子（一八二九〜一八九七年、イワとも）がいる。熱塩村（現、喜多方市）の旅館山形屋（会津藩郷士）に生まれた。戊辰戦争では、市中戦が展開されるなか、戦場で敵味方の区別なく負傷兵の看護をした人物であり、板垣退助が感激したという逸話が伝わる。

写真28　瓜生岩子像（浅草寺）（令和元年〈2019〉5月撮影）

その行動は、会津のナイチンゲールと評されている。明治になると、裁縫教授所や救育所、育児院などを次々と設立し、常に人を救済する生涯を送り、女性で初めて藍綬褒章を受章した（写真28）。

現在も、熱塩温泉を代表する旅館として生家の山形屋は営業を続けており、旅館には岩子に関する展示がある。近くの示現寺では、岩子の墓をお参りすることが出来るが、墓石の揮毫は渋沢栄一で、墓の傍には優しい表情の岩子像がある。これ以外にも、喜多方市内には、佐牟乃神社境内や裁縫教授所跡地に岩子の銅像や記念碑が建立されていたり、「瓜生岩子記念館」があったりと、喜多方の偉人として著名である。

岩子の銅像は他に、福島市（長楽寺）や浅草寺の境内にも建立されており、合わせて全国七カ所にその像が建立されていることに驚く。浅草寺の境内の岩子像は、明治三四年（一九〇一）に建立されたもので、日本初の女性像であり、建立には渋沢栄一や捨松が賛同したといわれる。

現在も岩子が携わり、影響を与えた児童福祉施設（福島愛育園）、保育園（社会福祉法人和光会・阿佐ヶ谷保育園）などの社会福祉事業が継続し、多くの人々の支えとなっている。

明治二三年（一八九〇）二月、岩子は「婦女慈善記章」制定の請願書を第一回帝国議会に提出した。それは、全国に育児院を設立するための資金づくりを国家に促すもので、救済事業の資金的援助者を国家的に取り上げるよう請願したのである。

翌年三月、東京市養育院長であった渋沢栄一の推挙により、東京市養育院の幼童世話係に就任した。百名余りの院児と日常を過ごした。紙袋張りや紙函の作り方などを教え、また就労の世話をした。岩子の存在により、院児にたちまち笑顔が見え始めたと伝えられる。岩子の善行は、明治二四年（一八九一）四月『女學雜誌』「瓜生岩女を訪ふ」（正野ふみ子）が掲載されるなど、当時の社会福祉の在り方に影響を与えた。

そのような岩子は、同年六月に昭憲皇太后に拝謁の運びとなった。岩子の福島での活動当時、県令として岩子の善行を表彰したことのある三島通庸の子息・三島弥太郎から紹介された土方久元宮内大臣の計らいであった。この時、岩子の介添をしたのが、操であった。昭憲皇太后より救済事業についての御下問を受けていた岩子は、木綿服で会津弁そのままで答えたという。操が同郷の岩子を支えるほほえましい姿が彷彿とされる。その後、岩子は白麻の着物を賜っている。

のちに、東京貴婦人会の慈善バザー（歌舞伎座）が開催された時、岩子もまた自家製の飴糟と飴糖煎餅を出品した。バザーには税所敦子をはじめ、三島の妻・和歌子、土方の妻・亀子、西郷従道の妻清子、樺山資紀の妻登茂子に加え、捨松も出席したので、操と捨松は、きっと会津出身者として誇りに思ったであろう。

操の養子

明治二四年（一八九一）八月二五日、ミワ（次女）の次女ヤエが操の養女となった。桜井家の戸籍に日付が残っている。ヤエは、明治六年（一八七三）七月七日に青森県上北郡三本木で生まれた。廃藩置県後に山川家は上京した一方、ミワが嫁いだ桜井家は青森に残留した。ヤエの父政衛は、青森県の各小学校で教鞭を執っていたが、明治一九年（一八八六）六月五日、長男保彦を屯田兵として、桜井家は北海道根室へ渡ることになる。これらは、第二章に詳述した。

桜井家は兄弟姉妹が多かった。ヤエは一家の渡道の記録に名前がないので、桜井家が北海道へ渡る前、すでに一三歳頃には書生として上京し、操宅で過ごしていたと思われる。

ミワの曾孫にあたる鶉沢佳子氏より伺った話がある。ヤエは、陸軍軍医「鶴田禎次郎」（一八六五～一九三四年）に嫁ぎ、四姉妹（静子、磯子、梅子、君子）を儲けたという。禎次郎を調べてみると、日露戦争では第一師団軍医部長として乃木希典に仕え、旅順攻略に従事した人物であった。長姉二葉の長男景清は海軍軍医であり、日露戦争では大連防備隊軍医長を務めているので、禎次郎と景清は、彼の地で交流はあったであろうか。

『東京百年史』によると、日露戦争の戦地で、禎次郎が手がけた患者の数は七万三六八三人で、そのうち脚気と胃腸障害、赤痢をはじめとする伝染病などの病人が五割を占めていた。禎次郎は、『鶴田軍医総監日露戦役従軍日誌』（陸軍軍医団、一九三六年刊）を著している。日誌をみると、精神の異常をきたした兵士についての記録や、戦死者と直面し冷静な眼で分析した記録もあり、医師の立場から当時の様子が克明に綴られている。また、チフスや天然痘が流行しているのに遺体が収容できないまま遺棄されており、衛生状態が悪化している現状を怒気強く告発しており、禎次郎の正義感が溢れている内容もある。

脚気に関しては、麦飯給与に熱心であった。これについて、「麦飯給与を森軍医部長に勧めたるも返事なし」との記述もあった。当時、森林太郎（森鴎外）は第二軍軍医部長で、第二軍の配下にあったのが、禎次郎の第一師団であった。鴎外は、麦飯が有効という説に対抗して細菌説に固執していたため、禎次郎の意思は活かされなかった。陸軍が白米を主食とし続けた結果、どうなったのかは、歴史が証明しており、鴎外の失策であったことは明白となっている。

その後、禎次郎は大正五年（一九一六）には陸軍軍医総監（中将相当官、陸軍省医務局長）に任官された。そのような夫を支えたのが、妻ヤエであった。

長女静子は、軍医の篠塚氏に嫁いだ。その長男義虎も軍医少佐となったが、惜しくも沖縄で戦死した。次女磯子もまた、軍医の井深健次に嫁いだ。会津藩出身でヘボンの後を継ぎ、明治学院の二代目総理を務めた井深梶之助（一八五四～一九四〇年）の次男であり、健次もまた陸軍軍医総監に任官され、昭和一七年（一九四二）に陸軍軍医学校長に就任している。ヤエの子どもたちは、軍医として責任を果たした人物が多かった。

もうひとり、操の養子となった黙（しずか）は、明治一九年（一八八六）、幕臣であった河田家に生まれた。父は河田烋で内務省を経て、東京郵便電信学校の校長を務めた。兄の烈は大蔵省に入省し、貴族院議員、昭和一五年（一九四〇）より大蔵大臣を務めた人物であった。

黙は、女官を務めた三千子と大正四年（一九一五）に結婚したが、三千子は、前掲した『女官』に自身の恋愛についても回想している。想い人を仮名で「静夫」と記し、「その母はかつて仏語のお通弁として、皇后宮様に奉仕しておりましたので、気心もよく知っておりますし、先方でも私のことはよく分っております。」（『女官』一九三頁）と書き、以下のように回想する。

ある日、山川さんまで使いがあると聞き、紅白のリボンで束ねたパンジーと忘れなぐさの造花を彼にと贈ると、

「我もまた同じ思よ花小草　おくりたびにし君が心と」との返事あった。先方の母は賛成してくださるだろうが、父久世通章が「派手な生活ばかり夢みている今、質素な学者風のこの家のことなど、考えに入れてくれそうにもございません。

（『女官』二九四頁）

結婚について、父が反対しそうだと悩んでいる様子が伺えるが、この悩みをよそに、晴れて黙と三千子は結婚となった。三千子の回想からは、良好な姑・嫁の関係が推察される。

ところで、黙が操の養子となっていたのは、山川家側の子孫にはあまり認識されておらず、操の養子といえばヤエだけだと伝わっていたようである。武蔵学園の沿革をみると、四代校長として「山川操養子」と経歴が明記され、黙は長男重一、次男重次を儲けたらしいが、現在、操の位牌は桜井家で祀られていると鵜沢氏に伺った。

操は、昭和五年（一九三〇）三月三日に亡くなった。勲六等瑞宝章が授与された。

女性の憧れ・操

明治四二年（一九〇九）の『婦人世界』には「温泉宿における山川女史」という記事が掲載されている。婦人世界の記者によるものである。

昨年の夏、記者が暑中休暇を利用して、信濃国上林の温泉に遊んだ時、同じ宿に泊っておいでになった五〇くらいの貴婦人がありました。若い女中を一人連れて、それに煮炊きをさせていらっしゃいましたが、その貴婦人は、朝四時頃に起きて、女中を連れて散歩にお出掛けになりますし、宿においでの時は、いつも読書に耽っていらっしゃいます。とかく温泉宿に遊んでをりますと、どうも生活が不規律になり、自堕落になり易いものですのに、この方は実に関心な方だと思っておりました。そのうち御懇意になってから、山川操子様と知って、記者はなるほど何処か違うと思ったと、感服いたしました。

（『婦人世界』第四巻第八号）

操の休暇の一場面であろう。電車で訪れたのだろうか、当時五六歳であり、まだ宮中に仕えている時期であった。日露戦争の戦勝ムードが落ち着き、日常を取り戻した頃であった。いつも規律ある生活を送る姿は、山川家の姉妹に共通する逸話である。

上林（かんばやし）温泉は、志賀高原（長野県）の山裾にある。調べると、明治三五年（一九〇二）に始まった温泉であった。この頃は、「志賀高原」の名称もなかった。あまり知られていない温泉宿で静かに過ごす操の姿を思い浮かべる。宮中の華やかさ、東京の喧騒を離れ、操は何の本を読んでいたのだろう。

太陽の灯りの下で、本をめくる操の眼には、無限の物語が広がっていた。御一新を迎えなければ会津で生きていたかもしれない、もし、夫の小出光照が生きていれば、それを支える妻としての道を辿っていたかもしれない、子どもはいたであろうか。そうすると、ロシア留学は果たしただろうか、宮中で通訳をしたであろうか。やはり書生を育てていたろうか。

どんな逆境に遭っても、常に向上心を持ちながら、志操と責任を持って人生を歩んでいた操の生き方をみると、きっと、どのような境遇でも規律ある生涯を送ったであろうと、思わずにはいられない。

健次郎（次男）の孫光子が大伯母にあたる操のことを、「非常に積極的な人で、黒紋付の長着にアプリケで変化をつけたり、雨漏りの屋根を自ら上ってなおしたりもした」と回想している。そして「同心町の伯母と称する操は、子供の目から見て一番祖父と仲の良い姉で、弟をジッちゃんとよび、ときわと共によく池袋の家を訪ねて来て食事をし談笑してゐた。」（『羇旅』四頁）とあった。裁縫も得意であったのか、お洒落で、尚且つたくましい操の明るい笑顔がみえる。

一方、光子は大叔母・捨松（五女）のことも回想している。「たまに池袋を訪ねて来たが、廊下で召使に会っても、一寸小腰をかがめ指を床に下して挨拶するなど謙虚な人柄だった。その頃は珍しい御所人形をおみやげに貰ったことも二・三度ある。祖父との会話も時には英語で行はれていた事を思い出す。」（五頁）と書いており、やはり捨松の印象は強い。

ある時期の、ある身分層において、操は雑誌に紹介され「模範の女性」として話題だったことが明らかになったが、「妹」の捨松の華やかな存在が大きすぎたせいなのか、なぜか操は現代では一部の人にしか知られていない人物となってしまった。

操の明治期以降の足跡を追うと、自立した女性として、当時を生きる女性の憧れであった。眩しい太陽に照らされた操の影は、短い。夫の死を乗り越え、姉妹を支え、姉妹に支えられながら、光のようにどこまでも真っ直ぐに挑戦した生き方であった。

操は、戊辰戦争の敗北を乗り越え、皇室に近侍し、多くの書生を育て、社会福祉活動に奮闘した。彼女もまた、近代国家の形成に尽力した、会津藩が育んだ郷土が誇る女性なのである。

第二節　四女常盤

四女常盤と柴五郎

緑をみると、心や身体が落ち着く。木や森をイメージするので、気持ちが穏やかになる。また、中間色で主張しない、控えめな色である。

写真29　常盤の肖像（明治29年集合写真より抜粋）

山川家の姉妹のなかで、常盤に関する記録が一番乏しい。「常盤」と辞書を引くと、常に変わらない岩、永久に変わらないこと、常緑樹の葉がいつもその色を変えないこと、と三つの意味があった。

常盤は、日記や回想録、寄稿のようなものを残さなかった。常盤がどのような生き方をしたのか、本章では夫や子女、関係した人物の記録を詳解し、出来る限り、常盤が生きたその周辺を探り、その実像を少しでも明らかにしたい。

常盤（写真29）は、安政四年（一八五七）四月に山川家の四女として生まれた。姉や妹たちの回想により、一二歳の時、籠城戦に参加していたことが分っている。明治になり、斗南への移住を経て、山川家は上京するが、一六歳の常盤もまたこれに従った。

柴五郎（一八五九〜一九四五年）の回顧録『ある明治人の記録』に常盤の逸話が度々登場する。五郎は会津藩出身で初めて陸軍大将となった人物である（写真30）。

回顧録は、柴五郎から託された「遺書」を編者石光真人がまとめ、昭和四六年（一九七一）に中公新書として刊行された。五郎が少年時代に経験した戊辰戦争から西南戦争までの回想であり、壮絶な環境を耐え忍び成長していく姿は多くの人の希望となった。東日本大震災（二〇一一年）でもその精神が話題となり、現在でも版を重ねている。

五郎のことを紹介する。五郎は、安政六年（一八五九）、会津藩士柴左多蔵の五男として生まれた。柴家は馬術・砲術師範、御物頭（二八〇石）で、五郎が九歳の時、戊辰戦争の渦中にあった。柴家は籠城を選ばず男子は戦場へ、一族の女子五人（祖母、母、兄嫁、姉妹）は、足手まといになるのを恐れ、自ら命を絶った。少年であった五郎は、母により郊外の山荘に逃がされる。

会津開城後、五郎は負傷した長兄に付き添い、捕虜として上京し、土佐藩公用人・毛利恭助の学僕となった。翌年一一月、会津藩は下北半島付近に斗南藩として移封・再興が決まり、藩士一万七千人が移住、柴家もそれに従って行った。斗南での過酷な生活を経験し、廃藩置県を迎える。これに伴い、五郎は青森県庁の給仕（月給二分）となった。辞令を「おごそかに」言い渡したのは、当時庶務課長であった梶原平馬であったと回想している。

そのうち、五郎は弘前県大参事の野田豁通（ひろみち）（一八四四〜一九一三年）の邸に引き取られ、家僕として働いた。野田は、熊本藩産物方頭取石光真民の末弟であり、横井小楠（しょうなん）（一八〇九〜一八六九年、儒学者・思想家）の塾に学んだ経験があった。明治四年（一八七一）弘前県大参事として着任していた。当時の野田は独身で、会津、前沢、熊本出身などの多くの書生がおり、邸は書生の合宿所のようであった。野田は書生取り立てに積極的で、水沢出身の後藤新平（一八五七〜一九二九年）や斎藤実（まこと）（一八五八〜一九三六年）など、多くの人材を養成している。

写真 28　柴五郎

その後、五郎は自分の行く末を、東京か海外か悩み、明治五年（一八七二）九月下旬に上京と決めたが、やはり将来に不安を持っていた。そこで、野田が五郎のために会津藩出身の永岡久茂（ひさしげ）（一八四〇〜一八七七年）、山川浩（大蔵）宛で添え状を書き、世話を依頼した。ちなみに、永岡は、斗南藩小参事を務めた人物で、明治になると、評論新聞社を設立し活躍していくが、明治九年（一八七六）に萩の乱に呼応した思案橋事件で逮捕され、獄中で亡くなることになる。

はじめ、五郎は浅草菊屋橋通りの永岡久茂を訪れた。永岡はもちろん書生として受諾するけれども、今は充満の体なので、山川邸で待機しておくようにと言われる。五郎は山川邸に向かった。

当時の山川家は浅草永住町観蔵院に間借りしており、以下の様子であった。

家族のほか旧藩の書生多数寄食し、一見して困窮の模様なり。それにも関わらず、いつにてもきたれとのことなり。山川大蔵方には母堂、姉常盤、親戚の梶原景清、永井小太郎あり。そのほかに山川徳治（ママ）、木村丑徳、下平英司、柳田留六その他の書生、毎日入れかわり立ちかわり来泊す。このうえ余を受け入るるは無理なることあきらかなれど、余には他に頼るべきところなし。

（『ある明治人の記録』九四頁）

五郎は一〇月初旬より、山川家の書生として過ごすことになった。その時、浩の母艶と常盤が「余の汚れたる白地浴衣を気の毒がり、当時アメリカに留学中の捨松嬢の薄紫の木綿地に裾模様、桃色金巾裏地の袷を取り出し、袖を短くして」、五郎の浴衣に誂（あつら）えてくれたと回想している。他日には異様に映ったらしいが、五郎は「暖かく満足であった」と書き残しており（『ある明治人の記録』九五頁）、心温まる逸話であった。少女時代の常盤は、多くの書生との同居生活を送っていたことが分かる。また、この当時は二葉の一人息子梶原景清も山川家で過ごしていたことが分かった。

この後、五郎は、あまりにも山川家が困窮しているので、野田を通じて、当時福島県令（明治五年～明治八年末まで）であった安場保和（やすばやすかず）（一八三五～一八九九年、熊本藩出身）の書生（下僕）となった。

安場邸では、掃除、食事の給仕、人力車に乗る令嬢の後ろを書籍と弁当を持って走って追いかけたりしたそうで、「下僕として当然のことながら顧みて哀れを催す」（九六頁）と回想している。もちろん、給料はなく、身の回りのものは年長の書生のおさがりであった。このような生活を始めた五郎ではあったが、すぐの明治五年（一八七二）末、安場が落馬しての重傷を負うと退去を命じられてしまい、翌年の元旦は、文字通り路頭に彷徨った。そこで、正月早々に再び山川家を頼った。そこで、以下のやりとりがなされる。

山川大蔵不在なれば、母堂と常盤嬢に会い、事情を述べて、幼年学校試験の及落定まるまで、暫時厄介になりたしと懇願すれば、大いに同情され、両女の専断にて承諾さる。

（『ある明治人の記録』九九頁）

再び書生となった五郎は、「日々の用事は使いくらいにて、自由の時間多く、家庭に人と同様の待遇なり。されど、山川邸の困窮はなはだしく、余の使いは、浅草鳥越の質屋に受け入れに行くこと、一か月二、三回にとどまらず、食事も乏しく、母堂をはじめ、一同ひとしく豆腐と煮豆が馳走なり。近所へ三銭、四銭と座禅豆を買いに行かされ、竹皮に包みて持ち帰るがつねなり。」（九九頁）と上京したての山川家の様子を克明に残している。書生といえども、みな家族と等しい待遇であったことに山川家の恩情を感じる。

同年三月末、五郎は陸軍幼年学校の試験に合格する。朗報を聞いた浩について、「山川大蔵悦び、余に優るとも劣らず」（一〇〇頁）とあり、五郎が生活費にと、預けていたお金を、フランス式のズボン、紺色に黄色の縁とりした金紐のマンテル、ケビー型の帽子、靴、檽袢などを買いあつめたり、浩がみずから、五郎に前向け、左向けといいつつ、洋服の着方を教えたりと、一家を挙げて喜んだという描写は、読み手にも嬉しさが伝わってきた。

その後の五郎は、陸軍士官学校へと進学し、陸軍少尉、近衛砲兵大隊、参謀本部勤務、清（中国）に赴任すると北京公使館付武官となる。次々と活躍の場を広げていった。五郎が評価を得たのは、義和団事件である。北京籠城戦の指揮を執り、勇猛なさまと礼儀正しさが欧米諸国から賞賛され、イギリスから信頼を得て、日英同盟のきっかけを作ったとまでいわれる。日露戦争には、野戦砲隊第一五連隊長として従軍した。

会津出身であったからか閑職にまわされる時もあったが、大正八年（一九一九）、ついに会津藩出身で初めての陸軍大将に就任、会津の希望の星になった。

徳力徳治との結婚

柴五郎の回顧録にある山川家に居た書生に「山川徳治」（一八五一～一九二六年）の名がある。会津藩士徳力喜代治の次男で、常盤の夫となった人物である。当時は旧姓「徳力」であった。

徳力徳治もまた、俊才であった。明治三年（一八七〇）の斗南藩時代、豊津藩（小倉藩）から申し出があった留学生七人のひとりに選抜され、藩校育徳館で学んでいる。七人とは、徳治の他に、家老萱野権兵衛（一八三〇～一八六九年）の息子の郡長正（一八五六～一八七一年）をはじめ、神保巌之助、木村新治、斎藤徳治、佐瀬豊太郎、馬場興三郎であった。萱野は、戊辰戦争で会津藩の責任者として切腹した家老で、萱野家は父の自刃後、家名断絶となり、のち、長男は萱野家を家督相続するが、次男以下は郡へ改姓している。共に小倉へ留学した長正も、この後、故をもって自刃し、若くして亡くなった。

さて、徳治は、山川家での書生生活を経て、明治八年（一八七五）八月に司法省の判事補に任命され、明治一四年（一八八一）に検事となった。

常盤との結婚は、明治八年（一八七五）以前であり、養子婿であったのか、徳治は「徳力」から「山川」に改姓している。山川家を継ぐ男子がいないわけではないのに、なぜ徳治に「山川」を名乗らせたのかは、不明である。それほどまでに、浩（長男）が気に入ったのかもしれない。

時系列で経歴を記すと、検事（検察官）として山形、東京の地方裁判所に勤務した。その後、判事（裁判官）として東京地方裁判所部長、宮城控訴院判事を歴任した。次に、再び検事として、秋田、長野、宇都宮、札幌、仙台、京都、横浜の各地方裁判所の検事正を務め、明治四一年（一九〇八）九月より長崎控訴院検事長に就任した（『人事興信録』）。

日本地域の裁判所を転々としている経歴が分かる。各所には、いつ頃からいつ頃まで滞在していたのか、分った範囲で、人事異動の年月日について探ってみた。資料で確認できたのは、後半の検事になってからの人事異動の記録であった。

明治二九年（一八九六）一〇月に長野地方裁判所検事正から秋田地方裁判所検事正検事に異動した記録（『官報』三九八〇号）、明治三七年（一九〇四）四月から明治三九年（一九〇六）二月まで京都裁判所の検事正であった記録（『司法沿革誌』）、明治三九年（一九〇六）二月より横浜地方裁判所の検事正に異動した記録（『官報』六七九七号）、横浜地方裁判所に明治四一年（一九〇八）九月まで務めた記録（『司法沿革誌』）である。

各所、二年ほどの任務で、日本全国を廻ったことが分かった。徳治の異動に伴い、常盤たち一家も共に移動していたと思われ、その都度、生活環境が変わった妻・常盤の苦労が偲ばれる。

騒々しい日々であったと思われるが、徳治は、明治三九年（一九〇六）に両角三郎と京都黒谷の会津藩殉難者墓地の寄付金を募る発起人として活動している記録がある。集まった寄附金により、墓地境内の修理や記念碑が建設された。経歴と照らし合わせると、京都地方裁判所時代の出来事であった。京都に赴任し、過ごす傍ら、京都守護職時代の同胞に心を寄せる徳治の想いが心底から伝わってくる。

また、どんな裁判を担当していたのか、調査してみると、例えば、明治四五年（一九一二）の大審院刑事判決録（刑録）に徳治の名前がみつかった。「賄賂ヲ以テ投票ヲ爲サシメタル者等ノ件」という大分県水産組合の選挙に関する裁判記録であり、上告を棄却した長崎控訴院の検事長が、山川徳治であった（名古屋大学法学研究科データ）。

徳治・常盤夫妻の子どもたち

徳治・常盤夫妻もまた、一〇人の子どもに恵まれた。健次郎（次男）の孫光子の記録（『羇旅』）によると、夫妻には、長女郁、次女忍（しのぶ）、長男重晴、三女まつえ、次男重雄、三男戈登（ごるどん）、四女きくい、五女春、四男廉（きよし）、五男至静（よしやす）（一八九七年八月生）がいたと、ある。

略歴が分かっている子女だけ列記する。嫡子となった長男重晴は、明治一二年（一八七九）四月生まれで、その妻静子は明治二二年（一八八九）一〇月、埼玉県生まれ、判事三田幸司の長女であった。常盤はどのような姑であったのか、静子との逸話は残っていない。

次女忍（一八七五年一〇月生）は、旧会津藩士の石塚英蔵（一八六六～一九四二年）に嫁いでいる。石塚和三郎の長男で、共立学校、第一高等学校を卒業し、明治二三年（一八九〇）に東京帝国大学法科大学政治学科を首席で卒業した秀才であった。英蔵は、法制局参事官などを経て、内閣顧問官として朝鮮に異動、台湾総督府や関東都督府、朝鮮総督府、東京拓殖株式会社総督などを歴任し、大陸で活躍した。昭和四年（一九二九）には台湾総督を務めた人物であった。

忍は、二男六女に恵まれたが、長男照男（一九〇六～?）は南洋興発に勤務しており、妻は海軍大将竹下勇の三女英子であった。南洋興発は第一次世界大戦後のサイパンにて、旧会津藩士松江春次（一八七六～一九五四年）が中心となって創業した企業である。藩政時代より時が過ぎても尚、会津藩出身者の企業に勤めた会津人のつながりを感じる。ちなみに、春次は砂糖王の異名をとり、サイパンに銅像が建っている。出身の福島県立会津工業高校内には「松江春次資料館」が併置され、母校に寄付した機械が保存されていた。また、兄にあたる松江豊寿（一八七二～一九五六年）は陸軍少将で、板東俘虜収容所所長（徳島県鳴門市）、若松市長を歴任した人物である。豊寿がドイツ人俘虜を人道的に扱った偉業は、小説（『二つの山河』中村彰彦著、直木賞）や映画（「バルトの楽園」）に描かれて、広く伝えられている。

他の子女は、三女まつえ（一八八二年八月生）は棚木悦太郎と結婚、四女きくい（一八八八年六月生）は名尾良辰と結婚したことが分っている。

聡明な三男・戈登

常盤の三男戈登（ごるどん）（一八八六〜一九一〇年）は、山川家の本家・浩の養子となった（写真31）。浩の妻登勢は、会津戦争の籠城戦で砲弾を浴びて戦死しており、その後、内縁の妻として西郷家出身の某女や志づがいたと伝わる。

志づは、明治五年（一八七二）八月に男子「洸（たけし（ひろし・ふかし））」を生んだというが、正式に結婚したわけではなかった。その後、洸は、秀才と言われながらも、アメリカに渡り、明治三九年（一九〇六）に同地で客死したと伝わっている。浩とその母艶と収まる写真が残っている（写真32）。

浩は、明治一一年（一八七八）頃、東京出身の池谷金五郎の娘仲（一八六〇〜一九三〇年、兄は池谷廣治）と再婚する。ある評では（仲は）「この人は自分もさる事ながら色々周囲にも欠点が多く、山川一家から長兄の妻ながらうとまれていた。」らしいので、なかなか山川家に馴染めなかったのかもしれない。

その後、浩・仲夫婦には子どもがいなかったので、明治一九年（一八八六）八月二日、徳治・常盤夫婦の三男として産まれた戈登を生後八ヶ月の時、浩が養子として引き取った。「戈登」とは、一風変わった名前であるが、浩自身が尊敬するイギリスの軍人チャールズ・ゴードン（一八八三〜一八八五年）が由来だといわれている。太平天国の乱で民兵組織の常勝軍を率いたことで知られる。これまでこの由来については知られていた。

この名前に関して、平成二九年（二〇一七）に和歌山県御坊の中吉旅館跡にて、差出人が「山川戈登」の手紙が発見されことには、著者も驚いた。手紙の日付は明治二二年（一八八九）九月、中吉旅館の当主・中野吉衛門宛で、大水害のお見舞いの内容であった（終章で詳解する）。

封筒の裏には「東京牛込若松町百十二番地　山川戈登」とあり、戈登が産まれた後も浩は筆名として使用していた

写真 31　山川戈登
（『地質学雑誌』17 号より）

写真 32　山川浩、艶、洸
（白虎隊記念館所蔵）

ことが分かる。浩の思い入れがある特別な名前を甥に名付け、生まれてすぐに引き取り、山川家本家の嫡子としての成長を待つ浩の期待が窺える。

そのような浩であったが、明治三一年（一八九八）に死去する。五四歳であった。戈登は一二歳で養父を失ってしまった。当時、高等師範付属中学校在学中でありながら、家督を相続し「男爵」となる。その後、戈登は養母仲のもとを離れ、操に育てられることとなり、その後、第一高等学校に進学する。

戈登の学生時代について、梶井剛（一八八七～一九七六年）の回顧録（『わが半生』）にその逸話が登場する。剛は、のちに健次郎の長男洵の妻となった良の兄である。逓信省工務局長を経て、日本電信電話公社の初代総裁などを歴任した大人物であるが、剛の詳細については、第五章にて述べる。

戈登と剛の二人は、第一高等学校二部（理工科）の同期であった。同じく水泳部に所属し、同時期に委員を担当していた。戈登は古生物の研究で群を抜いており、学生時代より『地質学雑誌』に多くの研究成果を発表していた。剛は、戈登について、以下のように回想する。

中学時代から古生物の研究が好きで、自分で金槌を持って岩を割り、古生物を発見しては収集していました。ですから、一高から理科へいって理科の古生物のほうの学科へはいったのですが、そのころには、もう先生から教えるころがないほど知っておったそうです。したがって、水泳部の合宿にきていても、ひまがあれば、あっちこっちから貝類を集めてきて、それを年代順に並べ、この貝はこういうふうに発達してこうなったということを、夜になると講義してくれました。

（『わが半生』一九頁）

二人は水泳部の合宿に一緒に参加し、寝る前にいろいろと語り合った仲であったことが窺える。剛による別の回顧録（『一隅を照らすもの』）にも合宿の逸話があった。

こちらの回顧録によると、第一高等学校の三年生の時の水泳部の合宿は八幡浜（房州、北条町と那古町の間）で行われたとある。当時の八幡浜は半農半漁の村で、都塵を離れた白浜青松の浜辺であった。試験が終わった六月末、剛と戈登、あと末弘巌太郎の三人が先輩の加福均三に連れられて、他の部員より先に八幡浜へ向かった。梅雨がまだ明けていないなか、一通り水泳部開設の準備を済ませ、晴れ間をみて海に入りながら、部員が集まってくるのを待ったという。

この回顧録にも戈登は古生物に興味があり、暇さえあれば金槌を腰にして化石を採掘していたとあり、「早世したのは誠に惜しいことである。」（『一隅を照らすもの』六四頁）と綴られている。ちなみに、卒業後、加福は台湾の大学教授となり、末弘もまた大学教授となり、かつ水上連盟の会長を務めている。

また、君島一郎という同級生もいた。明治一九年（一八八六）生まれで、小説家か新聞記者であったのか、その素性は不明であるが、『歴史残花』（平泉澄監修、時事通信社、一九七一年）に山川浩のことを紹介している。そのなかに、「筆者がむかし第一高等学校という学校に入学したときのこと、部はちがうが二部（工、理、農）に山川戈登という生徒がいた。」という話がある。

「戈登はゴルドンの漢字名である。奇妙な名前があるものと聞いてみると、それは山川浩の養嗣子で、山川が英将ゴルドンを敬慕していて、その名をつけたのだという。」（七一頁）と、戈登本人から聞いたという逸話は、会話の向こうに戈登の気配を感じる。君島は、私腹をこやす外国の将軍が多いなか、浩は、清廉潔白なゴルドンに惹かれたのかと分析した。また、この頃、オットー（森鴎外の子）、アレキサンダー（長井長義の子）など、外国人名を名付けされた生徒が多かったともあった。

聡明で、山川家の嫡子として期待された戈登であった。が、明治四三年（一九一〇）一一月二九日、東京帝国大学在学中に病死する。二四歳であった。その訃報は、以下の『地質學雜誌』一七号に履歴と共に掲示された。

君は旧斗南藩士山川徳治氏の第二男明治十九年八月二二日羽前山形市に生れ、生後八か月にして伯父陸軍少将男爵山川浩氏の養子となる。浦賀小学校、東京高等師範学校附属小学校、同附属中学校を経て、三十七年七月第一高等学校第二部に入る。是より先三十一年厳君逝去の事あり。直ちに襲爵仰せつけられ、三十九年丁年に達して従五位に叙せらる。四十一年七月理科大学動植物学科に入学したれど、同年秋肝臓病に罹り休学を為すに至りしが、四十三年七月には学業優等の故を以て抜んで、特待生に挙げらる。爾来月を閲する事僅かに四、十一月二十九日腸窒扶斯の為め赤十字病院内に逝く。

君夙（つと）に古生物学に志し、四十一年二月田端産化石に就いて研究の結果を発表す。是れ筆者の知れる限りにては君が最初の論文にして第一高等学校在学中の事なり。其他君が論述に係るもの、車町産化石等の五編皆載せて地質学雑誌にあり。かくの如く君の志、古生物学にありしと雖、斯学の基礎全く現在生物の研究に存するを覚りて理科大学入学の際には動植物科に入りしなり。君資性天真爛漫にして、篤学学事に熱中して寝食を忘るる事屢々なり。平常の蘊畜頗る見るべきものあり。斯学が君に期待する所、亦多かりしに四十三年一月の三浦半島の化石含有層に就いての論文を絶筆として、雄志遂に委したるは惜みても尚餘りある事どもなり。戒名に曰ふ愛眞院殿彊譽勇研大居士。（寺尾新）

（『地質学雑誌』一七号）

戈登は「天真爛漫」な性格とあり、愛情深く育ったことが推察される。また、寝食を忘れて没頭したように、古生物研究者としての活躍が期待されており、早すぎる死が相当に惜しまれた。戈登の成長を見守ってきた山川家本家と実母である常盤の悲しみを思うと、胸が痛くなった。

ところで、現在の日本地質学会の「トウキョウホタテ」の研究報告に「山川戈登」の名前が見つけられた。「トウキョウホタテ」とは、食用のホタテガイの近縁で大型の絶滅種である。平成二八年（二〇一六）に日本地質学会により「東京都の化石」に選定された。かつての関東平野には、五〇万年前に出現し一〇万年前に消滅した「古東京湾」があり、その地層からは貝化石が出土するのだが、その調査報告「東京都区部産のトウキョウホタテの産出記録および標本保管」（『GSJ地質ニュース』二〇一八年三月号、川辺文久、中島礼等著）の先行研究として、戈登の研究が挙げられていたのであり、著者は戈登の研究成果を知ることになった。

また、「山川戈登と大山桂―二人の貝類学者―」（『地質学史懇話会会報』四二号、長田敏明、二〇一四年）には、『地質学雑誌』に掲載された戈登の論文名が列記されている。そこに、戈登による貝層の発見の説明があるので要約する。明治一二年（一八七九）に招聘されたダーフィト・ブラウンス（一八二七〜一八九三年）がいる。ドイツの地質学者で、お雇い外国人のエドモント・ナウマンの後任で東京帝国大学に招聘された。ブラウンスは地質調査をしたが、それに続く徳永重康が「田端の調査地点」を化石調査したのであるが、戈登はそれより北に一丁（一〇九ｍ）ほど距離をおく崖から、従来のものとは化石群組成の異なる貝化石を発見していたのである。それは、のちに「田端貝層Ｂ」と呼称されるようになった、という研究成果であった。ちなみに、同論文の「大山桂」は、捨松（五女）の孫にあたり、戈登と桂が親戚であるという奇縁から二人の貝類学者を併記して調査した内容であった。

このように、現在の地質学会において、戈登は地質学及び貝化石研究の先駆者として名を残していることが分かり、若くして亡くなった「古生物学者・山川戈登」が惜しまれる。山川家本家の相続には、戈登の遺言で弟の廉（きよし）（一八九二〜一九一三年）が養子となった。しかし、廉もまた大正二年（一九一三）に急死してしまい、その後、健次郎の四男建（たける）（一八九二〜一九四四年）が養子となり、本家を相続した。建については、第五章で詳解する。

常盤の晩年

常盤の没年が分かっていない。健次郎（次男）の孫光子の記録（『羇旅』）には、晩年、目白に住んでいたので「目白の叔母様」と呼ばれていたこと、「祖父の姉妹では最後に亡くなった人で最も女性らしい人のように思ふ」（五頁）とあった。

常盤の日常について、ある記録（『梶井恒日記』、第五章参照）には、明治四五年（一九一二）四月二九日に、健次郎（次男）の長男洵の妻・良の実家である梶井家を常盤が訪ねてきたとある。「来　山川常盤子　長崎勝山町二二」とのメモがあるので、長崎から上京したのであろう。訪問した理由は、同年四月九日の健次郎の初孫（光子）の誕生であった。産後、光子とその母良は長く入院していたようで、常盤は梶井家と、病院を訪れた。翌日の『梶井恒日記』には「三〇日、午后雨霽れて、后山川常盤子を喜久井町山川に訪、暫話し五時前帰る」とあるので、常盤は、数日、東京に滞在したことが分かる。思わぬ記録であった。

徳治は、大正二年（一九一三）に裁判所を退職したので、常盤一家は、それから東京に戻り、目白に定住したと思われる。また、没年が分かっている他の六人の兄弟姉妹で、二姉のミワが昭和八年（一九三三）に亡くなっているので、それ以降に亡くなったのであろう。他の六人の兄弟姉妹を最後まで見送った人物であった。

子女が一〇人いたということは、多くの子どもと孫に囲まれて過ごした常盤であった。親戚の甥や姪の結婚相手を、常盤が探したという逸話も多い。


大正一二年（一九二三）、健次郎の孫光子の夏の想い出がある。健次郎の山川家、その親戚梶井家と共に、常盤の一族が伊東で一緒に遊んだ記憶である。旅行は、梶井家の分家悌子が世話した。泊まった場所は、「海岸と言っても海からは一寸離れ、音無川のほとりで、その隣は偶然石塚英蔵氏の別荘であった。」とあるので、一緒に行ったわけではなかったようである。石塚の妻が忍、すなわち常盤の次女であった。常盤が同行していたのかの記述はない。忍は三女文子、四女和子を伴って伊東に来ており、偶然にいとこ同士がそろったわけである。

「文子は私より三歳上、和子は二歳年少にあたる。私共は始終往来し遊んだり本を読んだりした。内へは梶井の長男がよく来て温泉に入って大さわぎした。この健一は四歳年下になる。学校以外の友達と―たとへ―親類の事も親しく遊んだことがなかった私らには正に印象に残る一夏であった。」（『羇旅』二二頁）とある。いとこ同士、健次郎と常盤の孫同士の夏の想い出であった。

ちなみに、本筋とは離れるが、山川家の健次郎家は厳格な教育方針であり、小学校の通学時には必ず誰かがついて来たと光子は回想する。その「誰か」とは、健次郎の妻鉚の弟丹羽敬止であったり、会津出身の帝大生「棚木剛」であったりした。丹羽は、「種々のいきさつから独身を通し、姉の亡き後も山川家に寄寓していた」人物であり、当時五〇歳そこそこであったが七〇歳くらいに見えて、駄洒落、奇行が多かったらしいが、「内の中でも木綿の袴を常用し、里見八犬伝、西遊記などの本を読んでくれた」ともある。

もうひとりの「必ずついて来た誰か」の棚木が「目白の叔母の縁続き」であった。すなわち、常盤の三女まつえの嫁ぎ先が棚木家であったので、その縁での書生であった。「この人が若いのに無類の子供好きで、学習院に送って行って上げるといやがる私たちをおい廻した。子供ながらにそれをまくのに苦労した思い出がある。私は山川家のきびしい躾けで、近親を他人に対しぞんざいにいう様に、幼時から言われて居た。」（『羇旅』一四頁）とあった。祖父の妹の子どもの嫁ぎ先の親戚の書生とは、少女光子にとって煩わしい境遇でもあったかも知れないが、親戚中で子どもの成長を見守っていたことが分かる逸話であった。

常盤の夫・徳治は、大正一五年（一九二六）に亡くなっている。高等官一等正四位勲三等と、旭日章を授与された。全国各地を廻る夫を支え、一〇人の母として生きた常盤であった。

誰の名前にも、家族のつながりや願いが込められる。例えば、著者の「由紀子」は父の「ゆき」と母の「紀」が宛てられた。常盤も一〇人の子どもの名づけに頭を悩ませたことがきっとあるであろう。名前は時代により特徴があり、女性の実名が記録にないこともある。古来より公家が使用していた「子」は、尊称であるとともに可愛らしいものとして付けられていた。明治中期に一般にも普及し、私名として使われた。仮名表記であった名には、好きな充て字を使う例も多かった。例えば、八重は八重子、イワは岩子と表記したのである。二葉（長女）や操（三女）、捨松（五女）もまた明治期に発行された書物をみると二葉子、操子、捨松子と記されている。

明治時代、単純に生まれた順で付けられた名も多いなか（幼名や改名もあったが）、山川家の子女は実に多様な名であった。「常盤」という名前には、どのような願いが込められたのであろうか。

常盤の明治期以降の足跡を追った。「常盤」という言葉の意味に「変わらない」との共通の意味があるが、常盤は夫の転勤に従い、住む環境を転々としていた。変わらなかったのは、きっと記録が多く残る山川家の他の姉妹と同じように、どんな場所でも逆境に負けず、いかなる困難にも立ち向かい続ける生き方であったに違いない。

今後、常盤についての更なる調査を進めたいと思っている。

第四章　五女捨松の生き方

時代の責任を担う人

青い空をみると、とても清々しい気持ちになる。気持ちが沈んでいるときも、青い空を見上げると、空の青さに救われる。青は鎮静、理性的な色といわれ、好感度が高い色の一方で、嫌いな人はあまりいないといわれる。

司馬遼太郎の歴史小説『坂の上の雲』がある。幕末明治期を生き抜く若者たちを活写した。あとがきには「上って行く坂の上の青い天に、もし一朶の白い雲が輝いているとすれば、それのみを見つめて坂を上っていくであろう」、とある。坂の上の雲は、地表近くに見えるため、遙か彼方にあるはずなのにすぐに届きそうにみえる。坂の上の青い空に浮かぶ一朶の雲は「国家」、つまり、近くにありそうで、なかなか到達しない、「近代国家の形成」に奮闘する憂国の士を描いたのである。

主人公の陸軍大将秋山好古(よしふる)、海軍中将秋山真之(さねゆき)兄弟について、司馬氏は「かれらがいなければいないで、この時代の他の平均的時代人がその席をうずめていたにちがいない」と述べており、すなわち、明治の世はどのような人も「時代の責任を担う人」として登場せざるを得ない時代構造であったと捉えていたと分析される。

山川家の五人の姉妹のなかで、一番有名なのが捨松である。

捨松は、言わずと知れた岩倉使節団の五人の女子留学生のひとりである。同じ女子留学生で最年少であった津田梅子は、明治三三年（一九〇〇）に女子英学塾（現、津田塾大学）を創立したことで著名な女子教育者である。令和六年

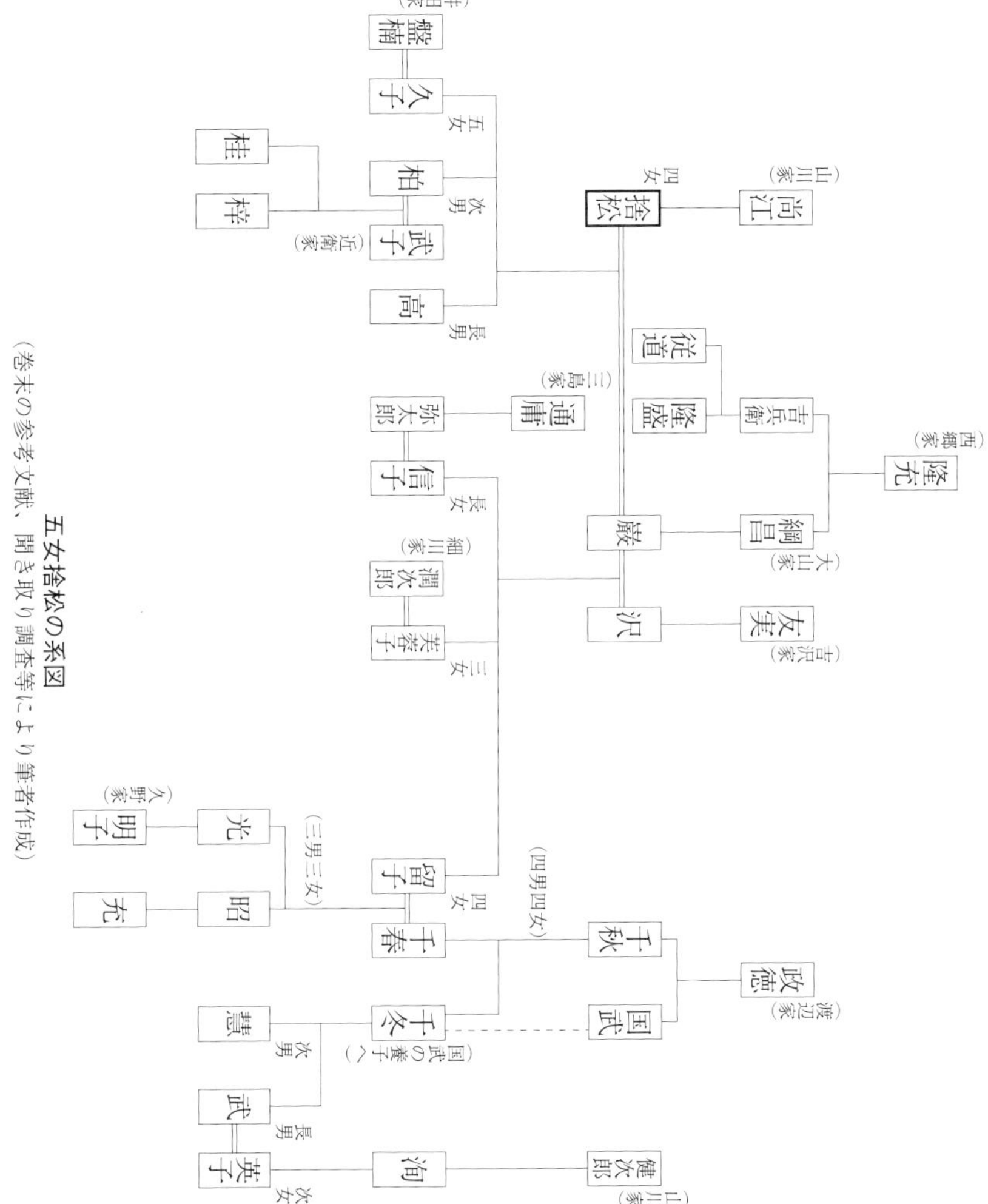

五女捨松の系図
（巻末の参考文献、聞き取り調査等により筆者作成）

写真33　現在の大山捨松生誕の地
（会津若松市、平成29年（2017）9月撮影）

写真34　捨松（鹿鳴館時代）
（『鹿鳴館の貴婦人』口絵より）

度（二〇二四）より発行される新紙幣・五千円札の肖像にも決まった。津田塾大学には津田梅子資料室が設置され、梅子に関する伝記や研究書は数多く出版されている。

一方、捨松の伝記は、曾孫にあたる久野明子（くのあきこ）氏（一九四〇年生、東京出身）により『鹿鳴館の貴婦人大山捨松―日本初の女子留学生』（中央公論社、一九八八年、本書では『鹿鳴館の貴婦人』と記す）が刊行されている。夫の大山巌と前妻沢との間に生まれた留子の孫にあたる。日米協会副会長・理事を務めていらっしゃる。現在、文庫版にもなり、捨松を知り得る傑作で在り続ける。久野氏の貴重な調査については後述する。

また、久野氏は、先行として昭和五六年（一九八一年）に『会津史談』五四号に「アメリカの資料にみる山川捨松」を発表しているが、同時期の論考に秋山ひさ氏による「明治初期女子留学生の生涯―山川捨松の場合―」（『神戸女学院大学論集』三一巻三号、一九八四年）がある。神戸女学院同窓会での講演をまとめたそうであるが、イェール大学スターリング図書館（「ベーコン家文書」）が所蔵する資料を英文読解している詳細な調査であった。

捨松に関する伝記や研究書は、多くもないが、少なくもない。会津の女性を紹介する列伝には必ず挙げられるし、女子教育をはじめ、欧化政策の鹿鳴館時代、慈善バザーや看護、日本赤十字などの社会福祉事業、多方面に影響を与えたため、人物名やその略歴は多くの書籍に登場する。本章では、捨松の生涯の概略と、特にこれまで余り注目されてこなかった明治期以降の兄弟、姉妹との関係に特に注目しながら叙述したい。

捨松は、自身の少女時代の一一年間をアメリカで過ごした。現代を生きる日本人にとっても稀な経験である。日本初の女子留学生となった捨松は、その社会的責任をどう果たしたのか、どのように「時代の責任を担った人」なのか、考えてみたい（写真33、34）。

少女時代の捨松

安政七年（一八六〇）に生まれた山川家の五女捨松（生没一八六〇～一九一九年）は、幼名咲（咲子）といった。会津戦争時は八歳であった。慶応四年（一八六八）八月二三日、城の櫓の鐘が鳴ると、山川家の女性たちは籠城を選ぶが、捨松もこれに従い籠城した。明治三八年（一九〇五）のアメリカの新聞に、籠城中は蔵から鉛の玉を運び出し、弾薬筒につめられたものを他の蔵へ運び込んだこと、首を怪我したことなどを寄稿している。

捨松の怪我については、第一章に前掲した「會津城の婦女子」に書かれている。

◎かの惣攻めの時なり　今日こそはと思ひ、一室内に、母唐衣、二人の幼女、雑賀女史、其妹、二葉女史など、膝を接し列を正して最期をまたれけり。二葉女史ひとり立ちて縁側に出でゆかれし時、漠然として大鳴動し、地下に激震ありしかと疑われたり。急ぎ立ちかへりて彼の室の障子を開けば、煙硝の気みちみちて、あたり朦朧たり。ドナタカお傷を負はれしやと聞くに答えなし。暫し立ちて、煙の静まるを見れば、雑賀女史と膝を接して隣に座したる妹君、天井より落入たる爆裂弾の破裂の為めに重傷を負ひ、破片飛んで捨松女等を傷つけたり。彼の妹君は、少こしく気が着くや否や「御三方」は如何がおはすと掛念せしのみ、暫くして絶命したり。

雑賀女史は、当分耳聾したり。（「會津城の婦女子（二）」）

この談話から、捨松は負傷で済んだが、雑賀浅の妹は天井から落ちた爆裂弾の破裂に当たって絶命したことが分かる。いつ死んでもおかしくない状況にあり、たくさんの死を目の当たりにした。

会津開城後は、斗南藩移住を経て、一時箱館の宣教師のもとで過ごした。箱館では、「誰の家に引き取られていたか、正確な記録は残されていない」という。明治二二年（一八八九）刊の『女学雑誌』（一六〇号）には、「斗南でも女子の教育をおろそかにしてはいけないと漢学を教えていたが、洋学を教授する者がいなかったので、浩が藩用のため函館に赴いたとき捨松を連れて行き、フランス人に託した」とある。『鹿鳴館の貴婦人』によると、箱館でギリシャ正教会の宣教師をしていた沢辺琢磨（一八三四～一九一三年）の家には、会津藩家老西郷頼母の長男吉十郎が預けられており、山川家もそのつてを頼った可能性がある（五七頁）、とある。沢辺は、土佐藩郷士であり、坂本龍馬の従兄の子にあたる。

捨松自身も「幼い頃、親元を離れて箱館のフランス人の家庭に預けられました」（五七頁）と語った文章があるようで、おそらく初めは沢辺家に預けられ、その後沢辺家の事情により知り合いのフランス人のところへ引き取られていった、と推測されている。一方、次男大山柏の想い出には「函館のアメリカ人宣教師に預けられた」（『金星の追憶』二七四頁）ともある。いずれにしても「函館の宣教師」のもとで過ごした時期があった。

明治四年（一八七一）、転機が訪れる。北海道開拓使から女子留学生の募集があり、一一歳の咲は「捨松」と改名され、岩倉使節団に伴っての渡米が決まった。山川家では、女子の海外留学の募集を知ったとき、「是れ妾（こめ）か、宿志を遂るの秋（とき）なり」（『女学雑誌』一六〇号）と大いに喜んだと伝わる。母は懐剣を渡して「二度と会えるとは思っていないが、捨てたつもりでお前の帰りを待っている。今日からお前を捨松と呼ぶ」といい（『歴史への招待』二九号、七三頁）、家名再興を学問にかけた。

全権大使は岩倉具視、副使に大久保利通、木戸孝允、伊藤博文、山口尚芳、政府の使節団四六名、随員一八名の他、留学生は男子五三名、女子は五名であった。実は、女子の募集は難航しており、再募集で集まった女子五名は、いずれも戊辰戦争で敗者となった側の子女たちであった。

旧幕臣の娘・吉益亮子（一八五七～一八八六年）は一四歳。亮子の父正雄は近代医学の祖といわれる吉益東洞の子孫と伝えられており、幕末に外国奉行に出仕していた。明治になると、外務省に務めていた。

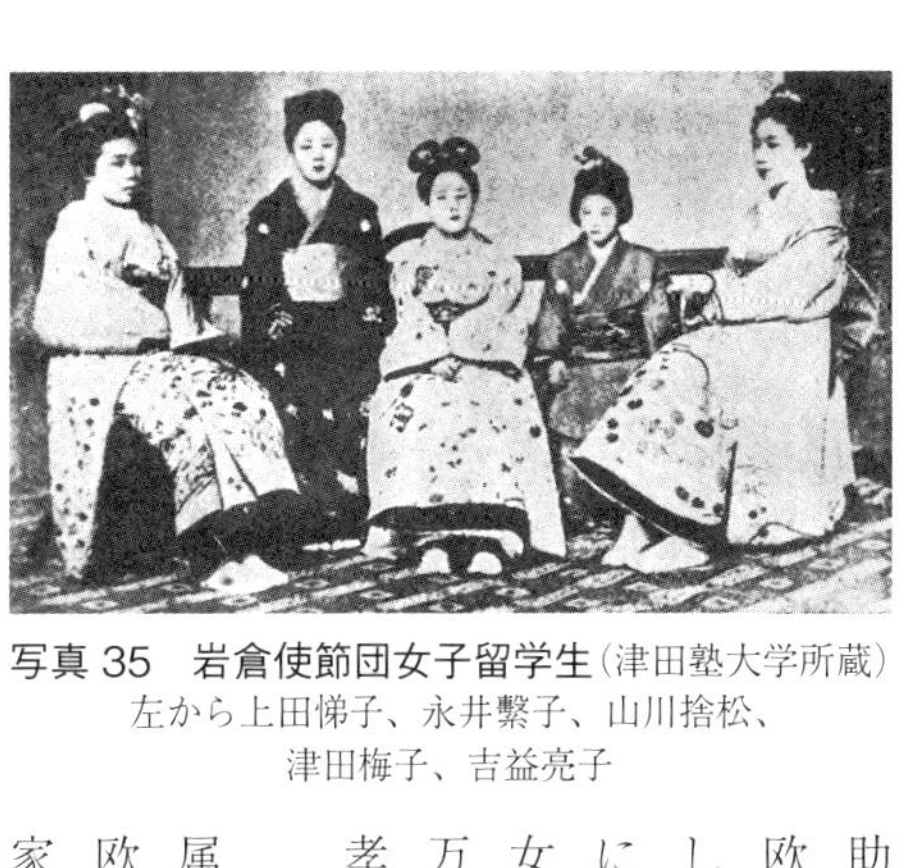

写真35　岩倉使節団女子留学生（津田塾大学所蔵）
左から上田悌子、永井繁子、山川捨松、津田梅子、吉益亮子

同じく旧幕臣の娘・上田悌子（一八五五？～一九三九年）は一六歳。やはり父友助（畯、東作とも）は幕末に外国奉行に出仕しており、慶応二年（一八六六）に渡欧した経験がある。この渡航は浩（長男）と同じ使節団なので、懇意だったかもしれない。悌子はすでに新潟で宣教師メアリー・キダー（一八三四～一九一〇年）に英語を師事しており、英語に多少の覚えがあった。キダーは、のちにフェリス女学院を創立した人物である。父もまた明治五年（一八七二）に上田女学校（築地万年橋）を創立した（ほどなく閉校）。また、評論家・詩人の上田敏は、悌子の姉孝子の息子、すなわち甥にあたる。

静岡県士族の娘・永井繁子（一八六二～一九二八年）は一〇歳。実父は佐渡奉行属役益田鷹之助（孝義）で、幕末に外国奉行に出仕し、文久三年（一八六三）に渡欧の経験があった。繁子が五歳の時、幕府の御典医永井玄栄の養女となり、徳川家が駿府に転封され、沼津で少女時代を送っていた。実兄の益田孝はのちに三井物産を設立した人物である。

さらに、最年少の津田梅子（一八六四～一九二九年）は六歳。旧幕臣の父仙は外国奉行の通訳で、慶応三年（一八六七）に渡米した経験があった。アメリカの軍事、産業、学術などに感銘を受け、西洋の科学的農業に興味を持ち、明治になり農園を開いて西洋野菜を栽培した。築地居留地に建てられた「築地ホテル」の支配人となったこともあった。その後、北海道開拓使嘱託、民部省勧農寮を歴任し、「学農社農学校」を創立している。梅子の女学校創立の助けにもなる。

留学の見送りでは「あんなアメリカ三界まで、こういう小さい女の子をやるのは、父親はともかくとして、母親の心は鬼でしょう」とささやかれたというが（『歴史への招待』二九号、七三頁）、いずれの子女も捨松同様に家族が渡航経験を持つ少女たちであった。少女たちは、出発前に昭憲皇太后に賜った「婦女子の模範たれ」のお言葉を胸に、女子留学生の先駆者となるべく、船に乗り込んだ（写真35）。

アメリカ留学生活

明治四年（一八七二）一二月二二日。横浜から出航した船は、二三日後にサンフランシスコに到着した。振り袖姿の少女たちは、アメリカの新聞に報道され、注目の的となった。サンフランシスコで洋服を調達する予定であったが、日本の文化として珍しがられたので、なかなか洋服を着られないほどであった。振り袖の着物は着付けに手間がかかり、歩きづらく、髪を結うのが大変であった。結局、岩倉具視が洋装を着たのに準じて、少女たちの洋服がようやく手配された。

当初、五人はワシントン市内の一軒家で共同生活をした。しかし、英語の学習成果が上がらなかったので、入国一〇か月後に病気により亮子と悌子が帰国となったのを機に、監督責任者の森有礼（一八四七～一八八九年、薩摩藩出身）は捨松、繁子、梅子をアメリカの家庭に託すことにした。帰国後、亮子は私塾を開校したが、コレラのため三〇歳で死去する。悌子は、医師桂川甫純と結婚、一男四女に恵まれた。

捨松は、次兄の健次郎（次男）がイェール大学の付属校に留学しており、近くに居留するのを条件とした。明治五年（一八七二）一〇月、捨松はアメリカ北東部、ニューヨークとボストンの間にあるニューヘイブン（コネチカット州）にある宣教師レオナルド・ベーコンのもとで勉学に励むこととなった。イェール大学の近くである。

ベーコンには一四人の子供がおり（前妻との九人、後妻との五人）、そのうち六人がベーコン家で生活していた。捨松が恵まれていたのは、捨松より二歳上の末娘アリス（一八五八～一九一八年、アリス・メイベル・ベーコン）の存在であった。年齢が近い二人は、文化を超えて友情を育んでいき、生涯の友となっていく。アリスは『日本の女性』（邦題『明治日本の女たち』）を著している。健次郎は、明治八年（一八七五）五月に帰国するまで、毎週捨松と会って、日本語を忘れないように指導していた。この環境が捨松の留学の寂しさを紛らわせた。

近くの公立中学校に通い、明治八年（一八七五）九月、男女共学の公立高校ヒルハウス・ハイスクールに進学した。日本では女性がやらないもの、木登り、かけっこ、水泳、自然科学、弁論術などが得意であった。アメリカの生活に溶け込んだ捨松は、明治九年（一八七六）頃、洗礼を受けている。

明治一一年（一八七八）九月、名門女子大学のヴァッサー大学（ニューヨーク州）に入学が決まり、大学の寄宿舎に入ることとなり、ベーコン家を後にする。ヴァッサー大学には、繁子も入学した。捨松は普通科（四年制）、繁子は芸術科の音楽（三年制）を専攻し、寄宿舎では隣同士で過ごした。私立女学校（アーチャー・インスティチュート）に通う梅子とは、万国博覧会を見学したり、キャンプをしたり、クリスマスを過ごしたり、たまに会う計らいがあった。また、在学中は日本語を忘れてしまわないようにと、日本からの留学生と会って、努めて日本語の復習の努力をしていたといわれる。大学での捨松は、乗馬・水泳が得意で、英語の他にドイツ語、フランス語、動物学の研究にも

写真36　ヴァッサー大学在学中の捨松（『鹿鳴館の貴婦人』口絵より）

熱心であった（『明治大臣の夫人』九〇頁）。

明治一五年（一八八二）六月一四日、ヴァッサー大学を卒業する。この前年、一〇年の留学期間の満了を迎え、帰国命令が出ていた。繁子はちょうど修了であったため帰国したが、捨松と梅子はあと一年で大学と女学校の修了の区切りであったため、留学期間を延長していた。

大学では、学級長となり、同級生の尊敬と信頼を受けていた（写真36）。卒業論文は「英国の対日外交政策」、イギリスは表面的には日本を文明国にしようとしているが、自国の貿易取引を有利にしていると分析し、卒業生三八名中、代表の一〇人に選ばれ、和服に身を包んで記念講演をした。このとき、ニューヨーク・タイムズより取材を受け、新聞社から入社の誘いがあったが、捨松は「私の知識は日本のものですから」と断ったという。講演の様子は同年七月二九日の『東京朝日新聞』に紹介され、拍手喝采の演説で「我が日本の一大面目といふべし」と書かれている。

大学卒業後は、帰国の日までベーコン家に再びホームスティしながら、ニューヘイブン病院付属のコネチカット看護婦養成学校にて看護学を学び、甲種看護婦の免許を取得する。この学校は、レオナルド・ベーコンの次男のフランシス・ベーコン（イェール大学医学部教授）、その妻ジョージアナ・ベーコンによって創立された。捨松は、女性が話しにくい問題でも相談できるような女医が日本には必要であると思っており、医師になりたかったようだが、友人の反対にあり断念した（『クララの明治日記』下巻　一三六頁）と伝わる。医療に関心があった捨松のこの時の看護の学びは、後に大きな糧となる。

アリスとの友情は帰国してからも終生続いた。後述するが、アリスは、明治二一年（一八八八）六月に華族女学校の英語教師として一年間来日し、明治三三年（一九〇〇）に女子英学塾の英語教師として二年間来日している。

ベーコン家には、捨松がアリスに送った四〇通もの手紙が残されていた。欠けている年月もあるが、アリスとの文通は四〇年間続いていた。これは、昭和五七年（一九八二）、前述した捨松の曾孫にあたる久野明子氏によるアメリカでの現地調査により明らかになった。ヴァッサー大学同窓会事務局とのやり取りから始まった調査は、歴史に埋もれていた捨松の人物像が徐々に明らかになっていく過程であり、身震いさえする。

久野氏は、レオナルド・ベーコンの曾孫にあたるジル・ブライアン夫人の案内で実際にベーコン家を訪れている。ジルの父アルフレッド・ベーコン（当時八七歳）がアリスの甥で、アリス叔母のことをよく覚えていた。

調査当時のベーコン家には、アリスが日本から持ち帰った桐の箪笥が置かれ、手紙と一緒に捨松がアリスに送った有田焼のコーヒーセット、オーガンジーのテーブル掛け、アリスが愛用していた着物などが大切に保存されていた。手紙には、希望に満ちて日本に帰った捨松が直面した悪習、因習に満ちた日本の社会に対する激しい憤りや不満をアリスにぶつけたもの、子孫の久野氏でさえ初めて知った捨松の秘められた恋の物語、明治政府の高官だった大山巌の妻でなくては知り得なかった歴史的にも興味深い出来事がさりげなく書かれていたという。これらの詳細は『鹿鳴館の貴婦人』にまとめられている。手紙の発見は、後世の捨松研究に大きな影響を与えた。

また、捨松は卒業後にヴァッサー大学のキャンパスを訪れることは出来なかったが、大正一四年（一九二五）一月に次男柏が訪れている。捨松の同級生である舎監が案内してくれたそうで、大学は「大山公爵夫人記念室」という一室を設け、記録を保存していた。柏もまた、帰国後に記念室へ美しい屛風を送っている（『津田英学塾四十年史』四二一頁）。

帰国、そして「失意の日々」

明治一五年（一八八二）一一月二一日、捨松は梅子とともに帰国、十二単衣で宮中にあがり、帰国報告をした。（写真37）。捨松の帰国時の出迎えについては、第三章の操（三女）に関連して記したが、「ちょっとしたアクシデント」（『鹿鳴館の貴婦人』一五〇頁）もあった。牛込の山川家では、母をはじめ、次兄健次郎、四姉常盤、その子ども、書生たちが出迎えたが、そのなかで常盤の息子の重晴が捨松を見るなり、突然泣き出した。

驚いた捨松が駆け寄ってなだめようとすると、ますます火が付いたように泣き出す。見たこともない不思議な着物を着て、おかしな髪型をした「おばちゃま」が現れたので、おびえてしまったという。その後もしばらくは、捨松が洋服を着ていると重晴は怖がって逃げてしまい、着物を着るようになって、ようやく懐くようになった。

帰国した捨松と梅子を待っていたのは、想像と異なる境遇であった。男子留学生は帰国すると何かしらの役職があったが、女子の留学の経験を生かせる職場がなかったのである。

繁子は留学中の生活について、「辛かったとき、ここで挫けては皇后様にも父母にも申し訳ないと歯を食いしばってがんばりました」と回想したそうだが、女子留学生たちは、ホームシックにかかりながらも辛いことに耐え抜き、日本語を忘れてしまうくらいアメリカでの生活に順応し、日々を過ごしてきた。帰国後の境遇に捨松は失望し、アリスへの手紙に文部省への愚痴を書いている。

同年一二月一一日に出された手紙をみると、アリスへ借金の申し込みをしていた。仕事を始めるための資金を、書生を多く抱える親兄弟に頼むわけにもいかなかったようで、「お金の都合がつき次第、この家を出ようと思います。東京女子師範で教えている上の姉と一緒に、ここよりもう少し便利な場所に家を借りて、上流階級の人達を相手に英語の個人教授を始めようかと考えています。……」（『鹿鳴館の貴婦人』一五五頁）とあり、一〇〇ドルの借金をお願いしている。姉の二葉（長女）を巻き込んでの仕事探しであったが二葉への相談や許しはあったのかは、分からない。手紙の最後に「まだ兄とは相談していないので実現できるかどうかわからない」とあるが、結局、この計画はやはり健次郎の反対により、実現しなかった。

一方、実家の山川家は山川家で、一一年間のアメリカ長期留学を終えた捨松を相当に気遣った。満足に畳に座れない捨松のために西洋家具を買い整え、日本の気候になれない捨松が風邪でもひいたら一大事とばかり、四六時中火鉢には真っ赤に火をおこし、食事の献立にも気を配り、まるでお客様扱いであった。「これではすっかり甘やかされてしまいそうです。」と、帰国一〇日後に書いたアリスへの手紙が残っている。

また、山川家では、会津時代に乳母であった「キン」を呼び、再び捨松へ奉公させた。この事実は、戊辰一五〇年記念誌『薫蕕を選びて』（二〇一八年、四九～五一頁）に掲載されており、貴重な証言であったので、本書でも紹介したい。

記念誌に寄稿したのは、岩沢孝氏（神指地区区長会会長）で、孝氏の妻由美子氏の六代前の先祖が「キン」であった。キンは二〇歳の時より会津藩家老の山川家に仕えており、籠城戦となり奉公を解かれた。その後、四二歳となったキンが、「捨松のため山川家に呼ばれ、長兄山川浩が没するまでの約一六年間にわたり山川家に古参の仕様人として奉公した」（『薫蕕を選びて』五〇頁）とあった。キンが奉公を再び辞するときは、身に余る相当数の品物を頂戴して帰郷したという。

写真37　明治15年、宮中への帰国報告（『鹿鳴館の貴婦人』口絵より）

キンの曾孫にあたる岩沢猛（一八九六年生）は、大正九年（一九二〇）九月に東京帝国大学法学部を卒業しており、「総長山川健次郎」と書かれた卒業証書を大切に保存していた。猛が、山川家の書生であったかの記録はないが、子供の命名を健次郎にお願いしたと岩沢家には伝わっている。

孝氏は、キンにとって山川家へ奉公したことは自慢で、名誉なことであったと聞いており、猛の妹は山川家を「山川様」と呼んでいたのをよく覚えているそうである。「山川家の兄妹に共通する性格は、誠実、潔白、厳格、熱血な人たちであったそうで、一瞬にして人間の表裏を見抜き厳しく糾弾する反面、心優しく本心から対応する人々であった」（『薫蕕を選びて』五一頁）と孝氏は寄稿する。

アリスに明治政府への不満を手紙でぶつける一方、少女時代からよく知っている乳母キンとの再会は、心が安らぎ、安心となったに違いない。ちなみに、明治期以降、健次郎の山川家にも「キン」（金子キン）という女中がいた。健次郎の孫の嫁ぎ先まで連れていき、あれこれと働いた逸話が残る（『羇旅』四四頁）。余談であった。

捨松が帰国した一か月後、同年一二月、一年早く帰国していた永井繁子と海軍中尉瓜生外吉の結婚式が催された。外吉はアナポリス海軍兵学校に留学中、繁子のヴァッサー大学の卒業式にも列席しており、捨松も面識があった。大学で音楽を専攻した繁子は、文部省直轄の音楽取調掛のピアノ教師に採用されており、貴重な存在として重宝されていた。梅子は、自分の「責務」を果たすためにはどうしたらいいか悩んでいた時であったので、繁子の結婚は衝撃であったことを手紙に残している。捨松も自分たちの存在意義について、整理がつかないなか、繁子の結婚式は挙行された。披露宴の余興では「ベニスの商人」が催され、捨松はポーシャ姫を演じた。この結婚式に、陸軍卿の大山巌が列席していた。

薩摩隼人・大山巌

大山巌とはどのような人物か。天保一三年（一八四二）、薩摩藩の城下・加治屋町（かじや）の下級藩士大山綱昌（西郷隆盛の父吉兵衛の弟）の次男として生まれた。幼名は弥助といい、砲術専門の家柄であった。隆盛は一五歳上の従兄にあたる。

藩政時代の薩摩藩は、数十戸単位で一団をつくり、助け合い、鍛え合う「郷中教育（ごじゅう）」を実践しており、人材教育に熱心であった。巌もこの教育を受けて幼少期を過ごした。竹槍で戦い、石を投げ合う「いっさごっこ」では竹槍を受け損ない、左目を負傷し、終生視力が弱かったと伝わる。

幕末、尊皇過激派の有馬新七が中心となった薩摩藩の藩内抗争・寺田屋事件（文久二年（一八六二））で巌は謹慎処分を受けたが、翌年に起きた薩英戦争でイギリスの新式大砲の威力を痛感し、江戸の江川太郎左衛門塾で兵学を学んだ。改良した大砲（長四斤山砲）は弥助砲（やすけほう）と呼ばれ、戊辰戦争にて実戦で活躍した。会津戦争では、巌は砲隊長として会津若松城下に迫るが、城総攻撃前、右股貫通の重傷を負い、一線から退いた。この時、八歳の捨松が籠城していたのはすでに述べた。

捨松は前掲したアメリカの新聞に「不思議なことに私の未来の夫となる人が敵軍の中にいて、この夜間の襲撃の際、負傷したのです。私が注意深く積み上げていた敵軍の人と将来結婚するようなことになるとは、夢にも思いませんでした。」と寄稿している。

明治二年（一八六九）に普仏戦争を視察、翌年より三年間、陸軍大佐としてスイスのジュネーブに留学した。留学より帰国すると、征韓論を主張した西郷隆盛を説得している。明治七年（一八七四）一二月に陸軍少将に昇進、明治九年（一八七六）には、旧薩摩藩士吉井友実の娘・沢（当時一六歳）と結婚した。西南戦争では、政府の征討軍として隆盛らを攻撃する立場となり、苦渋を味わった。

明治一三年（一八八〇）には、陸軍卿（明治一八年から陸軍大臣と改称、巌は明治二四年からは陸軍大将ともなる）に就任し、明治二九年（一八九六）まで務めた。日清戦争の出征を除くと、一四年間、陸軍のトップに君臨していた。日清戦争では陸軍大将・第二軍司令官、日露戦争では元帥陸軍大将・満州軍総司令官を務めている。

巌について、明治一三年（一八八〇）一月に「でっぷりして陽気な紳士でよく笑い、面白い話を沢山知っていた。彼はフランス語を流暢に話し、ヨーロッパには三度、アメリカにも一度行ったことがある」（『クララの明治日記』下巻二〇二頁）との評がある。

巌は、沢との間に四人の女の子に恵まれたが（次女は早世）、明治一五年（一八八二）八月二四日、産後の肥立ちが悪く、沢は亡くなってしまう。そのとき、失意の巌の前に現れたのが、ポーシャ姫に扮した捨松であった。

明治一六年（一八八三）二月、山川家に西郷従道（一八四三〜一九〇二年。薩摩藩士、西郷隆盛の弟。巌の従弟）を通して、巌と捨松の縁談申し込みがあった。当時陸軍大佐、陸軍省人事局長であった兄浩は固辞した。その理由について「会津の宿敵ともいえる薩摩の軍人からの申し出をどうして承諾出来ようか。薩摩の裏切り、長州の背信によって朝敵の汚名を着せられた上に、あの「地獄への道」とまでいわれた斗南での歳月を思うと、十年や二十年でその怨みが消えるはずがない」（『鹿鳴館の貴婦人』一九二頁）と伝えられることが多いが、「同じ陸軍軍内の籍を置く以上は、特に自分より上の人へ妹を遣るはいさぎよくない」（『明治大臣の夫人』九三頁）という想いもあったようである。従道は徹夜で説得にあたった。会津は賊軍だというと、薩摩も西南戦争で賊軍となったと返され、押し問答が続き、ついに断れなくなり、返事は捨松の気持ち次第ということとなった。

捨松もまた当分結婚しないと考えていた。周りも「柴四朗などは捨松を欧米に連れて行き演説させ、日本の文明を見せつけて、条約改正の急務であると唱えさせよう」（『明治大臣の夫人』九三頁、柴四朗は柴五郎の兄、筆名東海散士）などの逸話があるように、帰国した捨松の進路に注目が集まるなか、当時では珍しかった巌とのデートを重ねたことで、結婚を承諾したといわれる。一八歳の年の差があった。薩摩弁がきつかった巌と日本語が困難な捨松の会話は、フランス語でなされたといわれる。

同年一一月八日、巌と捨松の結婚式が挙行された。招待状はフランス語で出され、開館直前の鹿鳴館で行われた。

ふたりの結婚式は、「東京で開かれた一番素晴らしい夜会」と称された。

捨松は結婚と同時に、三人の娘の母となった。前妻との長女信子（六歳）、三女芙蓉子（四歳）、四女留子（二歳）の子育てに加え、薩摩人の接待、日本の習慣など、慣れないことに苦労することが多くあった。そのようななか、明治一七年（一八八四）二月、海外派兵を視野に入れた鎮台から師団への編成を学ぶため、巌は欧州へ一年間の留学に出掛けてしまう。

巌は留守となったが、この時期の捨松は家事と並行して、「華族女学校」の設立準備委員を勤めている。当時は、皇族や華族の子弟のための教育機関として学習院があり、男子部と女子部に分かれていたが、女子の在籍者が少ないため、宮内省管轄の「女学校」を創立することになったのである。

準備委員として下田歌子（一八五四〜一九三六年、岩村藩出身）と一緒に、学則や授業内容を検討し、開校まで知恵を絞った。歌子は、明治五年（一八七二）から七年間宮内省御用掛をしていた。旧名平尾鉐（せき）というが、和歌の名手であったため、皇后から「歌子」と名前を賜った。明治一二年（一八七九）に下田猛雄と結婚となり退官するが、病床の夫を支えながら、明治一五年（一八八二）に「桃夭女塾」を開塾する。夫とは明治一七年（一八八四）死別した。その後、桃夭女塾を源泉とし、明治三二年（一八九九）に実践女学校、女子工芸学校（現、実践女子学園）を創立している。

忙しかった捨松であったが、歌子との女学校設立の準備はかなり充実した日々であったようで、アリスへも女子教育改革の期待を膨らませる手紙を書いている。

明治一八年（一八八五）一〇月に「華族女学校」は開校した。校長は谷干城、歌子は幹事兼教授であったが、歌子が校長事務を代行した。津田梅子も教授補として名を連ねた。しかし、陸軍卿夫人という公的な立場の捨松が教壇に立つことはなかった。明治二一年（一八八八）六月には華族女学校の英語教員として、アリス・ベーコンが招聘されている。捨松と梅子が家を探し、アリスと梅子がハウスメートとなった。姉妹のように育ったアリスの来日、それも女子教育の実現であり、きっと捨松の気持ちは高揚していたであろう。

鹿鳴館の貴婦人の社会福祉事業

鹿鳴館は、明治一六年（一八八三）一一月二八日に開館した。場所は、旧薩摩藩上屋敷の敷地に建設された。現在の日比谷・帝国ホテルの辺りである。鹿鳴館開館と同時に、欧化政策を推進する鹿鳴館時代が始まった。開館日には、外務卿井上馨・武子夫妻が主催の舞踊会が催され、陸奥宗光・亮子夫妻、伊藤博文・梅子夫妻、新婚の巌と捨松も出席した。

鹿鳴館では、捨松をはじめ、武子らが上流階級の夫人の地位向上につながるように、社交ダンスや西洋式の礼儀作法を教えた（写真38）。

明治一七年（一八八四）一一月一日、捨松は女子を産んだ。巌にとって五女となり、久子と名付けられた。続けて、明治一九年（一八八六）二月一六日に長男高、明治二〇年（一八八七）暮、六女永子（早世）、明治二二年（一八八九）六月二日に次男柏に恵まれた。鹿鳴館の舞踊会は明治二三年（一八九〇）頃まで続いたが、社交ダンスのステップを踏んでいた捨松は妊娠中のことが多く、乳飲み子を育てながら、鹿鳴館に通った。

姉の二葉（長女）が舎監を勤める高等師範学校女子部（東京女子師範学校）でも明治一九年（一八八六）一〇月に生徒が洋服を着用することが認められ、学校では舞踏が稽古されるようになった。教諭の中川謙二郎による「恰度（ちょうど）私の室の隣りの室が、舞踏を稽古する教場になって居たので、騒々しくて困った。私はダンスが嫌いでしたから、もう少し静かにしてくれぬかといふと、静にしては稽古は出来ませんと言って居った。」（『教育五十年史』七六頁）という逸話が残る。

二葉が「ハイカラ」を認めない武士気質の姿勢は第一章で示したが、まだ若い女子生徒の教育方針、生活までにも影響を与えた鹿鳴館時代であった。明治一九年（一八八六）から明治二五年（一八九二）までの女高師の卒業写真もまた、洋装で撮られている。ちなみに、明治二六年（一八九三）からは和装に復した。

捨松は「社会福祉事業」の先駆者でもある。近代以前のいわゆる「慈善事業」には、産子養育手当や老人扶持、五人組制度などの扶助組織がある藩もあった。例えば、会津藩では初代藩主保科正之の時世から日本初となる老齢年金制度を創設していたが、他の諸藩に浸透する由はなかった。

明治政府は、明治七年（一八七四）一二月に、貧民救済制度として「恤救規則」（太政官達一六二号、全五条）を制定した。近代国家の公的救済の法律はこの「恤救規則」が唯一で、昭和四年（一九二九）に廃止されるまで効力があった。「恤救規則」の前文をみると「済貧恤窮ハ、人民相互ノ情誼ニ因テ、其方法ヲ設ヘ筈ニ候得共」とある。貧困者の救済は「人民相互の情誼」、すなわち家族親族・地域の住民同士の人情交流によって行うべきものであるとされ、それが適わない場合（労働能力を欠き且つ無告の窮民であること）に国家が救済を行うことを規定したものであった。「公的救済は怠け者をつくる」という根強い惰民観によるものであり、「恤救規則」は六〇年間継続した。

写真38　洋装の捨松
（『鹿鳴館の貴婦人』口絵より）

このような法律下、明治一七年（一八八四）に捨松が中心となって、鹿鳴館にて「慈善バザー」が開催された。これは、捨松がベーコン家にホームステイしていたときの「ヒルハウス・ソサエティ」での活動が基になっている。

「ヒルハウス・ソサエティ」とは、ニューヘイブンの名士ジェイムズ・ヒルハウスの名前をとった町の知識階級に属する人々の集まりで、この中に「アワー・ソサエティ」（私達の会）という女性だけの集まりがあった。一八三二年に当時の市長スキナー夫人によって設立され、「貧困にある女性と子どもたちに救いの手を差し伸べること」を目的としていた。会員は「ヒルハウス・ソサエティ」の家族とその紹介者に限られており、捨松はアリスの紹介として参加した。赤ん坊のオムツや子ども服を縫ったりするなかで、ボランティア精神、どんな小さな事であっても社会に貢献することを学んだ捨松であった。

『鹿鳴館の貴婦人』には、明治一七年（一八八四）四月二〇日の日付で、捨松からアリスへの手紙が掲載されている。「日本では慈善バザーは今までの一度も開かれたことがなく、今回が初めての試みです。残念ながら日本人は慈善事業について全く何も知りませんでしたが、皆さん私のアイディアにとても賛成して下さり、今でも東京中がこの話題でもちきりです。」とある。鹿鳴館での「慈善バザー」は、日本で行われたボランティア活動の第一号となった。

同年六月一二日・一三日・一四日の三日間開催された「慈善バザー」は一万二千人の集客があり、収益金八〇〇〇円であった。売上金は、全額が有志共立東京病院に寄付され、次節の「婦人慈善会第一次報告書」にあるように、明治一八年（一八八五）、「有志共立東京病院看護婦教育所」が日本最初の看護師教育機関として設立された。

鹿鳴館に集う女性たち

捨松たちの鹿鳴館での活動は、当時の女性雑誌『女学新誌』第二号（『女学雑誌』の前身、明治一七年七月一〇日刊）に詳細に報告されている。

「婦人慈善会」という組織名で示され、「慈善バザー」の成功は各新聞史上に掲載されたと賛美され、早々に第二回を企画し、訓盲院・養育院等へ寄付する計画であると記してあった。また、婦人慈善会の会員（賛成者）はこれまで三〇〇名ほどであったが、「慈善バザー」の成功により、四〇〇名に増えたともある。

『女学新誌』第四号（明治一七年八月一〇日刊）には、「婦人慈善会第一次報告書」が付記されている。以下に抜粋する。

> 婦人慈善会第一次報告書
>
> 本会ハ当初大山、伊藤、井上の三令嬢婦人及山川、北嶋、津田の三令嬢の発起に出て、有志共立東京病院の婦嬰患者療約の資を寄贈せんとするを以て目的とせり。
>
> 登時発起人趣意書を刷行して之を各懇知に頒(わか)つ其路に曰く、嘗て府立の後を受けて成立する有志共立東京病院恤救慈善の意旨を以て、永遠維持の法を籌畫(ちゅうかく)するを聞き、貴紳の令室令嬢相伝へて、大に此美学を称し、資を捐て、、其事を賛助せんとせらると雖も、凡社会の上流にあるもの家自ら余財あり。金を擲(なげう)て捐揄(えんゆ)するあるも是れ洵に大河に涙滴を一掬(いっきく)するに過きす故に宜く捐資の一事に止ます旃(せん)に加ふる事平素慣熟する。裁縫繍箔の労を以てし目出品場を公開して自ら之を鼓舞する事足らん。而して事、苟も公衆の恤救に係る一巳の私事を以て視るへきに非ず。宜く汎く懇知の家に就て賛成を求むべし…（中略）…
>
> （『女学新誌』第四号、傍点筆者、籌畫＝はかりごと、捐揄＝寄付）

発起人として捨松の他に、伊藤博文夫人の梅子、井上馨の夫人武子と、姉の山川操（三女）、女官北島以登子、津田梅子の名前が挙がっている。捨松や梅子がアメリカで得た知識、そして操をはじめ、以登子、武子も海外生活を経験しているので、彼女らの経験と知識も大いに役立てられたことが推察できる。これまでの認識では、姉の操は「バザーを手伝った」程度で書かれることが多かったが、きちんと「発起人」として名前が挙げられていることを特筆したい。「婦人慈善会第一次報告書」は、『女学新誌』の第四号、第五号、第七号〜第一四号（月二回発行）に詳しく公表されている。これらをみると、婦人慈善会の規約は第一三項あった。役員について、総長は「三品威仁親王御息所」

（有栖川宮威仁親王、一八六二～一九一三年）、会頭は大山令夫人、副会頭伊藤令夫人、井上令夫人、森令夫人、書記に山川令嬢、北嶋令嬢、津田令嬢とあり、委員は一二名、名誉委員は一一名であった。

余談であるが、副会頭の「森令夫人」とは森有礼の妻のことであるが、前妻「常」のことと思われる。森は、初代文部大臣であり、岩倉使節団女子留学生の世話にも尽力した人物であった。

広瀬常は、明治八年（一八七五）に森有礼と結婚するが、その結婚は日本で最初の夫婦対等を示した「契約結婚」であった。その後、外交官となった有礼と共にイギリスでの生活を四年半経験し、明治一七年（一八八四）三月に帰国した。帰国直後の常もまた「森令夫人」として婦人慈善会の活動に携わっていたことが分かる。捨松たちと同じく海外生活経験者の常もまた、開明的な思想の持ち主であったろうと思われる。

その通りに、明治八年（一八七五）にお雇い外国人として来日したウィリアム・コグスウェル・ホイットニー（教育者）の娘のクララ・ホイットニー（一八六〇～一九三六年）と、常は盛んな交流があり、その日記（『クララの明治日記』）に何度も登場する。クララの父より世界史を習ったり、クララよりピアノやゼリーの作り方を習ったりしている（上巻）。また、渡航前、イギリス公使館での生活を酷く心配しており、女王との会見で胸の大きく開いたドレスを着たくないと西洋夫人たちに相談をする姿もみられる（下巻一六五頁）。その後、帰国した年の一二月に常が産んだ長女安は青い目であったという噂があるように、常は「素行上の理由」で明治一九年（一八八六）一一月に有礼と離婚した。森はすぐに後妻となる寛子と再婚している。

ちなみに、一四歳で来日したクララは、明治一九年（一八八六）、勝海舟の息子梅太郎と結婚している。六子に恵まれ、明治女学校（木村熊二が創立、明治四二年閉校）で教鞭を執るが、明治三三年（一九〇〇）に離婚、帰国する。クララが一二歳から二六歳まで書いた日記一八冊は、アメリカ議会図書館（ワシントン）に所蔵されているが、和訳され『クララの明治日記』（講談社、一九七六年）、『勝海舟の嫁クララの明治日記』（中央公論社、一九九六年）として刊行、福田須美子氏や佐野真由子氏による研究書もあり、当時のクララの交友関係、貴婦人たちとの交流が分かるとても面白い日記である。

明治一〇年代初期の『クララの明治日記』下巻を読むと、勝家や大鳥家（特に大鳥圭介の娘ゆき）と同時に大山家とも付き合いが深かったようで、大山巌の前妻である沢の話題が多く書かれていた。例えば、明治一一年（一八七八）一一月よりクララとその母は「強い薩摩なまり」の沢に英語を教授していた。沢は良い発音で字も上手であり、「大山夫人（＝沢）の進歩はすばらしい。単語を覚えるのが早いので驚く」（一五七頁）とあった。知識を吸収するのにも貪欲で「ノアの箱舟」の説明をすると頭がよくて理解しようと一生懸命であったともあった。クララと沢は一緒に縫物をし、横浜に手芸の材料に一緒に買いに行くほどに仲が良くなる。明治一二年（一八七九）八月三〇日の日記には大山家で沢と二人の子女に会ったこと（一五四頁）、同年一一月に次女を亡くした沢について（一六九頁）なども記されており、沢について知る文献は少なかったので、著者には捨松が育てた継子の実母の話題は興味深かった。

明治一三年（一八八〇）、クララは一時帰国する。津田梅子の父仙とホイットニー家は親交が深かったため、日本へ帰国直前の梅子とクララはアメリカで交流している。明治一五年（一八八二）一一月にクララは再来日するが、沢はもう亡くなっていた。明治一六年（一八八三）十二月七日の日記は、巌の後妻となった捨松との交流の話題であった。

クララは、信子の家庭教師をしていたそうで、永田町の大山邸を訪問すると、結婚間もない捨松は彼女を自室に招き入れ、二人で二・三時間も禁酒主義や日本文学といったおしゃべりを楽しんだ。聡明な捨松と交わることは、日本の女性によい影響を与えるだろうとの期待をクララは書いている。同日の午後には、勝家の屋敷内にあるホイットニー家に、何人もの高官夫人、お雇い外国人夫人が訪れ、お茶とケーキとオレンジゼリーを頂きながら、おしゃべりや手芸の針仕事をして過ごしていた（二三六頁）。のちに、鹿鳴館に集う女性たちは、こうして親交を深めながら、女性や世のために何か役立ちたいという想いを募らせていったことが想像される。

慈善活動の拡がり

さて、婦人慈善会の第一次報告書をみると、出品者、物品、当日のスケジュール、担当の持ち場（日割り）などが入念に計画されて開催されたことが分かる。報告書によると、陳列場は一五番テーブルまであり、各テーブルには五～九人ずつの貴婦人たちが売り子として立った。陳列されたのは、西洋飾り枕、羽二重造花、涎掛、縮緬細工、文庫、クッション、煙草入れ、人形、花瓶敷、羽子板、子供衣服、浴衣、蝙蝠傘、陶器、団扇、扇子、ショール、帽子、風呂敷、提灯などなど様々であった。

会場には来客のための茶亭もあった。値段は日本茶と菓子一品で一〇銭、「菓子等は成るべく貴婦人の手に成るもの」との決まりもあった。他にも「アイスクリーム、レモネード、曹達（ソーダ）水、氷水」も出され、貴婦人自ら給仕した。

宮内省、海軍省、陸軍省による日替わりでの奏楽、花舎を設けブーケの販売をしたことも記されているので、華やかな会場であったことが伺える。また、バザーを運営するには、事務全般、会計の管理、貴婦人の所用を叶える係、来場者を三〇分毎に入場させる係、不審者に備えての警備、急患の看護などの役割があったが、これらは政府高官や海軍軍医などの「男子世話役」が担当を割り振られ働いた。名簿をみると、現代でも名の知れた高官や各夫人の夫たちがその任にあったようで、微笑ましい情景が想像できる。

次いで、『女学新誌』には、好評であった「婦人慈善会」の活動は、すぐに第二回が「レディース、フェーア」として、翌年一月に計画されたと書かれている。が、計画は延び、明治一八年（一八八五）四月に企画され、これも麻疹の流行により延期された。結局、第二回目は、明治一八年（一八八五）一一月一九日、二〇日、二一日の三日間開催された。出品場の受け持ち委員の割り振りは第一～一〇番グループに分けられ、第八番グループに捨松の名前がみつけられた。翌年二月に出産しているので、妊娠後期の時期に参加したことが分かる。

鹿鳴館での「慈善バザー」は、明治一〇年代後半の女性の活動に大きな影響を与えた。「横濱婦人義捐会」（『女学新誌』二〇号、明治一七年一二月）の記事をみると、共立女学校（現、横濱共立学園）・フェリス女学院（現、フェリス女学院）の生徒や教会信徒たちの出品で慈善バザーが行われた報告がある。

他に、「静岡のバザー」（『女学新誌』一三号、明治一七年一二月）という記事には、「鹿鳴館の慈善バザーに刺激され」とはっきり記してあり、静岡県の官吏、富商の婦人がバザーを企画し売上金を産婆学校へ寄付したという報告があった。さらに、「神戸婦人慈善会」（『女学雑誌』八号、明治一八年一一月）が設立され活動を始めたなどという報告もあった。

ちなみに、『女学新誌』一三号（明治一七年一二月）には、「会津婦人会献芹会」の旨意書が掲載されていた。「旧会津藩の服部いそ子、堀はま子等の発起にて旧会津公の鴻恩に酬い奉る為め、献芹会と云ふを組織せんとせに大山陸軍卿の御台所、日下一等駅逓官の令室にも之を賛成せられ」と、捨松の賛成を得たとある。

「近ごろ婦人慈善会とやらを催し貧しき民にこがねをとらせし婦人ありとかや、我等見も知らぬ人に物とらす力およばぬ手弱女なれど、大殿にたちし煙の薄きを見つつあるべきにもあらねば、いまや芹を奉りし、古の人しわざを学びよなよな麻をうみ、縄を綯ひ、市にひさぎて宝らかへ二百年あまり大恩をかふむりし　君に奉りて御心をなんいささかなぐさめまいらせ奉らんと思ひ定にけり同じ志の人にはつどひかたらせたまはらんことところ希ふなん」とあり、旧会津藩出身の女性が、会津松平家へ寄付をしようと同志を募っていた事実を知ることとなった。「大山巌夫人」となった捨松の慈善活動は、様々な活動に拡がっていた。

鹿鳴館への批判

しかしながら、その後、「婦人慈善会」の活動は批判されるようになる。

すなわち、『女学雑誌』六二号（明治二〇年四月）の記事によると、「婦人慈善会」の会議には会員三五〇名の内、六七名の出席しか得られなかったようで、加えて、渋沢栄一の後妻となった兼子が中心となって慈善会が運営されているが、近ごろの慈善バザーは貴婦人が売り子とならず、俳優・芸妓・落語家を雇って売り子にしているとあった。

貴婦人たちは「鹿鳴館での茶番狂言に余念が無く、民間の有志も亦た慈悲心を発するの場所なしと云はば、日本の天下殆ど転倒したるものと云ふべし」と非難された。「慈善バザー」が始まった頃、欧米の新聞に日本女性の地位の進歩は驚くべきと報道されていただけに、「実に我国女学の進歩上、茲（ここ）に拭（ぬぐ）ふ可らざるの塵（ちり）を蒙（こうむ）らせたるを慨歎（がいたん）するもの也」（慨歎＝歎く）との酷評であった。

「婦人慈善会」はこの記事に驚き、同年五月三日に会議を再び開き、前回の決議を全部撤回、同年五月二〇日より三日間の「慈善バザー」を開催することにした。同時期である五月九日には東京慈恵医院の開院式が行われ、病院の幹事には捨松をはじめ、「鹿鳴館の華」たちが名を連ねたが、良くも悪くも貴婦人たちは、世間の注目にあった。

ところで、記事中に「茶番狂言」とある。この時期、舞踏会が流行っており、「婦人慈善会」の会議前日となる明治二〇年（一八八七）四月二〇日にも、伊藤博文邸でファンシーボール（仮装舞踏会）が開催されていた。伊藤邸の来会者は三〇〇〜四〇〇名に及んだ。伊藤博文はヴェネチア貴族、梅子はその夫人、戸田氏共（うじたか）（一八五四〜一九三六年）は太田道灌、夫人極子（一八五八〜一九三六年）は道灌に山吹をささげる女、山尾庸三（一八三七〜一九一七年）は虚無僧、その令嬢は白拍子などの仮装をした。

多くの政治家や文化人が参加したことが分かる。太田道灌に仮装した戸田は、一一代美濃国大垣藩主であり、正妻の極子は岩倉具視の三女であった。この仮装舞踏会では伊藤と極子の艶聞が噂されたことも問題となった。この直後、夫とオーストリアに三年間滞在となる。また、文久三年（一八六三）に長州藩から密航した「長州ファイブ」のひとりの山尾庸三の名もみえる。工部省の設立に尽力し、工部卿に就任、聾唖者のために手話を根付かせたことでも知られる人物である。

ファンシーボールには、巌・捨松夫妻も参加しており、捨松は大原女、夫の巌は薩摩武士（浅野内匠頭とも）に仮装した。これらの様子は『鹿鳴館貴婦人考』（近藤富枝、講談社）に詳しい。

このように夜な夜な繰り広げられる舞踏会は、欧化政策の一環で、条約改正を促進させる目的があったのだが、世間には乱痴気騒ぎと叩かれ、鹿鳴館にも批判が向けられるようになってしまった。

さらに、『鹿鳴館貴婦人考』には、ちょうどこの時期に持ち上がったという「捨松の離縁話」（二〇二〜二一三頁）についての逸話があった。なんでも、この時期、捨松と大山家の馬丁との噂がもっぱらであったという。

噂話に関する出典がないので、『鹿鳴館貴婦人考』に沿うと、当時、妊娠中の捨松が離婚話を提起したそうで、「自分の行動を誰かがいつも監視しているのではないかと、ノイローゼにさえなった。ハンサムな馬丁に魅力を感じたことがなぜ悪いと、逆に世間をどなりつけたいほど心がたかぶる。美しい花を見て美しいと感じることが、男に許されて女に許されないはおかしいと思う。それなら大山家を出て自由な立場をとり戻すだけだと反発した」（『鹿鳴館貴婦人考』二〇五頁）とあり、巌は子どもたちのために離婚の翻意を促したとまである。この逸話は、果たして事実であろうか、創作であろうか。スキャンダルに傷ついた捨松は、目立つ行動を避けるようになり、鬱屈した思いを鎮めるため、シガーを愛用し、みるみるうちに灰皿がうず高くなるほど、喫煙量が増えていたとも書かれている（『鹿鳴館貴婦人考』二一一頁）。

一方、『鹿鳴館の貴婦人』には、同年五月五日付の朝野新聞に「大山陸軍大臣にはさきに山川陸軍少将の令妹捨松子を迎えられ、合卺（ごうきん）の式を挙げられし以来、情交親密にして之を見聞する者は羨み居たる程なりしに、如何なる御都合ありてや、今回熟団の上離縁と相成りたるを以て、捨松子は其の里方なる山川少将邸へ戻らるると聞けるが、果たして然るや」というゴシップ記事が出て、捨松は傷ついたという内容があった。久野氏は「具体的な事実には何一つ触れていない」とあり、「何事も理性的に判断していく捨松が、一時の情に溺れて夫のもとを去るような事をするはずがない。」と断言し、ゴシップ記事が出た背景には、鹿鳴館での醜い振る舞いが世論を刺激していたと分析する(『鹿鳴館の貴婦人』二二〇頁)。

残念なことに、捨松からアリスへの手紙は、明治一九年(一八八六)から明治二一年(一八八八)までの三年間が欠けている。その後も、欧化政策を推進する政府批判は続き、外務大臣井上馨の辞任によって「鹿鳴館時代」は終わりを告げた。家庭の内紛について、あることないこと書かれたこの時期の捨松は、六女(自身の第三子)を亡くしている。一説に、鹿鳴館への批判、ゴシップ記事など、一連の出来事で心労となり、早産となってしまったといわれる。

悲しい出来事はさらに続く。

『不如帰』の風評に苦しむ

大山一家は、陸軍大臣官邸に居住していたが、明治二二年(一八八九)冬、青山の隠田(現在の原宿)にレンガ造りの五階建ての大山邸を完成させた。当時は狐が住むような寂しいところで、突如建築された風見鳥が回る大山邸は異様であったといわれる。この洋館にフランスで購入した家具や寝具などを揃えた。巌は、ルイ・ヴィトンの顧客リストに名を連ね、ビフテキが何よりの好物であったと伝わるように、西洋文化に馴染んでおり、生活スタイルも西洋式であった。翌年一一月には、大山邸に明治天皇が行幸し、能や詩吟、薩摩琵琶などで持て成している。

鹿鳴館でのスキャンダルは静まったかのように思われたが、今度は、明治三一年(一八九八)より徳冨蘆花(とくとみろか)(一八六八〜一九二七年、熊本出身)が国民新聞に連載した『不如帰(ほととぎす)』という小説に苦しんだ。蘆花は、同志社英学校を退学した小説家で、ジャーナリストで優秀な兄・徳富蘇峰へのコンプレックスが強く、それらを執筆の原動力としていたといわれる。

「あああ、人間はなぜ死ぬのでしょう! 生きたいわ! 千年も万年も生きたいわ!」という台詞が象徴となり、人々の涙を誘った小説はベストセラーとなった。信子（小説名浪子）と弥太郎（小説名川島武男）の関係を悲劇的に描き、また継母が継子をいじめる内容が含まれていた。登場人物の家族構成が大山家と似ており、捨松が継子を虐める継母になぞらえられたのである。

明治二六年（一八九三）四月、前妻沢との娘である長女信子は、三島通庸（みちつね）（一八三五～一八八八年）の長男・弥太郎（一八六七～一九一九年）に嫁いだ。通庸は、山形県令、福島県令、栃木県令、警視総監などを歴任した人物で、自由民権運動と対立し、福島事件、加波山事件などを対処したことで知られる。息子の弥太郎は、アメリカ留学より帰国したばかりで、農商務省に務めていた。

結婚した冬、現代でいうインフルエンザが流行り、信子も罹患し、こじらせ結核を煩ってしまう。病気となった信子は実家に返され、一方的に三島家より離婚が通知された。明治二九年（一八九六）五月二五日、信子は二〇歳で亡くなる。捨松は看護学を学んだ経験から、結核の感染を防ぐために、自宅に離れを作り、他の家族と隔離した状態で懸命な看護をしていた。

信子の死は、二葉（長女）も痛く悲しみ、捨松に寄り添い、歌を詠んでいる（『會津の人』三八頁）。「一周祭の折」には「夏草の葉におく露のはかなくも、消えにし人を忍ぶけふ哉」とあり、「思ひに籠れる頃、信子の三年祭に」では、「日を経つつほさぬ袂をまたさらに、濡らしそへたる今日にもあるかな　なき人を忍ぶ涙のかはかぬに、猶ぬらせとや五月雨の降る、さらぬだにしめりがちなる折しもあれ、啼くねかなしき山時鳥　なき人をなれも忍ぶか時鳥、をち帰りなく声のかなしき、うちしめる今日のまどゐの折しもあれ、空かきくらし梅雨のふる」との想いを残している。詩文にある「山時鳥」とは、ホトトギスのことである。これにより、二葉も捨松を苦しめた「不如帰」にひどく心を痛めていたことが分かる。

『不如帰』は創作小説とされたが、国民の格好の噂話となっていった。新派劇の人気演目にもなり、たびたび上演された。弥太郎の母三島和歌子もそうであったらしいが、誹謗中傷が捨松に向けられたのである。いわば、妄言による被害に苦しめられた。捨松は「信子がこのことを知ったら、私のことを思い、悩み苦しんだことでしょう」と心を痛める優しい継母であった。大正になって、あれはフィクションであると、捨松を庇った雑誌記事が掲載されたが、蘆花からの謝罪はなかったという。

その後、三島家との関係について、信子の妹留子による逸話がある。留子は日本銀行勤務の渡辺千春に嫁いだが、あるとき日銀総裁であった弥太郎が嫁ぎ先に現れ、「留ちゃん、大きくなったね。これは信子姉さんの形見だよ。」といって、ダイヤの指輪を置いていったという。それは、信子が三島から離縁された時、形見のつもりで一番よい指輪を女中に頼んで手紙と一緒に弥太郎に届けさせたものであった。留子は「三島家とは敵討ちでもしたいくらいに思っていた」ので、この一件で三島家に対する気持ちがだいぶほぐれた（『鹿鳴館の貴婦人』二七一頁）とあった。

銃後の妻

捨松は、明治二〇年（一八八七）に発足した「日本赤十字社篤志看護婦人会」の大きな推進力となった。近代以前、日本では男性が病人を看護することが多かったため、女性が看護する「看護婦」の育成に努め、欧米社会では女性の看護が高く評価、尊敬されていることを熱心に説いた（写真39、40、41）。

日清戦争が始まると、上流階級の夫人たちは篤志看護婦会を組織し、繃帯巻き等に従事したが、捨松は看護婦の免許を持っていたので、病室看護や治療助手を自ら進んで勤める姿があった。

日露戦争中は、渋谷の日本赤十字病院にて看護した。ここを訪ねたアメリカの通信員は、流暢な英語の女性に病院を案内されたので、「英語はどこで修得したのか」と尋ねると、「ヴァッサー大学」と答えたことに驚いた。名刺を出して今後の通信を依頼したところ、彼女が満州軍総司令官の妻だと知り、さらに驚愕したとの逸話が残る（『金星の追憶』二七五頁)。明治三八年(一九〇五)に旅順が陥落すると、アメリカの新聞は大山巌を「東洋のナポレオン」と賞賛し、その妻がヴァッサー大学出身と讃えた。

写真 39　日露戦争出征前
(『鹿鳴館の貴婦人』口絵より)

写真 40　九段下大山巌像
(平成 30 年〈2018〉5 月撮影)

また、捨松は戦争中、アリス宛に日本への支援と募金を呼びかける手紙を送っている。アリスも旧友のために奔走し、アリスが集金した募金は、父親が戦死して母親が働いている家庭の子供を預かる「託児所」を作る資金となった。アリスには「兵隊たちは凛々しく、私も兵隊になりたい」と語っており、軍人の妻らしく、戦争へと向かう時代に則った考えを持っていたことが伺える。

この頃、与謝野晶子(一八七八~一九四二年)は「君死にたまふことなかれ」を発表し、反戦を謳っており、明治四四年(一九一一)には平塚らいてう(一八八六~一九七一年)らと、『青鞜』を創刊した。このような近代的自我に目覚めた進歩的女性は「新しい女」と呼ばれ、女性参政権や女性解放など、女性の地位向上を求める大正デモクラシー(女性解放運動)が盛んになっていくが、捨松は彼女らより二〇歳近く年が離れており、彼女らとは考えは違っていた。

アリスへの手紙をみると「女性の自我の芽生え」の話題があり、関心がなかったわけではなく、特に明治末期の女子教育について、家庭に縛り付ける科目(裁縫、修身、家政など)に特化しているのを不安視していた。が、一方では「新しい女」の登場に、日本古来の美徳であった女らしさが失われるのではと心配していたのが捨松の立場であった。

写真41　大山巌の日揮毫（田無神社）
（平成30年〈2018〉5月撮影）

大山家の生活は西洋式で、洋間に生活し寝台に寝ていたが、捨松は家庭では和服を着て、食事も昼は和食であった。子供たちは日本間で起居させており、服も和服で、娘たちには他家に嫁ぐときに困らないように、和風の身嗜を大山家の有馬の伯母や長姉の二葉（長女）に指導してもらっていた（『金星の追憶』二七九頁）と伝わる。

ところで、姉の操（三女）が絶賛されていた『名士名家の夫人』（明治三五年（一九〇二））にある「大山侯爵と其夫人」は、以下のように書かれている。

参謀総長陸軍大将侯爵大山巌君の令夫人は陸軍中将山川浩氏の妹にして、名を捨松といふ。天資聡明一を聞いて千を知るの才あり。宣教師に従ふて米国に遊学す。時に年漸く十六、海外に在るの間よく彼地風物の実情を見、酷苦泰西の学を修め、素志を練り、居る事多時、学成つて帰朝するや、日本婦人の徳育全からざるを嘆じ、上下東西に論唱して其改善を計る、後鳳鸞（ほうらん）約成り、遂に候に嫁す、素行常に洋風を賞し、特操世人の称賛する處となる、家庭を理する又妙功実に西洋的好夫人たり。

（『名士名家の夫人』二九頁）

聡明であり、「一を聞いて千を知るの才あり」との評価は、非常に好ましい印象である。

一方、明治四〇年（一九〇七）発行の『女學世界』第七巻第九号・増刊号『現代婦人成功立志談』にある「貴婦人の月旦」という特集では、捨松は以下のように評された。

△大山侯爵夫人
是又交際社会の立物、学識、才智、技能共に凡（ぼん）を抽（ぬき）んでた方、殊（こと）に家政上手で大山家の有福なのは専ら夫人内助の功と言わねばならぬ、唯度量の聊（いささ）か狭隘（きょうあい）と専ら能（のう）に任ずるとふ点にて、衆望（しゅぼう）を集めざる處ろが、軈（や）がて夫人の特色でせう。

（『現代婦人成功立志談』七五頁）

なんと、ここでは度量が狭く、衆望を集めざる、すなわち信用されない、となかなか厳しい評であった。捨松には「大変腰の低い謙遜な方で。何事も不言実行で、華々しい宣伝や形式的なことを嫌い、地味な実意ある事を喜んだ。」（『津田英学塾四十年史』四二四頁）との評があるので、その姿勢が伝わらない人には理解されなかったのかもしれない。

母・捨松

捨松には、長男高、次男柏の二人の男子があった。高は、父が陸軍の長官であったため「親の七光り」といわれると考え、海軍兵学校に進んだ。教師と常に衝突し問題児であったらしいが、頭脳明晰で学科は抜群に優秀であった。

しかし、明治四一年（一九〇八）、海軍士官候補生として練習艦隊に属し、軍艦松島に乗船したとき、台湾澎湖諸島の馬公基地で火薬庫が爆発し、松島は爆沈した。高の殉職の報に捨松の悲しみは相当であったと伝わる。佐世保での慰霊祭には、二葉（長女）も出席している。第一章に記したように、当時、二葉は東京女子師範学校舎監を退職し、長男景清が駐在する長崎・佐世保に滞在していた。末妹の悲しみを長姉が傍で支えた。

次男柏は、鮫島家の養子となる予定であったが、急遽大山家の家督を継ぐことになり、学習院を中退し、陸軍幼年学校に入学する。柏は陸軍少佐まで昇級し、近衛文麿の妹武子と結婚した。が、次第に旧石器時代の研究に傾倒するようになり、昭和三年（一九二八）に陸軍を退官、慶應義塾大学で考古学を教えながら、自宅に史前学研究所を創立し、学者としての道を歩むようになる。

また、戊辰戦争の研究大書といわれている『戊辰役戦史』を著しており、母からの聞き取りを交えながらも、公平な立場で戦争を分析した。そのほか、大山家の回顧録（『金星の追憶』等）など、多くの著作を残している。

回顧録（『金星の追憶』）には「母・捨松」に関する逸話がある。例えば、柏が陸軍幼年学校の時、母より英文の手紙が届いたことがあった。陸軍ではドイツ語、フランス語、ロシア語の学科しかなく、誰一人読めなかった。英和辞典の所持を許可してもらい、ようやく解読したらしいが、母からの手紙なのに非常に難解であったとこぼしている。ちなみに、内容は日本語ですらややこしい、金庫の開け方であったという笑い話であった（二八一頁）。

ヴァッサー大学での捨松は、第一外国語にドイツ語、第二外国語にフランス語を専攻した。ドイツ書を沢山持っていたので、柏は、母に面白い本の借用を頼んだが断られた、という逸話もある。それは、「ドイツ語に英語のフリガナが付いていた」せいで恥ずかしかったためであった。また、日露戦争当時、ドイツのカール・アントン・フォン・ホーエンツォレルン親王（一八六八〜一九一九年）が来日した際、捨松は親王に「自分の英語より、貴夫人のドイツ語の方が御上手だ」といわれたが、この時は久々のドイツ語で汗をかいたと息子に語ったという話を聞くと、捨松の誠実さを感じる。柏には「私のドイツ語は、英語の翻訳だからアテにならないよ」とも言っている。捨松の語学力がいかに堪能であったかが分かる逸話であった。ちなみに、大山家の普段の生活も英語・ドイツ語・フランス語が飛び交っており、特に夫婦の他人に聞かれたくない話はフランス語で会話したといわれているが、柏自身は見聞したことがないと回想している（二八二頁）。事実はどうであったのだろうか。

また、捨松は日本語より英語が得意なように、手紙も英文の方が得意であった。そのため、戦場の巌宛の手紙は長姉二葉が代筆した。英文で日記もつけており、書架二つほどあったという。なかには家計簿的な金銭の出納帳、裁縫の覚え書き、料理のメモまで混在していた。柏は母の記録を翻訳し、巌の日露戦争の従軍日記と日付を合わせて、留守家族の在り方とのその生活について、両者を対照した内容の書籍出版の計画を立てた。

上段に巌の日記、中段に捨松の日記、下段に英文翻訳をつけた体裁で整理し、入校を待つだけに編集をした。そして、出版社に渡す直前、第二次世界大戦の空襲に遭い、隠田の大山邸とともに原稿や捨松の記録すべてを焼失してしまった（『金星の追憶』二八三頁）。これが出版されていたらもっと捨松本人がどのような考えを持っていたか明らかになったかと思うと、悔やまれてならない。

ところで、三女芙蓉子は陸軍伍長の細川一之助（一八七一〜一九四五年）に嫁いだ。土佐藩士であった潤次郎（一八三四〜一九二三年）の長男で、潤次郎は洋学者、法学者、教育者であり、開成学校権判事、東京女子師範学校長を歴任している。四女留子は渡辺千春、五女久子は陸軍少佐の男爵井田磐楠（一八八一〜一九六四年）に嫁いだ。

写真42　渡辺家集合写真（明治36〈1903〉年5月3日）（『渡辺千秋関係文書』口絵より、尚友倶楽部編、松平晴子氏提供）
後列3人目より渡辺千春、渡辺国武、渡辺千秋、大山巌、細川一之助、大山高、前列左から2人目大山久子、4人目渡辺留子・昭、大山捨松、最前列大山柏

留子は、『鹿鳴館の貴婦人』をまとめた久野氏の祖母である。留子が嫁いだ渡辺家（写真42）は、諏訪出身で宮内大臣を務めた家柄で、伯爵渡辺千秋（一八四三〜一九二一年）の次男が千春（一八七二〜一九一八年）であった。千春は日本銀行に勤務していた。千春と留子の長男昭は、昭和天皇の御学友であり、昭の長男允もまた上皇の侍従長を務めたことで知られる。

ちなみに、千秋の弟は子爵渡辺国武（一八四六〜一九一九年）であり、伊藤博文内閣の大蔵大臣・逓信大臣を務めている。千秋の三男千冬（一八七六〜一九四〇年）は、国武の養子となり、司法大臣を歴任した人物である。千冬の長男が武、次男が慧（物理学者）にあたる。第五章で登場する健次郎（次男）の長男洵の次女英子は、渡辺武（大蔵省財務官、初代ア

ジア開発銀行総裁）に嫁いでいる。素敵な名前が多く、一六七頁の家系図を参照されたい。

捨松と姉妹たち

捨松は巌と結婚したことで、自らの経験と知識を生かせる社会福祉事業や女子教育に携わっていったが、家庭では良妻賢母の模範のような生涯を送った。その原点はどこにあるのだろうか。

本書で、山川家の女性たちの生き方を叙述してきたが、山川家の兄弟姉妹は、晩年に至るまで連絡を密にしており、お互いの子女・孫の嫁ぎ先や就職先に至るまで面倒をみて、支え合いながら、明治期以降を生きていたことが分かる。明治中期、東京での山川家は近所住いしていた。捨松だけは穏田（現、渋谷区）に居していたが、浩は牛込区若松町（現、新宿区）、二葉は小石川区久堅町（現、文京区）、健次郎は小石川区初音町（現、文京区）、操は小石川区西江戸川町、のち小石川区同心町（現、文京区）に居を構え、互いによく行き来していた。

「什の掟」には「年長者のいうことに背いてはなりませぬ」とある。会津藩の教育は男女同権ではなかったが、男女関わらず年長者は尊敬されていた。捨松の文章、例えば、アリスへの手紙やアメリカの雑誌への寄稿には、「姉」の話がたびたび出てくるので紹介する。文面からおそらく、二葉（長女）と、操（三女）のことと思われる。

日露戦争中にアリスへ出した手紙（一九〇四年一〇月二八日）は、「銃後の妻」として懸命に働く日本の女性たちの様子が綴られている。日本赤十字社の活動で包帯作りをしたことを報告し、その他にさりげなく「前線にいる兵士たちのために、真綿を送るための募金集めをしている婦人会もあります。中国大陸の冬はとても厳しく、目や鼻や口は寒さのために凍りついてしまうそうです。私の姉がこの会の委員長をしています。」と話題にし、「今の私の生活は戦争のことで手一杯で、他に何もすることが出来ません。私の親類の者は誰よりも一生懸命にこの戦争のお役にたとうとしています。」（『鹿鳴館の貴婦人』二七七頁）と結ぶ。さりげなく「私の姉」と書いている。

次に、捨松は、奉天会戦の勝利後、アメリカの全国版週刊誌『コリアーズ・ウィークリー』に記事を投稿、「戦時下における日本婦人の働き」として掲載された。コリアーズ社は、ニューヨークに本社があり、全国二二の主要都市に支社を持つ出版社である。当時、イギリスの小説家アーサー・コナン・ドイルの『シャーロックホームズ』が収録されるような一般向けの人気の週刊誌であった。記事をみると、日本赤十字社の「日赤篤志看護婦人会」、「愛国婦人会」（戦死した兵隊の家族の世話）、「婦人救援会」（兵隊の留守家族の世話）の活動報告の他に、協会や団体に属さない個人的な活動として、以下の紹介があった。

私の姉は、二、三人の友達と懐炉を買うためのお金を集める仕事しています。この懐炉というのは、西洋ではほとんど知られてない日本の道具で、縦四インチ、横三インチの小さなブリキの箱をビロードの布でくるみ、片方の端に空気穴をあけ、箱の中に石炭の子粉で出来た三インチほどの棒を入れたものです。この棒の先に火をつけて箱中に入れておくと、四、五時間は暖かいのです。私の姉はこの懐炉を何千個も買い、満州の兵隊のところへ送りました。

（『鹿鳴館の貴婦人』二九七頁）

懐炉の資金を集めた「姉」は二葉のことか、日頃の生活の話題を話していたことが推察される。姉妹のことを頻繁に話題にする捨松から感じることは、「自慢」の姉の存在である。

捨松は、上級階級の夫人となったが、偉ぶることなく、姉たちに尊敬の念を抱いていたし、姉たちはよく捨松の助けになっていた。長期のアメリカでの留学生活を経験しているので、どこか日本の女性とは、会津藩の教育を受けた女性とは違うアイデンティティを持っているように、著者は勝手に思っていたが、もちろん、開明的な思想も持ってはいたが、帰国後はずっと姉たちの存在が日常にあった。姉たちは、会津藩の士風を頑なに守り、子女や書生の教育に熱心であり、かつ女子を教育することへの熱い想いがあり、世の中のためになろうとする行動力がある生き方をしていた。そのような姉たちと、捨松もまた一緒の空間の中で明治以降の世を生きていた。

捨松と女子英学塾

明治三三年（一九〇〇）九月一四日、女子英学塾が開塾した。生徒は一〇名、東京麹町区一番町のささやかな借家で開校式が挙行された。捨松と梅子は、祖国日本に女学校を作りたいと、アメリカ留学時から考えていた。前述した華族女学校に関して、捨松は創立準備委員、梅子は英語教授補として携わっていたが、開校した華族女学校の教育方針は良妻賢母の育成を目指すことであり、旧態依然の女子教育に物足りなさを感じていた。

梅子は、再渡米した。明治二二年（一八八九）七月から明治二五年（一八九二）八月の三年間、ブリンマー大学で生物学、オスウィゴー師範学校で教育学・教授法を学んでいる。帰国後は、再び華族女学校に戻り、明治三一年（一八九八）には東京女子高等師範学校教授を兼任した。独身を貫き、女子への英語教育に邁進していた。

一時期、鹿鳴館時代への反発からか、女子教育の方針について儒教主義・伝統主義的な論調、良妻賢母主義的論調が強まっていた。が、明治二六年（一八九三）に井上毅が文部大臣に就任したことで、また状況が変わっていた。特に、日清戦争後に文明国、国家進展のために開明的な女子教育論、特に実業教育の振興が説かれ始めるようになっていた。

捨松がアリスに出した、明治三二年（一八九九）一月七日の手紙がある（『鹿鳴館の貴婦人』二四九頁所収）。当時、女子高等師範学校長であった高峰秀夫の名前を出し、彼も協力するので、日本で英語を教えてくれないかとの依頼であった。高峰は第一章で登場したが、健次郎と同級の会津藩士で、教育者であった。具体的には、アリスに女子師範学校の構内に住んでもらい、教室以外の場所でも生徒の人格形成に影響を与えたいという希望であった。捨松もまた少女時代から旧知であった高峰は、文部省の派遣留学生として、明治八年（一八七五）から明治一一年（一八七八）までアメリカニューヨーク州のオスウィゴー師範学校に留学しているので、捨松の滞在時期と重なっているので、現地で会ったこともあるかもしれない。もちろん、他の山川家の兄弟姉妹（長姉二葉、長兄浩）とも懇意であった。

この頃、梅子はまた日本にいなかった。明治三一年（一八九八）六月にアメリカコロラド州デンヴァーで開催された「万国婦人連合会」の日本代表となり、三回目の渡米を果たしていたのである。秋には帰国予定であったが、そのままイギリスのオックスフォード大学で聴講生として英文学を学び、明治三二年（一八九九）四月にアメリカに戻り、手紙を受け取った後のアリスに会った。梅子からも来日を切望されたアリスは、当時ハンプトン師範学校長であったが、捨松と梅子の熱意に押され、来日する段取りが整えられていった。

そうして、明治三三年（一九〇〇）四月、アリスが来日し、女子師範学校で教鞭を執った（写真43）。梅子は七月にすべての職を辞し、女子英学塾の開塾の準備に取り掛かった。前年二月に高等女学校令、八月に私立学校令が公布されていたのである。

写真43　捨松・梅子・アリス
（津田塾大学所蔵）

明治三三年（一九〇〇）八月、『朝日新聞』『万朝報』『読売新聞』『報知新聞』などの全国版一般紙に生徒募集の広告が出されている。その広告主をみると、「塾長津田梅子、外国教師エー、エム、ベーコン、顧問侯爵夫人大山捨松」（『津田塾大学一〇〇年史』六一頁）とあった。

同年九月、「女子英学塾」が開校した。開校式には一七名が列席、生徒は一〇名、他の七名は梅子、捨松、アリスと、幹事の櫻井彦一郎（一八七二〜一九二九年）、梅子の秘書鈴木歌子、塾設立の支援者元田作之進（一八六二〜一九二八年、久留米藩出身）、渡辺光子であった。小さな集まりであるが、夢実現への大きな一歩であった。

ちなみに、報知新聞記者であった櫻井は、愛媛県松山出身で櫻井鷗村の筆名がある。松山中学校を経て、明治学院を卒業し、女子教育の視察のために渡米している。文筆家としても知られ、『女学雑誌』『英学新報』等の主力の執筆者でもある。晩年は油田事業に奔走する。

また、元田は、久留米師範学校卒業後、大阪の英和学舎に在学し、明治一五年（一八八二）に洗礼を受けた人物で、アメリカに留学し、東京聖愛協会の主任長老を経て、明治二二年（一八八九）当時は立教学院中学校長であった。明治四〇年（一九〇七）には、立教大学の初代学長に就任している。

女子教育に理解のあった幹事の櫻井が学校名を「女子英学塾」と定めたといわれる（『津田英学塾四十年史』四四～八二頁）。また、列席者の「光子」は、アリスの最初の来日時に養女としてアメリカに引き取っていった当時五歳の日本の少女である。アリスは生涯独身であったが、光子を一二年間育てていた。今回の来日で日本に連れ帰ってきて、光子はそのまま日本に残り結婚した。

また、アリスは大正元年（一九一二）に渡米した一柳満喜子（一八八四～一九六九年）も養女にしている。旧播磨小野藩主一柳末徳の三女であった満喜子は、神戸女学院卒業後、アメリカのブリンマー大学に入学したところ、在学中に発病し、アリスの元に拠った縁があった。アリスの死後、ウィリアム・メレル・ヴォーリズと結婚した満喜子は、近江兄弟社学園（現、ヴォーリズ学園、滋賀県近江八幡市）の初代学園長を務めている。

良妻賢母育成という旧態依然の女子教育に物足りなさを感じての女子英学塾の創設であった。が、一方で捨松は「女子として最も重い責任は家庭においての教育である」との持説があった。明治三六年（一九〇三）に発行された『明治大臣の夫人』に拠るもので「世間は家庭の教育について重きを置かず、只々学校計りを的にして居る傾きがあるのは、誠に慨歎（がいたん）の次第である」（九八頁）と、家庭教育の大切を説いていた。この頃、一週間に二回は青山の女子学院にて家庭上の談話を講義していたという。すなわち、良妻賢母育成を否定しているのではなく、良妻賢母となるべき教育は、学校ではなく家庭でしっかり教育すべきである、と思っていたのである。

捨松の日常もその実践で、「良妻」は勿論のこと、文学をはじめジャパンタイムズや市中の新聞を読み、毎日英語で日記を付けることを欠かさなかった。いつも向上心を持つ「賢母」で在り続けたのである。すなわち、勉学の基礎や幅を広げられる「女子英学塾」の発展に期待しつつも、家庭でしっかり子女を教育できる、家庭に入っても知識欲を持ち続けられる、多くの「賢母」を育てることの必要性を、捨松は信念として持っていた。だからこそ、家庭に縛り付ける科目ではなく、女性が幅広い知識を学べるような学校教育の確立を目指して力を尽くしていたのではないだろうか。

女子英学塾の発展と捨松

女子英学塾は順調に生徒数が増え、明治三七年（一九〇四）には生徒数が一八〇名となった。この年、大きく飛躍する。まず、前年一二月に申請していた専門学校設立の認可が三月に許可された。当時、私立の女子校で認可されたのは、日本女子大学校と青山女学院英文専門科の三校だけであった。また、五月には教員無試験検定の許可を願い出、こちらも翌年九月に許可された。

さらに、これまで塾の財産は梅子個人の名義となっていたが、明治三七年（一九〇四）九月、社団法人設立願を文部省に提出し、「社団法人女子英学塾」として認められた。申請者は津田梅子と大山捨松の両名、他に巌本善治、元田作之進、新渡戸稲造、櫻井彦一郎、上野英三郎、阿波松之助の六名が社員となった。捨松は女子英学塾の「顧問」として、さらに「理事」として、塾経営に積極的に参加していたことが分かる。捨松は亡くなるその時まで「社員」であった（『津田英学塾四十年史』五四一頁）。

梅子は昭和四年（一九二九）八月に亡くなった。亡くなる前、塾拡張のため、小平に新校地を購入していたが、その直後に五番町の校舎を関東大震災で焼失した。女子英学塾は小平に移転し、昭和八年（一九三三）に校名を「津田英学塾」と改称した。まさに「梅子が創立した学校」というメモリアルな校名変更であった。キャンパスには梅子の遺言の願いの通りに、梅子の墓が建立され（昭和七年（一九三二）九月落成）、現在もキャンパスに眠っている。

『津田英学塾四十年史』（一九四四年刊）をみると、第一章に「創立者津田梅子女史」が二〇頁あり、「津田塾長」と共に歩む学園の姿が記されている。捨松は、別章で学園に関係の深かった「故人の面影」として六頁紹介されていた。『津田塾六十年史』（一九六〇年刊）は、「ふしぎな運命」と始まる梅子の伝記であり、巻末の「年譜」は元治元年（一八六四）の梅子の出世から記され、大正七年（一九一八）五月にアリスが亡くなったことは記してあるのに、捨松が亡くなったことの記録が抜けてさえいた。思えば、どの学園の沿革を探っても、創設当時は数名の創設者や発起人がいても、そのうちに「沿革」には象徴的な「創立者」が挙げられて、学園の創立の精神が伝えられていくことは珍しいことではない。

捨松について、『津田塾大学一〇〇年史』（二〇〇三年刊）をみると、以下のような記述があった。

・（既婚女性のハンディを踏まえて）アリスと梅子のように教育者として直接的な行動をとることができなくても、女子教育に関して、捨松は陰から大きな力で後押しし、自らが抱き続けた夢を支え続けたのである。（四四頁）

・大山捨松についていえば、アメリカ留学中から、帰国したら女性のための学校をつくりたいと願っていた。これは、梅子の夢というよりは、むしろ若き学士・山川捨松の夢であり務めであった。ところが捨松は大山巌との結婚でその夢を放り出す形になった。そのことがあって、梅子が代わりに学校づくりに励むようになった経緯がある。捨松は、梅子が女子英学塾を創設して以来、顧問として、あるいは理事として、塾経営に積極的に参加した。…梅子と塾への協力を惜しまなかった。それは、若き日に自身の責任を放棄してしまったことに対する償いの気持であったかもしれない。（七九頁）

・アリスと山川捨松は同じ家に住み姉妹のように育てられた。二人は日本に女子のための学校を建てることを夢見ていた。しかし日本に帰った捨松は大山巌と結婚、アリスの夢は破れた。（四九三頁）

もちろん、梅子の功績は大変認められるべきなのであるが、気になるのは「捨松の夢は破れた」ので、「梅子の協力をした」という捨松像が示されていることである。瓜生繁子の研究書（『瓜生繁子』）にも（捨松は）「結婚が決まり、女子教育のリーダーとしての夢はもろくも挫折してしまう」（一三八頁）、「後に捨松は別の世界の人間になってしまった感ありだが」（一三九頁）と示されている。確かに、捨松は「大山巌夫人」となり、女子英学塾の教壇にも立って居ない。また、公的な立場として「個人」での行動は制限された面もあったであろうし、女子教育のこと以外、社交界や社会福祉にも携わった。

「女性はたとえ高等教育を受けたとしても、まずは良き結婚をして、家庭に入るのを目指すべきだという考え方は、当時のアメリカでも同様であった。」（七一頁）といわれているように、女性は結婚という選択が当たり前、むしろ最良とされた時代、家庭に入った女性は「誰々の夫人」と呼ばれるようになり、家族のために生きる女性が多かった。そのような歴史認識があるので、捨松は家庭に入ったがために、それ以上のことをしていたにも拘らず、それ以上のことは出来ていないだろうと、「女子英学塾に協力した夫人」としてしか歴史に刻まれなかったのではないだろうか。

捨松の行動は、ただ、学校への「協力者」という捉え方でいいのだろうか。いくつかの例を挙げる。捨松は、創設初期の明治三五年（一九〇二）、徐々に生徒数が増え始め、塾の財政不足を回避するためにヴァッサーカレッジの同窓生に寄付を呼びかけており、この年は、捨松が卒業してからちょうど二〇年目であったが、旧友から五〇ドルが集まった（『鹿鳴館の貴婦人』二六五頁）。

明治三六年（一九〇三）二月に新校舎が完成し、同年四月、女子英学塾の第一回卒業式が挙行された。八名の卒業生を前に、梅子が卒業生一人ひとりに卒業証書を手渡し、最後に塾を代表して来賓に挨拶したのは捨松であった。明治三八年（一九〇五）六月三日には、捨松の私邸で、当時三一名の卒業生を輩出していた女子英学塾同窓会の発会式が開かれ、同窓会長に就任した。（『津田塾大学一〇〇年史』八一頁）。翌年には、組織として「女子英学塾校資募集委員会」が発足し、こちらも会長となった。この会合も捨松の私邸で開かれている。これらの活動により、多くの寄付が集まり、校舎の増築が実現した。

明治四四年（一九一一）三月二九日には、第九回卒業式と、創立一〇周年記念式が挙行された。卒業生は二〇名、捨松、瓜生繁子も出席し、大隈重信、渋沢栄一が祝賀演説をしたが、大隈は三人の女子留学生と女性の生き方に触れ、英語は世界のことばになると思うので、学校のため、国のために辛抱して頑張ってもらいたい（『津田塾一〇〇年史』八七頁）と話している。

また、近年、津田塾大学津田梅子資料室に所蔵されている「女子英学塾の公認を得るために文部省に提出した公文書」の写しをみると、学校創立を願う書類の筆頭の名前が大山捨松、二番目の名前が津田梅子であったことに、現在の津田塾大学学長髙橋裕子氏も注目なさっていた。名前の順番は、梅子が独身であったからかもしれないが、願書の筆頭に自分の名前を書いた捨松を知ると、自身が抱く理想の女子教育実現への揺るぎない情熱と惜しみない努力が伺える。これらからも、筆者は女子英学塾（現、津田塾大学）を「梅子と、捨松が、共に創立と運営と教育に、尽力した学校」であることをより多くの人に広めていきたい。

捨松が、アメリカ留学中に抱いた日本の女性のための学校をつくること。捨松もまた女子英学塾、そして女子教育の発展に多大な功績を残していた。彼女の夢は放り出されたのではなく、実現したのである。

那須野ケ原の開拓

那須野ケ原は長らく不毛の土地であった。那須岳の噴火による火砕流や火山灰が積もってできた台地、複合扇状地で水はけがよく、耕作に不向きであった。明治になり、ここに多くの元勲たちが農場を開いた。出資したのは、主に薩長出身の元勲たちで、例えば松方正義、三島通庸、山県有朋、品川弥二郎、山田顕義、青木周造らであった。那須には皇室の御用邸があるが、三島の別荘が大正天皇に献上されたのが縁で現在に至っている。

那須疎水がひかれたのは、明治一八年（一八八五）であるが、それより四年前、大山巌もまた、西郷従道と共に那須之原に五〇〇ｈａの農場を開設した。出身地に因んで加治屋開墾場と名付け、永田、下永田、鍛冶屋の三つに区分し、那須開墾社の協力を得て、開墾・植林し、羊・牛を導入した。

しかし、予期していた成果は得られず、すぐに小作経営に転換した。小作者も次第に増加し、明治三五年（一九〇二）には将来のために、西郷家と大山家で加治屋開墾場を分割した。大山家の所有となった「大山農場」は二四三ｈａ（のちに二七二ｈａに拡大）、小作人五〇戸前後を雇い、宅地料収入一三五戸あった。

農場の事務所の近くには、鹿児島の台風に備えた造りの和風建築の別荘と農場で焼いたレンガを使って洋館を建築した。巌と捨松は、多忙な公務の合間を縫って、時折足を運んで、付近の農夫と談笑し、田園風景を楽しんでいた。

特に、日露戦争後には、巌が自ら鍬を持って杉の苗を植え、水田で田植えをしたと伝わる。久野氏の回想にも「まだ小学生であった私の父も、夏休みになると兄と二人で大山家の別荘に出かけ、毎日、日がかんかん照る中を祖父の命令で庭の雑草取りをさせられ、怠けると捨松から叱られ、大そう閉口したそうだ。」（『鹿鳴館の貴婦人』三一一頁）とある。戦中、東京の大山邸が焼失したときは、大山柏ら一家挙げてこの別荘に定住となった。

写真 44　大山巌別荘（洋館）

写真 45　大山巌別荘（和館）

写真 46　大山門（那須拓陽高校正門として移築）
（平成 30 年（2018）4 月撮影）

ちなみに、明治一〇年代末の鉄道敷設に反対の黒羽町、大田原町に代わり、大山家は駅の用地を鉄道に寄付したので、西那須野駅に程近い場所にある。そのため、那須の別荘に行く際は、特別列車を申請し、家族と数十人の使用人と汽車で出掛けた。

大山農場は、昭和四四年（一九六九）に県有地となり、現在は栃木県立那須拓陽高校が管理している。別荘は記念館として、現在も在りし日の姿を留める。大山家で使われた門は移築され、「大山門」として、高校の正門として親しまれている。また、大山家の墓地も同地にあり、墓所へ続く大山参道は紅葉の名所となった（写真44、45、46）。

ちなみに、沼津にも大山家の別荘があった。沼津には御用邸があり、皇太子が滞在中は牛臥山（うしぶせやま）の麓、小浜海岸にある自分の別荘に招いたりしていた。目の前に駿河湾が一望し、松林に囲まれた別荘は、冬は暖かく、夏は海からの涼風が心地よかったそうで、体が弱い五女の久子は学校が休みの時はいつも沼津の別荘で過ごしていた（『鹿鳴館の貴婦人』二五七頁）。現在、別荘があった場所は「牛臥山公園」となっている。

巌は、大正五年（一九一六）一二月に死去した。同年九月に次男柏に男の子（梓、一九一六〜一九九二年）が誕生したばかりで、大山家の跡継ぎができたと、巌と捨松はたいそう喜んでいた。一一月、大正天皇のお供をして、九州の福岡で行われた陸軍の特別演習を陪観し、その帰り道、汽車が須磨にさしかかった時、胆嚢炎を起こし、闘病の末、亡くなったのである。七五歳であった。闘病中は軍歌「雪の進軍」を聞いていたと言われる。臨時閣議が開かれ、日比谷にて巌の国葬が執り行われ、那須の地に埋葬された。

捨松の晩年

捨松は、巌の死後、社交界や公式の場からも完全に身を引き、そうした場には嫁の武子を出すようにした。日常は、二人の孫の世話をしていたそうで、孫たちと遊んでいると一日があっという間に過ぎてしまうと友人に語っている。また、日頃から薔薇の花を好み、自らこれを栽培し、美事な花を咲かせて楽しんでいた（『津田英学塾四十年史』四二四頁）。その捨松が唯一関わっていたのは、女子英学塾の「理事」の仕事であった（写真47）。

大正六年（一九一七）春ごろから、梅子が病気となり、体の不調を訴えていた。糖尿病であったらしく、何度も入退院を繰り替えしていた。第一次世界大戦の最中で、塾も経営難となっていた。そこで、梅子は塾長を代理してほしいと申し出た。これを受け、社員であった捨松はじめ、新渡戸稲造、元田作之進らが新渡戸邸で会議を開き、辻マツが塾長の後任に推された。

女子英学塾の卒業生であった辻は、文部省留学生としてアメリカのウェルズレー・カレッジにて二年、その後、イ

写真47　晩年の捨松
（『會津の人』65頁）

ギリスのオックスフォード大学にて一年間学んだ。帰国後は、東京女子師範学校教授をしていたが、結婚したばかりで、教師を辞めようとしていたところであった。塾長就任を断る辻に対し、捨松は馬車で辻を訪ね、依頼を続けた結果、経営面の責任は上野榮三郎が負うことで、辻は承諾した（『津田塾六十年史』一四三頁）。

大正八年（一九一九）二月五日、辻の塾長代理就任式が挙げられ、捨松、新渡戸、元田らが出席し、大任を果たした捨松は、笑顔で新しい門出を祝った。そして、捨松は二月一七日に亡くなった。就任式のわずか一二日後であった。原因は、当時、世界中に流行していた感染症・スペイン風邪（インフルエンザ）に罹患したのである。五九歳。決して長寿ではないが、一人の人物が経験したとは思えない、波乱で素晴らしい、国のために尽くした人生であった。

捨松も那須の大山家墓地に眠っている。捨松は会津戦争、巌は西南戦争以後、一度も郷里に帰らなかった。会津中街道で那須岳の峰々を越えると会津である。故郷を喪失した二人にとって、那須の地が永遠の安住の地となった。

陸軍大将となった柴五郎の『ある明治人の記録』の解説に、（薩摩と会津の結婚は）「時代の変転、人世の無常をしみじみと感じさせる」との記述がある。巌と捨松の結婚の報が流れると、当時の会津では「人身御供だ」と騒がれ、山川家に抗議の手紙が殺到した。結婚した当時、維新の痛みが癒えていた時代ではなかった。

このような世相のなかであったが、捨松は旧薩摩藩士との結婚を決めた。アリスに「いろいろと考えた末、結婚することにしました。わたしがつけそうな仕事はなさそうだし、それならば彼と結婚して、その立場から日本の女性のために何かできるのでは思うのです。」とはっきりと手紙に書いており、この決断は一種の合理性があった。両親を身近に知る次男柏もまた（母の捨松は）「留学時期が我が国の洋化度に比し早きに過ぎた。これがため、帰朝後に日本復帰に多大の努力を必要としたが、幸に洋化の急先鋒たる我が父との結婚により、その不自然の多くが解消したのである。」（『金星の追憶』二八四頁）と書いている。

巌の性格について、「茫洋」と評されることがある。日露戦争中、満州軍総司令官として、戦略をすべて知っていながら部下に任せてみたり、「今日はどこかで戦争しているのか」といって、場を和ませたりの逸話が残る。まるで「つかみどころのない人物」であったらしいが、柏には「戦争中は、辛い時に辛い顔が出来ないことが一番辛かった」と伝えている。巌には包容力、統率力があった。「西郷隆盛の再来」「西郷が乗り移った」などと形容されることが多いが、「巌像」から「理想とする西郷像」が考えられたのではないかと、上野の西郷像のモデルといわれていることからも思わずにはいられない。

時代の要請であった留学を終えた捨松を待っていたのは失望であった。その捨松に光を与えたのが巌であった。そのような二人が、明治の世をそれぞれの立場から役目を全うし、「時代の責任を担った」のである。

捨松の少女時代は壮絶であった。会津戦争を経験し、故郷を離れ、斗南から箱館へ流転し、さらに一一年間ものアメリカ生活を経験した。なぜ捨松だったのか、捨松でなければならなかったのか。少女は近代国家を駆け上る女性の模範であろうとしたし、夫人は欧化政策に協力し、慈善事業を展開し、女子教育を推進し、看護の草分けとなり、銃後の妻の務めを果たした。

このような女性の生き方からは暗さは感じられず、いつも前をのみみつめながら歩く底抜けの明るさがある。困難な時代にあっても与えられた命への責任とはこういうものかと現代に生きる私たちは襟を正さずにはいられない思いである。捨松の生き方を考えると、近代国家形成に歩みを重ねた捨松は、坂の上の雲ではなく、すでに高い山に登って一朶の雲を見ていたのかもしれない。その山は故郷の磐梯山であったろうか。捨松には青い空がよく似合う。

第五章　次男健次郎の妻鉚と嫁良の生き方

山川家に嫁した女性たち

紫は、高貴で優雅な印象の色である。六〇三年、推古天皇の御代・聖徳太子（厩戸王）により、冠位十二階が制定された。冠の種類によって朝廷内の序列を示す最初の制度で、『日本書紀』によると、徳・仁・礼・信・義・智をそれぞれ大小に分けて十二階とし、位に応じて冠の色を分けるしくみであった。冠には紫・青・赤・黄・白・黒の六色を配し、大小はその色の濃淡で区別したという。

古代より高貴な色とされた紫であるが、赤と青が混ざっていることで、神秘的、ミステリアス、現実離れした色などという表象もある。一方、心を癒やしてくれる色、疲れた時は落ち着く色とも感じる時があるので、実に不思議な色である。西郷隆盛は、西南戦争で自刃した。が、明治二〇年代になって、実は西郷隆盛は生きているかもしれない、というなんとも不思議な噂があった。

明治二四年（一八九一）五月一一日、大津事件が起きる。ロシアの皇太子ニコライ＝アレキサンドロビッチ（のちの皇帝ニコライ二世）が来日し、琵琶湖周辺を遊覧していたが、滋賀県庁を出た直後、護衛巡査・津田三蔵に斬り付けられたのである。津田は、皇太子ニコライの来日は「日本の偵察」が目的であると同時に、ロシアに亡命した西郷隆盛を連れて帰ってきたという噂を信じ、西南戦争で勲章を授けられた自身の保身を図って犯行に及んだといわれている。襲撃を受けた皇太子は、呉服商永井長助の店先で、随従医官に包帯の応急処置を受け、滋賀県庁に引き返した。

『ニコライ遭難』によると、まず、「滋賀県庁に大津病院長野並魯吉、大津衛戍病院長・陸軍二等軍医正梶井恒が駆けつけた」（二二六頁、傍点筆者）と、ある。そして、すぐに皇太子は臨時の汽車で宿泊していた京都の常盤ホテルに戻る。ホテルでは、ロシア側は神戸に停泊中の戦艦より医師を呼ぶが、日本側もまた軍医を派遣した。

『大津事件の烈女畠山勇子』をみると、軍医の実名はないが「臨時列車にて来都せし者、大津衛戍第九聯隊軍医正、第四師団軍医長、先に招きし京都大阪神戸の各病院長を伺候」させて対応したと記録される。結局、皇太子は「邦医の治療は受けられず、露國医官ラムバフ等の手によりて縫創せられた」（二二六頁）が、事件の一報に、日本政府は騒然となった。

御前会議が開かれ、皇太子に、更なる万全の治療を施すために医師の選抜がなされ、「斯界権威の総派遣」をすることで決議した。それは、当時の名だたる名医であった侍医局長池田謙斎、海軍軍医総監高木兼寛、陸軍軍医総監橋本綱常、医科大学教師などを京都に急行させることであった（『高木兼寛伝』二一三頁）。

当時の日本政府は、組閣五日目の第一次松方正義内閣であった。内務大臣西郷従道、外務大臣青木周蔵、元老伊藤博文らは事件に狼狽し、あらゆる手段の善後策を講じた。皇太子の傷は、頭部に数カ所あったが、いずれも軽傷で治療経過は極めて良好であった。しかし、このあと、明治天皇が皇太子を見舞いに京都を訪問することとなり、また予定されていた東京散策は中止となった。外交問題が絡む大変な事件であった。

ちなみに、事件後の津田三蔵の裁判について、政府側はロシアの報復を恐れ、不敬罪を適用し死刑にしようと干渉したが、大審院長の児島惟謙（こじまいけん）は無期懲役に処し、司法権の独立を守ったことでも有名な事件である。

さて、この大津事件の初動対応に充てられた医師が、当時大津衛戍病院長であった「梶井恒（ひさし）」（一八四八～一九二三年）であった。大聖寺（現、石川県加賀市）出身で、明治七年（一八七四）より陸軍軍医として出仕し、明治二三年（一八九〇）六月より大津に駐在していた。恒は、自身の少年時代である元治元年（一八六四）から、亡くなる五年前の大正七年（一九一八）まで五四年間に渡り日記を書き留めていたことが最近判明した（現存は三九年分）。詳細は本

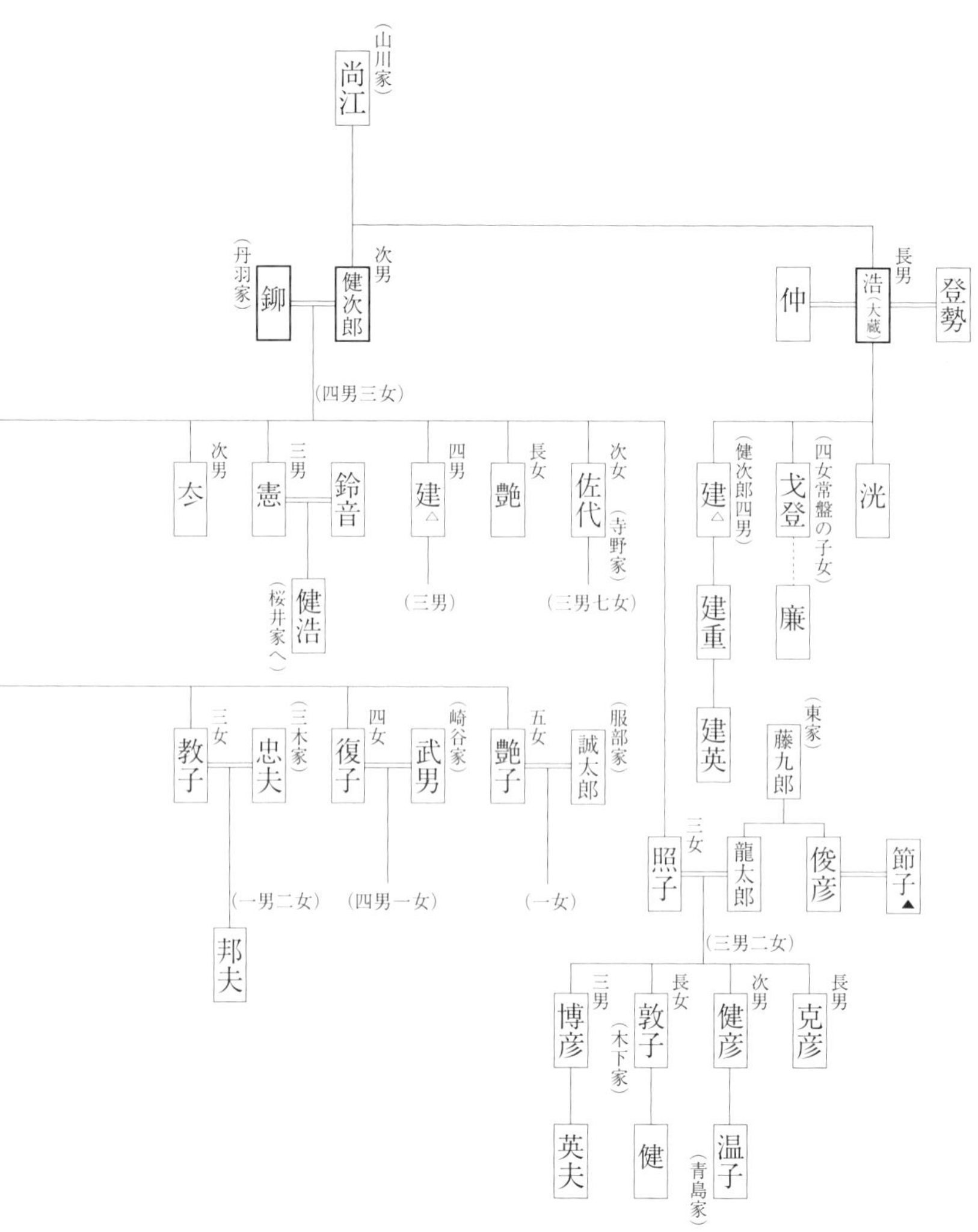
（山川家）尚江
（丹羽家）錬
次男 健次郎
仲
長男 浩（大蔵）
登勢
（四男三女）
次男 𠆢
三男 憲
鈴音
（桜井家へ）健浩
四男 建△
（三男）
長女 艶
次女 佐代
（寺野家）
（三男七女）
（健次郎四男）建△
建重
建英
（四女常盤の子女）戈登
廉
洸
三女 教子
（三木家）忠夫
（一男二女）
邦夫
四女 復子
（崎谷家）武男
（四男一女）
五女 艶子
（服部家）誠太郎
（一女）
（東家）藤九郎
三女 照子
龍太郎
俊彦
節子▲
（三男二女）
三男 博彦
英夫
長女 敦子
（木下家）
健
次男 健彦
温子
（青島家）
長男 克彦

▲，△は同一人物

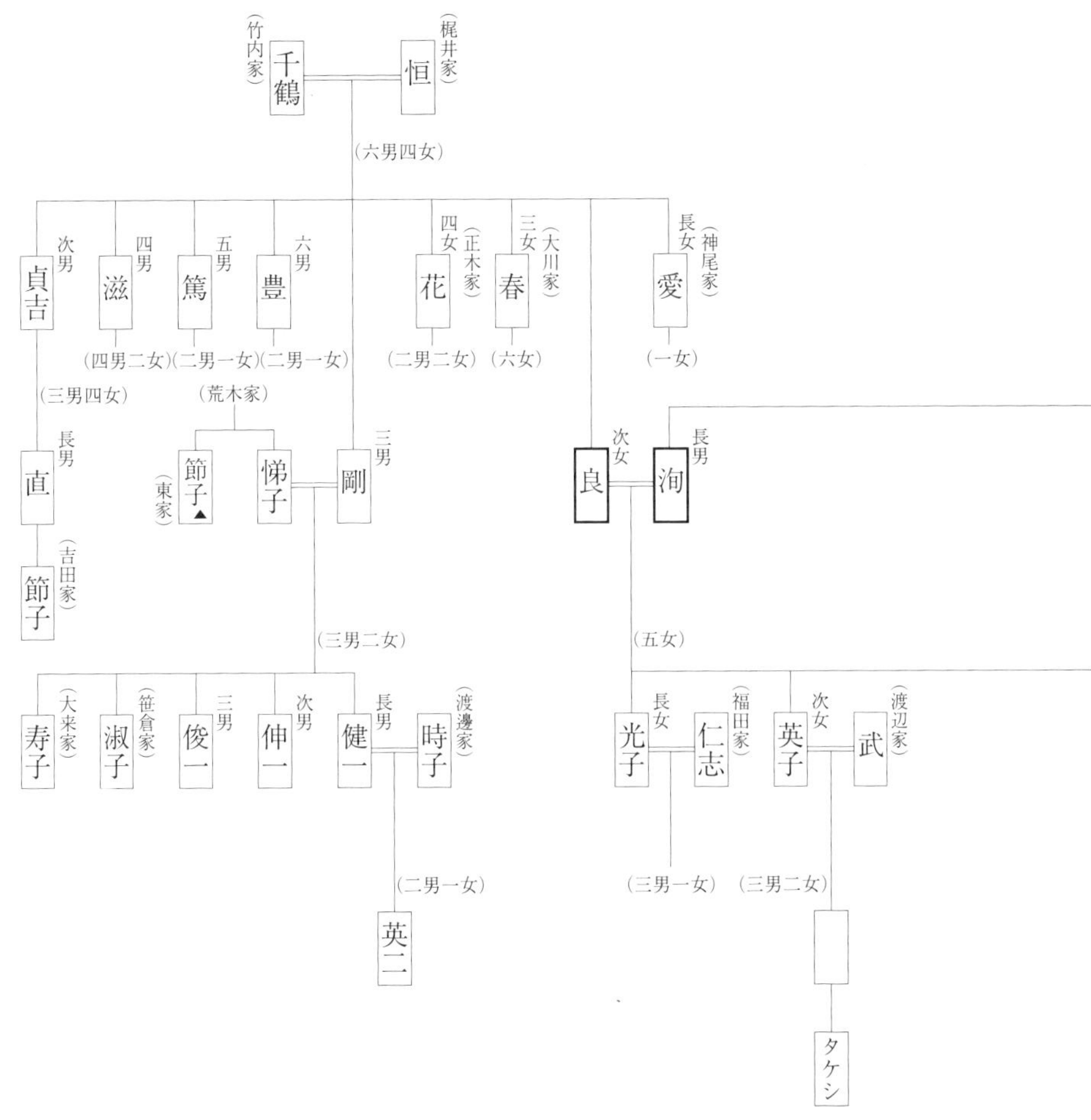

次男健次郎の系図
（巻末の参考文献、聞き取り調査等により筆者作成）

章で後述するが、この『梶井恒日記』（吉田節子氏所蔵）の「明治二十四年五月一一日」を読むと、大津事件に遭遇した陸軍軍医の行動が具体的に書かれていた。

それによると、午後一時に負傷したニコライは、汽車で大津を出立し、四時半過ぎに京都ホテルに戻った。医馬車にて京都ホテルに駆け付けた恒は、河上中将よりニコライに随行しているように命令され、ずっと付き添った、とある。御用掛から帰伴を命じられ、任を解かれると、そのまま六時二〇分発の汽車で大津へ戻り、八時に到着、内藤中佐へ「閣下」の伝言として「儀仗兵一中隊を汽車にて発せしむる事」と伝えた。その後、石黒忠悳総監に「殿下と随行して京都に至り今帰る　御疵頭蓋骨膜に達する部ありと云　御精神には御支りなし」という電報を出した。この日は、深夜になっても騒々しかった。

十時、石黒総監より橋本総監その他に至るべし消毒材料を準備し置く可しと因て、聯隊長を訪れると、細野軍医を京都に派出し、薬剤行李を携帯せしむ事と定め、中村副官を訪。聯隊長の命を伝へ人車に京都行を命じ、細野に到らしめ、余は細野を叩き、京都行を命じ帰宅。換衣病院に至り、薬剤行李を準備せしめ、細野に渡し再び石黒総監に電報す。「消毒材料携帯　細野軍医を京都に遣る」、また京都ホテル宛堀内軍医監に電報す、細野軍医消毒材料を携帯京都に出す。右了りて帰宅　二時就寝。

（『梶井恒日記』）

深夜にようやく就寝した恒であったが、翌日の日記をみると、午前六時に出勤し、第一大隊の朝診断をなし正午帰宅している。そして、「上着を脱し、下袴を着せしまま、假寝す前に、夕方三時間許眠りし迄にて疲労せしが如し」とあり、翌日は疲労のため、午睡をしたことまで書かれていた。この日の午後九時には、天皇陛下がニコライ皇太子の御見舞に京都へ御臨幸となるが、恒は「馬場停車場通御に付、五時三十分正装して馬場停車場に到り九時三十分帰宅」と書いている。大津事件に関して、現場の軍医の行動がよく分かったが、恒の筆まめさも伝わる内容であった。

本章の前置きが長くなった。これらの経歴を持つ恒は、大津事件の起こった年の瀬に、第五子となる次女良（よし）（一八九一〜一九七二年）に恵まれた。この良が、明治四四年（一九一一）に健次郎（次男）の長男である山川洵（まこと）（一八八三〜一九四三年）に嫁いでいる。

洵は水産学者であり、水産講習所と東京帝国大学農学部に勤務していた。水産講習所とは、明治二一年（一八八八）設立の水産伝習所を改組・改称して、明治三〇年（一八九七）に農商務省が発足させた研究所であった。昭和二四年（一九四九）に東京水産大学となったが、平成一五年（二〇〇三）に東京商船大学と統合、現在の東京海洋大学である。今日に至るまで、山川家の長男に嫁いだ良について詳しい経歴が知られておらず、管見によれば、これまでの研究で調査されたことはなかった。また、洵についても職歴程度しか知られていなかった。

これまで、良に関して一番詳しく書かれている文献は、『男爵山川先生伝』にある遺族紹介で、「（長男洵の）夫人良子君は石川縣大聖寺前田藩士梶井恒氏の次女にして賢夫人の誉れ高く、先生の夫人鉚子君が大正五年逝去の後は舅たる先生の御世話を一手に引き受け、且つ忙しい家庭内外の難事をも立派に処理せられ、その甲斐々々しい働き振りは訪問者の著しく感嘆する所である。」（四七六頁）という内容であった。上述のように、健次郎の妻鉚（りゅう）は夫より先に亡くなる。姑亡き後の山川家の奥を預かったのは、嫁してまだ五年ほど、二〇歳半ばの良であった。良は一家を取り仕切り、舅の健次郎、夫の洵を支えることとなり、まさに「二人の夫に仕えたようになった」（『羇旅』一七五頁）のである。

著者は、健次郎の曾孫にあたる三木邦夫氏、梶井恒の曾孫にあたる梶井英二氏と出会うことが出来、良の周辺に関する多くの史料を拝借し、多くのお話を伺った。また、第二章に紹介した桜井ミワの曾孫にあたる鵜沢佳子氏からも良に関する多くの史料を拝借することができた。

邦夫氏は、昭和二三年（一九四八）東京生まれで、健次郎の長男洵の三女教子氏の長男である。教子氏は、中央大学教授の三木忠夫に嫁いだ。邦夫氏については後述する。良は祖母にあたり、晩年の良は三木家で過ごしていた。

英二氏は、昭和二五年（一九五〇）名古屋生まれ、梶井恒の三男剛の長男健一（一九一六〜二〇一一年）の次男である。剛は第三章に登場した山川戈登の同級生であり、その詳細は後述する。その長男健一は、東京帝国大学経済学部卒業後、日本銀行を経て、名古屋鉄道社長・会長を歴任した。日本銀行名古屋支店の課長時代、支店長高梨壮夫と共に経営の悪化したトヨタ自動車を救った業績がある（日本経済新聞「私の履歴書」豊田章一郎の回に記載あり）。英二氏は、慶應義塾大学商学部を卒業し、積水化学工業に勤務、国立公文書館監事も務めた。良は、祖父の妹、大叔母にあたる。英二氏と邦夫氏のお二人は、はとこ同士であった。本章をまとめるにあたり、同じ空間で時を共にして、明治期の山川家、梶井家を現代につなげることが出来た。

本章では、健次郎の山川家に嫁した女性はどのような生き方をしたのかを明らかにするため、健次郎の妻銉と、そして嫁である良についての記録を探った。ちなみに、山川家の本家は、浩（長男）が家督を継いだことは周知だが、明治三一年（一八九八）一月二六日に佐賀の乱・西南戦争の功績により、「男爵家」となっている。次男である健次郎は結婚により分家したが、大正四年（一九一五）一二月一日に多年の功により、同じく「男爵家」となった。戊辰戦争での敗北を乗り越え、「男爵家」となった一族を支えた女性たちの足跡である。

健次郎の妻・銉

健次郎（次男）は、明治一四年（一八八一）に唐津藩士丹羽新の次女銉（一八六五〜一九一六年）と結婚した（写真48）。銉の父である新は、郷里で同僚と刃傷事件を起こしたことが原因で上京したようで、以前は丹羽ではなく「米溪」と名乗っていた。新の妻はなか、城で腰元をしていた時は「浪路」と呼ばれていた（『羇旅』六頁）。

写真 48　健次郎・鉚
（大正 4 年（1915））
（『吾亦紅』口絵より）

写真 49　明治 32 年（1899）12 月 17 日の山川家
左から次女佐代子、三女照子、鉚、長男洵、健次郎、
三男憲、四男建（『吾亦紅』口絵より）

結婚当時、東京帝国大学理学部教授嘱託であった健次郎は二七歳、鉚は一七歳であった。娘の照子の回想録には、鉚は姉の操（三女）に見出されたようで、たっての望みで山川家に迎えられ、結婚当初は牛込区若松町（現新宿区）にある長兄浩邸に同居となった。当時の山川家の本家には、健次郎の母艶や姉たちもいた（『吾亦紅』八六頁）、とある。この「姉たち」とは、二葉（長女）、操（三女）と思われる。

　これについて、健次郎の孫光子の回想録では「鉚は東京浅草の柳北女学校に通学していたが、生来美貌の為下校の途中、弟健次郎の嫁探しをしていた二葉に見染められ、後健次郎と結婚した。」（『羇旅』六頁）とあった。二葉は巷で見つけた娘の跡をつけたようで、浅草の陋屋（ろうおく）にひっそりと住んでいた丹羽一家の娘と分かり、健次郎の嫁にと白羽の矢を立てたという。仲人は池田晃潤夫妻であった（三二頁）。

　見染めたのは、二葉か、操か。鉚が柳北女学校に通学していたとは、ここで教壇に立っていた操が関係していると思わせるが、二葉が跡をつけたとは具体的である。いずれにせよ、「義姉」に見染められた鉚は、利発な性格で、姑艶より可愛がられたという話は共通している。

　娘の照子は「母とは親子ほども年の違う小姑達は、女ながらに会津の戦争で鍛えられた男勝りの婦人たちで、それぞれ良人を失って生家に戻ってい

写真50　明治30年代の山川家（小石川）
（『吾亦紅』口絵より）

た。…父の一番上の姉などには世捨て人の祖母さえ、気をつかっていた」と感じていた。また、鉚と姑である艶の関係については、「この難しい家庭に入った母の戸惑いはどんなだったか、想像にもあまりあるが、姑の勝誓院の限りない愛情と理解のもとに、母は成長し人格が築き上げられた」（『吾亦紅』八七頁）と回想する。

そのような環境に置かれた鉚は、「誠につつましい賢夫人で、華美な交際社会にはあまり出席せられず、専ら家庭にあって先生に対する内助と、多くの令息・令嬢の教育に尽くされた」（『男爵山川先生傳』四五六頁）と評され、照子もまた「母上は誰にも慕われるおやさしさの一面、武士の妻にふさわしい凛とした方でおしかりをうける時はほんとうにこわかった」（『吾亦紅』一二六頁）と残している。

健次郎夫妻には七人の子ども（四男三女）が生まれたが、成長したのは五人であった。明治一六年（一八八三）に生まれた洵が長男で、次男夵（やすし）（生年一八八四年）、長女艶（生年一八八六年）は早世、次女佐代子（一八八八〜一九六七年）、三男憲（ただす）（一八九〇〜?）、四男建（たける）（一八九二〜一九四四年）、三女照子（一八九八〜一九九〇年）に恵まれた（写真49）。

三女の照子は、すでに何度も引用している回想録『吾亦紅（われもこう）』（私家版、一九八六年刊）を著している。雑誌『老壮の友』『会津会会報』などへ寄稿した随筆を一冊にまとめたものである。大正八年（一九一九）四月に東龍太郎（あずまりょうたろう）（一八九三〜一九八三年）に嫁ぎ、三男二女に恵まれた。東は、東京帝国大学医学部を卒業し、同大学教授として活躍した。また、スポーツ医学の先駆けであり、日本オリンピック委員長やＩＯＣ委員を歴任、東京都知事を昭和三四年（一九五九）

〜昭和四二年（一九六七）まで務めた人物である。『吾亦紅』は、照子の少女時代の想い出だけではなく、大阪船場の薬種業を営む東家、それも一〇人兄弟の長男の嫁となった奮闘やアメリカ旅日記や日本各地への旅行記などもあり、貴重な回想録である。

ここに、山川家の日常が鮮明に残っている。健次郎は、明治二二年（一八八九）頃、伝通院から程近い初音町（現文京区小石川）の旗本屋敷、高家衆の六角家（六角越前守）の屋敷を千円の代金で購入した。六角家は、千代田城柳の間出仕、二千石の家柄であった（写真50）。

家柄の通りに大きな屋敷で、約二千坪あり、土蔵三戸、五〇〇坪の池、池の背後には山があり桜の木が何本もあった。会津から上京する書生たちのために大きい屋敷を求めたそうで、間数はなんと、二一もあった。

健次郎が屋敷の一番奥まった上段の間（床の間、違い棚つきの十畳）に控え、鉚の部屋、子ども部屋、書生部屋、女中部屋に分けられ、台所は二〇畳もあった。子ども部屋は長男の洵が一〇畳と四畳半の二間ある二階を次女佐代子と共有し、年齢が下の兄弟たちには一階が割り当てられた。池には島があり、幾つも橋がかかっていた。池の水を調整する水門があり、少しずつ流れを門外に出していた。流れは小川になっており、裏庭には茶畠や丹波栗、胡桃の木があり、その収穫を楽しむ生活であった（『吾亦紅』九四〜一〇六頁）。

照子は、屋敷の様子を「両親、兄弟五人、常住五人の書生、爺やと婆や、若い女中三人、それに絶えず来る親類、同郷人などの出入りが多い。」（『吾亦紅』一〇八頁）と書き残している。

書生のなかには、鉚の知らない間に下宿から蒲団を肩に担いで書生の一員になったものもいた。ちなみに、帝展無鑑査の大正新南画の大家となった湯田和平（一八七九〜一九二九年、湯田玉水）は、南会津田島の出身で、日露戦争の帰還後に書生となり、一〇年間居座っていた（『吾亦紅』一一一頁）。

健次郎の子女たちの出身校

初音町の屋敷を購入した頃の健次郎の職歴をみると、明治一九年（一八八六）に三三歳で東京帝国大学理科大学教授となり、明治二一年（一八八八）に理学博士号を授与され、明治三四年（一九〇一）六月、四八歳で東京帝国大学総長に就任した。明治三七年（一九〇四）八月には貴族院議員に勅選、翌年一二月に東京帝国大学総長を退いたが、明治四〇年（一九〇七）六月には明治専門学校（現、九州工業大学）総裁を経て、明治四四年（一九一一）に九州帝国大学総長に就任している（『男爵山川先生傳』一～九頁）。健次郎は、明治の教育界を牽引する重要な職務を担っていた。

このような偉大な父を持つ子女たちであった。長男の洵、本人が書いた「履歴書」が残っていた。これは、昭和一三年（一九三八）度の東方文化事業の一環として研究助成を外務省に申請した書類（外務省外交史料館所蔵、戦前期外務省記録より）にあった。洵は、明治四一年（一九〇八）七月、東京帝国大学農科大学（農芸化学科）を卒業し、同月大学院に進学したとある。しかし、大学入学以前の学歴が記されていなかった。（表3）

そこで、旧制第一高等学校から第七高等学校の卒業生を調べてみると、第六高等学校（岡山）の第三期卒業生・二部農科の名簿に「山川洵、東京府平民」（『第六高等学校一覧』一三〇頁）が見つかった。明治三八年（一九〇五）七月三日卒業とある。高等学校卒業年と大学卒業年が修業年数と合っているので、洵のことと思われる。事実なら、洵は岡山で高等学校時代を過ごしたことになる。この年の卒業生は一六〇名、農科は八名であった。

これについて、洵の弟・建（健次郎四男）を同じく各旧制高等学校の名簿で探すと、大正四年（一九一五）七月の第七高等学校（鹿児島）の第一部英法科卒業生の名簿に名前があった（『第七高等学校造士館一覧』二〇三頁）。健次郎の教育方針であったのか、多くの書生の面倒をみる一方で、息子たちには親元を離れた学生生活を送らせていた。また、洵が高等学校を卒業した年を生年より数えると二一歳、大学を卒業した年は二五歳であった。

表３「山川洵の履歴書」

西暦	年月日	経歴	所属
1909	明治42年3月24日	入営ノ為大学院退学	
1910	明治43年3月31日	水産講習所科学及製造ニ関スル試験事項ヲ嘱託ス	農商務省
	10月26日	任水産講習所技師　叙高等官七等	内閣
1914	大正3年7月22日	水産講習所在外研究生ヲ命ズ	農商務省
1916	大正5年5月16日	北亜米利加合衆国へ向ケ出発	
	（自大正5年9月～大正6年8月）	エール大学シェフィールドサイエンティフィック・スクールニ於テ科学ヲ研究ス	
	（自大正6年9月～大正9年6月）	ロックフェーラー研究所ニ於テ科学ヲ研究ス	
1920	大正9年7月4日	帰朝	
1921	大正10年2月3日	任水産講習所教授　叙高等官五等	内閣
	大正10年10月24日	東京帝国大学農学部講師ヲ嘱託ス	東京帝国大学
1922	大正11年5月4日	農学博士（第22号）授興	東京帝国大学
1923	大正12年12月28日	兼任東京帝国大学教授　叙高等官四等	内閣
		農学部勤務ヲ命ズ	文部省
		水産化学講座兼任ヲ命ズ	文部省

（出典）「大陸魚類ノ科学的研究事業助成」（外務省外交史料館所蔵）より著者作成

ちなみに、建は、高等学校在学中である大正二年（一九一三）に山川家の本家の養子となり、家督を相続した。大正七年（一九一八）に東京帝国大学法科大学を卒業した後、高等文官となった。千葉県警視理事官、静岡県地方事務官、文部事務官兼文部書記官、普通学務局事務課長、文部省社会教育局長、専門学務局長などを歴任し（『人事興信録第八版』ヤ六八頁）、貴族院議員にも勅選された。妻綾子は東京出身の高杉晋の次女で、東京府立高等女学校卒業、三男に恵まれた。ちなみに、建の次男健明は東北大学在学中に学徒出陣し、百里ケ浜（現、茨城県小美玉市）で飛行機訓練中に事故死した（『羇旅』九一頁）。

また、もうひとりの弟憲（健次郎三男）については、各高等学校の卒業生名簿から見つけることができなかった。

一方、三女の照子は、東京女子師範学校幼稚園から同校小学校、同校高等女学校へ進学し、健次郎の転勤にも同行し福岡高等女学校への転校を経て、大正六年（一九一七）に東京女子師範学校高等女学校を卒業した（『吾亦紅』三七九頁）。福岡高等女学校への転校の経緯とは、健次郎が、明治四四年（一九一一）四月より九州帝国大学総長に就任したのに伴い、同年九月に福岡に引っ越したというのが理由であるが、滞在はわずか二年足らず、大正二年（一九一三）三月に東京に戻っている。すぐの転勤となったのは、以下の状況があった。

明治四四年（一九一一）一一月、天皇のお召列車が入れ替えの作業中、脱線した。天皇は乗っていなかったが、出発が遅れたことに責任を取り、門司（もじ）駅職員が自殺してしまう。明治天皇は遺族へ恩賜金を賜ったが、玄洋社が「職員の一死を永久に記念する」として建碑の寄付を呼びかけた。

これについて、健次郎は自殺を賛成できず、建碑計画に反対との意見を福岡日々新聞に発表したのである。この発言が天皇への不敬であるとの運動が広がり、衆議院で「山川問題」として文部大臣追及の質問が行われるなど事態は深刻化していった。そのため、九州帝国大学総長から東京帝国大学総長へ転任させることで終息させたのである（『九州帝国大学初代総長山川健次郎』二一五頁）。

照子は、父の転勤について廻った。福岡での生活は短かったが、晩年には福岡高等女学校の同窓会に参加しているので、きっと楽しい学生生活を過ごしたのであろう。

池袋の山川家と、長男洵の結婚

洵が大学を卒業した明治四一年（一九〇八）、山川家は初音町から池袋（豊島郡巣鴨村大字池袋一〇〇番地）に引っ越しをした。照子の回想録によると、新築した屋敷で、引っ越した当時は野中の一軒家、場所は巣鴨拘置所の近くにあった。「池袋の家もだだっぴろく、物理学者の父上のご設計になったもの丈に、耐震、採光、通風を充分考えられていた」とある。冷房がない時代、風の通り道を充分に考えた構造であった。屋敷の間数の記述はないが、女中部屋でも一八畳、二千坪の庭にテニスコートまであった（『吾亦紅』一三五～一五〇頁）。

健次郎の妻鉚の従姉妹の夫は、建築家・辰野金吾（たつのきんご）（一八五四～一九一九年）であった。金吾は健次郎の同僚であり、総二階であった池袋の屋敷の設計をおかしいと進言したというが、形がよい家より住みやすく衛生的な家がいいと退けている（『吾亦紅』一四三頁）。これについて、健次郎の孫の光子、艶子氏の回想録などをみると、いつの間にか「池袋の家は辰野金吾の設計」と伝わっているようである。どのような構造であったのか、現存していないのが悔やまれる。

当時一二歳の照子は、監獄の近くで気持ちのよいことではなかったというが、新築の木の香、畳の美しい色、広い長い廊下、ランプに代わるガス灯のあざやかな青白い輝きに感動を覚え、だんだんと田園の住居が気に入ったと記している。

池袋の屋敷での健次郎は、夜は一八時に就寝し、目覚めは朝三時、読書の時間となり、五時半に入浴（書生が風呂を炊く）、六時にきっちりと食堂に向かい、時計のような毎日であった。朝食はお味噌汁に半熟の玉子が浮き、鮭のかす漬けの小片の焼いたものに焼き海苔、香の物という様子であった（『吾亦紅』一三五～一五〇頁）。

屋敷には玄関脇の書生部屋にいつも三～四人書生がおり、木綿の袴をつけ、玄関の取次、男客の給仕、門から玄関までの掃除を担当した。女中は若いのが三人と年寄り（婆や）がおり、爺やもいた。女中は小間使、中働き、下働き（台所働き）と別れ、小間使は一五～六歳、中働きは年に制限はなかった。中働きは、二〇歳前後でも丸まげに結うことで桃割れの小間使と区別していた。

小間使と中働きはお上通りするので（健次郎の前に出る）、羽織は許されず、帯は夏冬なくおたいこを高くしょっていた。下働きは、飯炊きで台所にいつもいたので、髪も長持ちのする銀杏返しに結び、寒いときははんてんを着たり自由であった。女中も書生も志願者ばかりで、時には断るのに困るくらいであった（『吾亦紅』一三七～一三八頁）。

鉚は、書き物が好きであった。明治二八年（一八九五）八月より大正四年（一九一五）まで欠かさず日記をつけていたといわれ、『男爵山川先生伝』に一部日記の抜粋がある。が、現在、日記の所在が不明となっており、もっと鉚の人物像が分かったのかも知れないので、全文が読めないのは残念である。

照子の回想録によると、池袋の屋敷の一番奥まった部屋が健次郎、次の間が鉚の居間で桐の机があり、硯箱やまき紙、葉書などが並んでいた。いつもきちんと丸曲げに結んで、この机によっていたり、布地を膝につもりものをして

写真51　山川洵・良結婚式
（『羇旅』口絵より）

いたりした。池袋の山川家には、初音町に住んでいた頃よりの髪結いお角が三日おきに来ていた。伝通院から徒歩で来ており、一日がかりで夜までゆっくりし、下働きの髪も皆結っていった（『吾亦紅』一三六～一五三頁）とあった。

明治四四年（一九一一）三月三一日、このような山川家の長男洵に良が嫁入りした（写真51）。大家族の長男の妻であった。これ以前、洵は、東京帝国大学大学院へ進学したが、明治四二年（一九〇九）三月二四日には入営のため大学院を退学していた。

兵役は学生に不利益という意見があるなか、健次郎は尚武主義であり「兵役に関しては之を最も厳粛にして苟も男子たるもの、必ず服務しなければならない。」という考えで、洵について「一年志願兵として体格検査の結果、近視眼の為め一旦不合格に決定したのであるが、先生は検査官に強いて再検査を要請し、遂に目出度く工兵に合格と決定したのであった。」（『男爵山川先生傳』四八〇頁）との逸話が残る。洵は、一年志願兵として陸軍に士官し、陸軍工兵少尉となった。そして、兵役を終え、明治四三年（一九一〇）三月より、深川区越中島に在る水産講習所に奉職した。兵役と就職を果たしたことで、妻を迎えたのである。

照子は、洵と良の結婚式の前日に両親によばれ、「小姑は鬼千匹といわれる、お前も明日から小姑となるのだからよく心して言動をつつしまねばならない。もし姉上に対し少しの失礼のふるまいがあらば許して家におく事はならぬと厳しく申しつけられた」という。山川家の嫁を迎える礼儀正しさが伺える逸話である。まだ子どもの照子は、姉の出来ることが嬉しく、お控えの前の廊下を用がないのにぐるぐる歩いた（『吾亦紅』一五一頁）と残す。

良が嫁入りした頃について、以下の逸話が残されている。

> 梶井家の質素な生活から、山川の貧乏暮らしに入ってもさぞ驚きはしなかっただろうが、姑鉚の弟等家族の他に、じいやの宇之助、ばあやのホーバチャン、会津の学生たちと女中数人の大家族の中でのくらしは並大抵のものではなかったと想像する。嫁のつとめとし、朝は女中とともに起き、廣い家の拭掃除、夜は最後の戸閉ま（ママ）り検分というスケジュールが組まれていた。弟建は中々利発な人だったので、兄嫁の苦労を察し自分も雑巾を持って拭掃除などしたので、鉚も母の拭掃除を免除したという話も聞いている。此の時代に、格式ある家で男子が雑巾を手にするなどという事は考えられなかった。　（『羇旅』七頁）

兄嫁の大変さを労わる弟の建の優しさが心を温かくする。この逸話は、文中に「母」とあるように、洵・良夫婦の長女光子による回想である。光子は、母・良のことを「父（梶井恒のこと）の職業柄、各地を動き、小学校は小石川伝通院近くの礫川小学校、その後姫路を経て、府立第二高等女学校を卒業した。一時お茶の水高女の専攻科に席を置いたが、後竹早の師範に進み、此処を首席で卒業した。」（七頁）と紹介している。府立第二高等女学校＝竹早の師範のことであろうか、いずれにせよ、女学校を首席で卒業した「梶井良」が山川家の長男の嫁となった。

梶井家と、梶井良の少女時代

良の少女時代は、どのような環境であったのか。梶井家に伝わる資料を、梶井英二氏から拝借した。それらは、良の父である梶井恒の次男貞吉の長男直（なおし）が調査した「梶井家の系譜」「梶井家の歴史」「梶井恒略歴」であった。調査は六代目少澤（明治二〇年（一八八七）没）が記していた梶井家に伝わる由緒書に拠るもので、昭和六三年（一九八八）

写真52　明治33年（1900）の梶井家
後列左より次男貞吉、三男剛、前列左より四男滋、次女良、千鶴（五男篤を抱く）、長女愛、三女春
（『わが半生』口絵より）

夏に、梶井直が梶井健一宛てに送り、以降、健一の次男英二氏が保管していた。本章の叙述は、それらの資料による。

それらの資料から梶井家の初代は五郎右衛門（享保一七年（一七三二）没）で眼科を生業としており、明治一六年（一八八三）に大聖寺鷹匠町（現石川県加賀市）に移住してからも、代々眼科を生業とした。行商人に貝殻が原料の目薬の作り方を教わったのが切掛であったと伝わる。

七代目となる恒もまた医師を志した。恒は、明治元年（一八六八）四月より華岡青洲に従い漢方医学外科修行、明治二年（一八六九）八月より山城国西京新宮涼民に従い洋法医学内科修行、明治三年（一八七〇）一〇月より東京医学校にて洋法医学内科修行をした。

明治七年（一八七四）より陸軍軍医副本病院に配属され、近衛歩兵第一連隊第一大隊医官心得・本病院第二課兼務（明治一一年（一八七八））、東京鎮台歩兵第二連隊第三大隊医官（明治一三年（一八八〇））、第二軍官派出教導団生徒召募検査医官、仙台陸軍病院課僚（明治一六年（一八八三））を経て、明治二三年（一八九〇）六月に大津陸軍病院長に就任した。

恒は、明治八年（一八七五）に千鶴（ちづとも、安政五年（一八五八）生）と結婚した。九谷焼の陶芸家・竹内源三郎（竹内吟秋）の長女で、同じ大聖寺出身であった。源三郎の弟も浅井一毫という陶工で二人とも赤絵を得意とした。

恒・千鶴夫妻は、六男四女に恵まれたが、先に述べたように、大津事件が起こった明治二四年（一八九一）の一二月四日に誕生したのが次女良であった。大津には約五年間駐在しており、良は大津で生まれた。

良の兄弟姉妹は、長男は早世、長女愛（生年一八八一年）、次男貞吉（生年一八八五年）、三男剛（生年一八八七年生）、

四男滋（生年一八九〇年）、次女良（生年一八九一年）、三女春（生年一八九四年）、五男篤（生年一八九八年）、六男豊（生年一九〇〇年）、四女花（生年一九〇七年）であった。貞吉が嫡子となった（写真52、53）。

良の四歳年上の兄梶井剛は、逓信省工務局長、日本電気社長、電気通信協会設立などを経て、日本電信電話公社初代総裁、海外電気通信協力会会長、FM東京代表取締役、東海大学初代学長などを歴任した大人物である。逓信省時代に、海底ケーブルを利用した長距離電話の実用化に貢献したことで知られ、日本の電気通信の黎明期を支えた功績がある。

写真53　梶井恒・梶井千鶴（梶井英二氏所蔵）

ちなみに、剛は、昭和四三年（一九六八）四月に回想録『わが半生』を上梓しているが、あとがきに謝辞として、「校正は桜井懋が勤めた」とあった。第二章で紹介したミワ（次女）の四男である。福岡の明治紡績合資会社に勤務していた懋は、昭和一三年（一九三八）三月に子供の教育のため、一念発起して上京した。懋の自伝（「吾が家の記録と吾がたどった道」）によると、桜井家の住居が整うまで、良が長兄貞吉の旧宅が空いているので仮住居として提供する段取りをしたり、懋の再就職を二兄剛に頼んだりしてくれたようである。その後、懋は、剛が関連する会社に勤め、晩年まで剛の秘書のような役割を担った。

良の兄の回想録から、梶井家の生活を探ってみる。剛は大津で小学校四年生まで過ごし、恒の転勤により金沢に一年間滞在し、次に広島に移った。恒は転勤が多く、家族もそれに伴い転々としたことが分かる。広島で、剛は軍人の子弟が入る広島済美学校に通い、明治三三年（一九〇〇）三月に同校を修業、同年四月に広島県立第一中学校へ入学した。

広島での生活について「屋敷が広くて、裏にずっと畑がありました。そこで竹を伐ってきて、その竹を縄でくくって家をつくり、その下に朝顔を植えると、だんだん伸びてきて、やがて花で竹の家が包まれてしまう。その中に小さな腰かけを持っていって、そこで本を読んだものです。」とあり、日常の一場面が伺える。良も広島の小学校に通っていたと考えられるが、剛の回想には登場しない。

また、剛は「私は乱暴者で喧嘩ばかりしていました。兄弟喧嘩をすると、母がとんでくるのですが、やっているのを見るといつでも一方は私で、あとが兄弟のうちのだれかだものですから、「おまえは相手変われど主変わらず、いつも喧嘩の主だ」といって叱られました。生存競争上、よほどファイトを燃やして、喧嘩ばかりしていたのでしょう」（『わが半生』五～六頁）

写真54　良の兄たち（明治40年6月21日）
右から滋・貞吉・剛（梶井英二氏所蔵）

と回想する。広島の梶井家では、剛や良の兄弟が次々と誕生しており、賑やかであったと思われる。

明治三四年（一九〇一）、恒は姫路の軍医部長に異動となる。この時、剛と長兄の貞吉は転校を避け、広島第一中学の教師で同郷の岩崎氏に預けられた。良は姫路に同行したようだが、他の兄弟姉妹も同行したと思われるが、はっきりとした記録はない。

姫路を経て、明治三六年（一九〇三）六月に五五歳となった恒は休職し、東京へ移った。ちょうど中学校を卒業した長兄貞吉は、第一高等学校三部（医科）へ入学となり、東京で家族と合流したが、剛は広島に留まり、陸軍大尉のもとで過ごした。剛は、明治三八年（一九〇五）に第一高等学校二部（理工科）に入学となるが「私の姉妹達が笑うほど、一生懸命になって勉強したわけです。」(『わが半生』九頁)と回想する(写真54)。

東京での梶井家は、小石川の伝通院前の安藤坂(現、文京区春日)に屋敷を構えた。ちなみに、この頃の山川健次郎の屋敷もまた伝通院から程近い初音町(現、文京区小石川)にあったのである。

良の兄たちは第一高等学校に入学し、貞吉は三部(医科)、剛は二部(理工科)に進んだ。そうして、女学校を卒業し、二〇歳になった良は、山川洵と結婚となった。二人がどうして結婚に至ったのかの記録はなく、孫にあたる三木邦夫氏にも伝わっていなかった。梶井家と山川家は、東京での住居が至極近隣であったことは分かったが、その周辺を探ってみると接点は伺えた。一点は陸軍での人脈で、良の父・恒と洵の伯父・浩は同時期に陸軍に出仕しており、洵の従姉ヤエ(操養子)は、陸軍軍医の鶴田禎次郎に嫁ぎ、良の長兄・貞吉も陸軍軍医であった。二点は、良の兄・剛と洵の従兄・戈登が同級生であったという接点だが、縁談をまとめるのは年齢的に難しい。

いくつかの接点はあるものの腑に落ちず、長らく疑問に思っているのだが、『梶井恒日記』に良の結婚についての記録があった。明治四三年(一九一〇)一〇月二四日の日記をみると、「午后一時、山川戈登の家に寄留する工兵少尉を診し去て、午后角太郎を訪。山川にて診せし患者に付ての意見を話し、二時過帰宅小憩」、同年一一月一三日には「此日、山川後室来ると云を以て、丁酉倫理会に行かんと欲して止む」との記述があり、良の結婚前からの梶井家と山川家との交流が伺える。日記を読み進めると、この結婚には「後藤角太郎」が深く関係していることが分かった。

『梶井恒日記』にある良の結婚

『梶井恒日記』は良の父・梶井恒が元治元年(一八六四)から大正七年(一九一八)まで五四年間書き続けた日記であることは、本章の冒頭の大津事件に関して示した。現存しているのは三九年分(元治元・二年、慶應三年、明治二・三・五年、明治一二〜一九年八月、明治二六〜四五年、大正元〜三年、大正六・七年)であった。日記原本は、薄紙に筆でびっしりと書かれており、下書きしたものを清書したようで、五年ごとに和綴じされている。現存する年は、一～一二月のほぼ毎日、仕事の内容をはじめ、訪問先・来訪者などの交友関係、家族の動向、拝受した手紙など、日常が詳細に記録されている（写真55）。

その存在は、恒の曾孫にあたる梶井英二氏より伺った。ご自身も曾祖父の日記の存在を最近知った。すなわち、英二氏は令和二年（二〇二〇）三月、梶井家のお墓参りの際、梶井貞吉の一族に初めてお会いした。貞吉は梶井剛の兄で、祖父同士が兄弟、つまり、はとこにあたる方々であった。お会いした貞吉の一族は、貞吉の長男直の子・梶井誠氏、吉田真・節子（旧姓梶井）夫妻、貞吉の末子明の妻・梶井とし子氏、子の寛子氏であった。この日に、直の晩年を共に過ごした節子氏より、お互いの曾祖父である梶井恒が書いていた日記が見つかったこと、何が書いてあるのかご興味を持った吉田夫婦が現在、翻刻作業中であることを伺ったのである。

その後、筆者も節子氏を御紹介頂き、先に紹介した明治二四年（一八九一）の日記や、明治四四年（一九一一）前後の日記を拝借すると、良の結婚についての記録があることが確認できた。その日に梶井家の人々が出会わなければ、本書で紹介することができなかった。その偶然と恩恵に感謝したい。

『梶井恒日記』はほぼ毎日書かれているが、本書では、良の結婚に関連する記述（明治四四年二月～三月）だけを以下に抜粋した。結納の目録まで記されていたことに驚く。明治末期における婚姻までの両家の交流や、娘を嫁がせる父親が書いた日記録としても貴重である。

『梶井恒日記』（明治四十四年）

二月　一日　水曜曇、午前十時家を出、後藤角太郎を訪、良子の写真一葉を渡し十二時少し過帰宅。来山川の使。

三日　金曜、午後千鶴は平井政遒方へ嬢の結婚の祝する為に行、帰後直に山川の後室を訪四時過帰。

十二日　日曜　晴　来　後藤角太郎　写真を持参

三月　四日　土曜　来　後藤角太郎　山川の書生

五日　日曜晴、午後一時山川の家千鶴と良子とを伴い行。山川健次郎夫婦及息とに面し、一時間話し、二時去て、後藤角太郎を訪、十分許話し帰。

六日　月曜晴寒風強、午後区役所へ行、良の為に身分の證明を請、直に帰来、山本鼎。

十九日　日曜曇、午前千鶴は、白木屋の良子のために買い物に行き、十二時過帰宅。

二八日　火曜晴、来山川の母、水野勝太郎、山崎桂策。

二九日　水曜晴、午後山川と後藤と水町とへ昨日結婚のことに付申越されし、返事をなし。行きは人車、帰りは歩し四時過帰宅、千鶴は良の嫁入り支度の為三越へ行、夜は又買物に行、来水野勝太郎。

三十日　木曜晴、十一時帰、喫飯後、区役所へ行き良が山川へ送籍の手続きを問合せ、戸籍謄本を明朝受け取る約をなし。十二時千鶴と共に不忍池の観業博物場、三越及松屋へ行。良の嫁入用□の買物をなし五時帰宅、千鶴は六時過より喜久井町山川へ行。

茂久路久　（大証書二つ折　六つ半折）色紙の上に壽の字を記す

一　家内喜多留　壱荷　一　志良賀　壱台　一　勝男武士　一　須留女　一　壽恵廣　一　洋服地

右幾久しく御受納相成度候なり

明治四十四年三月三十一日　山川洵殿　梶井恒

三十一日　金曜曇強風、午前は区役所へ行き戸籍抄本をとり水野勝太郎へ渡す、水野、山川洵の結納を持来り、直に御返しをなす、来水野、河崎室、尾張室、竹内室、午後五時石黒の茶話会に行、会者左の如し、松本直形・石坂篤保・草刈義弥・山上兼善、夜九時過帰宅。

解説である。明治四四年（一九一一）の二月一日の項によると、梶井恒は後藤角太郎を訪れ、良の写真を二枚渡している。その写真は後藤が山川家へ届けたのであろう。二月十二日、今度は後藤が梶井家へ「写真」を持参しているが、借用した写真の返却か、それとも洵の写真だったのだろうか。三月四日には、再び後藤、そして山川家の書生が梶井家を訪れている。

後藤角太郎とは誰か。調べると、静岡出身の医師であり、「後藤角太郎先生之伝」（『明治医家列伝』第四編）があった。これによると文久三年（一八六三）生まれ、明治一七年（一八八四）に医師となり、湯島・大磯を経て、明治二五年（一八九二）に東京聖慈医院長に就任、東京府知事に東京風土改良法案を建議し、「医薬分業」を唱えた人物（二九五頁）とあった。著書を探ると、『医薬分業論』（一八九一年刊）、『学生衛生』（丸山舎書籍部、一九一〇年）、明治期の『中外医事新報』（日本医史学会）にいくつかの論考がみられた。彼が山川家にも出入りする人物で、恒と同じ医師であった。

三月五日、恒は妻千鶴、良と山川家へ挨拶に行ったことが記されていた。ここで、洵と良は初めての対面を果たしたのだろうか。その後すぐに、正式に結婚が決まると、千鶴が嫁入り道具を松屋や三越で準備し、結納品まで細かく知ることができた。山川家へ良の写真が渡されてから、挨拶～結納と二か月足らずで事が進み、嫁入りが決まった。この期間の日記には、同年三月一日に次男貞吉が医師免許状を取得したこと、五男篤はどこの中学校を受験したらいいかなど、家族の日常と出来事が克明に記録されており、子女に世話を焼きながら、幸せに満ちた梶井家の様子が伺える。

明治四四年（一九一一）四月以降の日記にも、山川家と良に関する記録が頻繁に登場する。例えば、「四月二日晴、午前石黒へ一昨日の禮に行、帰路の良子の買物をなす」、「四月三日雨、午後二時半、水野夫婦来。良子の嫁するを伴い、山川洵方へ行き、三時余。千鶴は人車にて四時山川へ行、婚禮を□へ九時帰宅」、「四月五日午後、山川健次郎を送らんと花子を携て、池袋停車場に至る」などのように、ほぼ毎日のように山川家と梶井家の行き来がみられる。

また、恒は、娘の嫁ぎ先となった山川家の親戚に挨拶をして廻っていた。すなわち、「四月一五日、午後零時、家を出電車、青山終点に到り、隠田の大山元帥を訪。三日の挨拶。」、「四月一六日、午前九時家を出、同心町の山川操を訪。名刺を置き去て、久野町工学博士寺野精一氏（の弟寛二氏の嫁に山川洵の妹がゆき、今工学士にて明治専門学校にあり）と云を訪。十五分許話、帰途。」、「四月一九日、午前、壽徳庵にて菓子を買い、久野正太郎を十七日に馳走になりし禮に行、帰途、青山憲兵分隊の裏なる工学博士辰野金吾を訪。山川室の弟、十二時前帰宅。午後石坂篤保を訪、暫話し去て、飯田舘に長崎の検事正山川徳治を訪、不在。山川常盤氏の婿。六時帰宅」等とあった。訪問先をまとめると、大山巌、山川操、寺尾精一、辰野金吾、山川徳治であり、娘を想いながら、連日東京中を移動している恒を想像すると、実に微笑ましく思う。

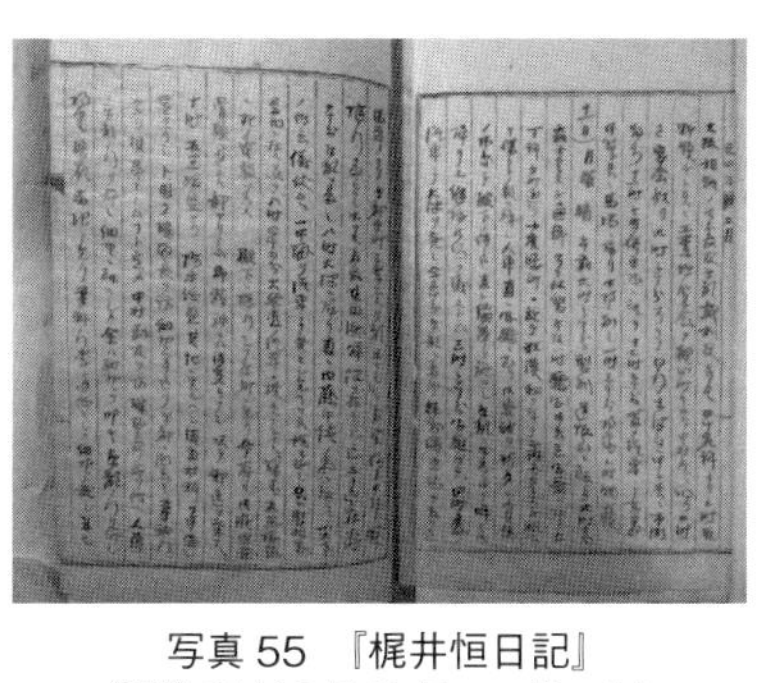

写真55『梶井恒日記』
（明治24年5月11日の一部のみ）

四月二九日には、「午後四時、山川室及娘（照子）、山川洵及室良子の四人、俗に謂う里帰りにて来。寿しとすのものとを出して談話、二時間許にして去」との記述もあった。里帰りは、義母鉚と義妹の照子も一緒であり、お寿司を囲んでの和気あいあいとした雰囲気が満ち溢れている。

これ以降も、鉚、操の梶井家訪問や良の里帰りなど、梶井家と山川家との頻繁な交流の記録が分かりつつある。恒の日記は、膨大である。陸軍軍医であった梶井家、そして山川家の明治期以降の動向を知る非常に貴重な日記で、全文翻刻の完成が楽しみである。著者もまた、大津事件も含め、『梶井恒日記』の詳細は他稿にて続報をしたいと思っている。

洵と良の新婚生活とアメリカ留学

明治四四年（一九一一）三月、高潔な山川家に迎えられた良であった。洵・良夫妻は、池袋の屋敷で過ごしたが、結婚の半年後、前述したように健次郎や鉚、照子たちは福岡に引っ越したので、二年ほど、広い屋敷に新婚夫婦だけ（と、書生など）の時期があった。

夫妻は五人の姉妹に恵まれる。明治四五年（一九一二）四月に長女光子（みつこ）が誕生し、続いて、次女英子（ふさこ）は大正三年（一九一四）生、三女教子（のりこ）は大正一〇年（一九二一）生、四女復子（なおこ）は大正一二年（一九二三）生、五女艶子（つやこ）は大正一五年（一九二六年）生であった。大正四年（一九一五）に健次郎が男爵となったこともあり、五女全員、女子学習院に通った。

さて、大正二年（一九一三）三月、池袋に戻った照子は「池袋の家は大きく兄上の家族も同居し、召使いの数も多く、福岡の生活とは格段の相違だった。…じいやには毎朝池袋の駅までおくってもらった。かえりは女中の誰かが又駅まで時間をはかって出迎えてくれる」（『吾亦紅』一四五頁）と回想しており、洵の家族も同居していたことと、自由に一人歩きを許されていなかったことが分かる。

そのような照子もまた、姪の躾けの役割を担っていたようで、「照子叔母は私は自分のいう事をきかないとヘコ帯で私をぐるぐる巻きにし納戸に押し込めたりしたが、私も子供としては力の強い方だったから、中々おとなしく縛られてはいず、叔母を大分手こずらせた。母がそんな時、どんな表情をしていたか、つまびらかではない。」（『羇旅』一六頁）という光子の回想がある。なんとも現代では驚くような躾けではある。

厳格な山川家であったが、一同のそろう夕食は楽しかったようで「一日のあった事などを我々兄弟は話し出し、ご両親は我々の親しい友達の名はもとより、その人がらなど皆覚えておしまいになるので、ひとしおのおもしろさだった。父上は昔のお話、今の世の中のことなどをいろいろな話をして下さる。昔の中国のこと、会津の戦争のことなどを伺うのはほんとうにうれしくて、思わず箸のすすみを怠ることもしばしばだった」（『吾亦紅』一四七頁）とあった。

新婚の洵は、水産講習所に奉職していたが、前掲した「履歴書」（表3）をみると、大正三年（一九一四）七月「水産講習所在外研究生ヲ命ズ」とある。外務省外交史料館所蔵の『文部省留学生関係雑件』をみると、「水産講習所技師山川洵独逸留学ノ件」が公文書に残っていたが、本文が添付されていないため留学の詳細は不明である。

ちなみに、同史料館が所蔵する『農商務省留学生関係雑件』には「水産講習所研究生山川洵監督方依頼ノ件」が残っていた。農商務大臣大浦兼武が外務大臣加藤高明宛で、ドイツへの渡航中、日本の特命全権大使に洵の監督方をお願いしたいという内容であった。これらから、洵はドイツに留学したことが分かる。

また、大正五年（一九一六）五月から四年間渡米し、イェール大学に加え、ロックフェラー研究所にて学んだことが履歴書により分かっている。これについて、洵の曾孫にあたるタケシ・ワタナベ氏（生年一九七五年）がイェール大学資料室で山川家の痕跡を調査していた。日本名は渡辺健氏であり、洵の次女英子の孫にあたる。

ワタナベ氏は、イェール大学を卒業した。調査当時、コネチカット・カレッジ助教授であり、現在はウェスレヤン大学東アジア研究科助教授を務めている。大学での紹介をみると日本文学と美術（平安文学、日本の食文化、日本茶の文化など）を専門になさっているようである。ワタナベ氏の調査によると、健次郎がイェール大学からの名誉博士号授与の招待を断る一九〇九年の手紙と、洵がイェール大学に留学する際の手紙があった（『山川健次郎と藤田哲也』四〇頁）という。

洵が父と同じイェール大学で学んだことは、身の引き締まる勉学の日々であったろう。洵は留学に際し、良と二人の幼子は日本に残していった。留学について、長女光子の回想録をみると、父洵がアメリカ留学から帰って来た時に横浜まで迎えに行った事と、生まれて初めて腕時計というものをお土産にもらい嬉しかった事（『羇旅』一五頁）や、また留学そのものに関して、「アメリカのエール大学に留学する予定であったが、祖母の病気の為、数か月のばしていた」（一〇頁）とあった。

鉚の死

鉚は、大正五年（一九一六）三月一三日、五一歳で亡くなった。前年一一月一〇日の大正天皇御大典に参列のため、京都を訪れている。照子の回想録には「大正天皇、今上陛下の御大典の際、二回とも参列の光栄にあずかった両親と洵兄、建兄の京都の土産はやはり人形で…。」（『吾亦紅』一二四頁）とあるので、息子たちとの楽しい一時ではあったと思われるが、このあと、体調を崩した。

同年一二月一日に健次郎に授爵の恩命があったのだが、この時、すでに鉚は病床であった。ちなみに、同時期に勲功の士として男爵を授爵されたのは九名で、健次郎はじめ、穂積陳重（法学者）、大倉喜八郎（実業家）、大森鐘一（枢密顧問官）、森村市左衛門（実業家）、田中芳男（博物学者）、古河虎之助（実業家）、三井高保（実業家）、横田國臣（検事総長）であり（『男爵山川先生傳』四五四頁）、錚々たる顔ぶれに交じっての授爵であった。

健次郎は授爵の一報を、貴族院登院中に聞いている。前日の鉚の日記（一一月三〇日付）には、宮内省よりフロックコートを着て明日午前九時に出頭せよとの連絡があったが、この日は、貴族院の開院式であったため、東宮御学問所の用事かと思って、小笠原長生（ながなり）（一八六七～一九五八年）に代理を頼んでいた。鉚は「新聞やより、よひより一二時迄引っきりなしに電話かけて、男爵になったろうと幾度も幾度もきいて困る。何の事か気にかかる」（『男爵山川先生傳』四五五頁）と記しており、授爵までの騒々しい山川家の様子と、それとは対照的な健次郎の冷静な行動が分かる。

ちなみに、代理を頼んでいた小笠原とは海軍中将であり、東宮御学問所で八年間共に評議員を勤めた仲であった。唐津藩初代藩主小笠原長昌の孫で、幕政下、最後の老中小笠原長行の長男である。鉚と同郷であり、縁が深かった

（『歴史春秋』八六号一五二頁）。小笠原は著作のなかで、健次郎のことを「フロックコートを着た乃木将軍」、「東郷元帥は武人の典型、山川健次郎は文官の模範的人物」（『偉人天才を語る』一三五頁）と評している。

鉚は、検査の結果、胆石病と分かり、翌年一月より入院となるが、闘病叶わず、二か月足らずで亡くなった。入院中は経過がよく、退院も間近という事で、下駄に小さな車をつけ寝たまま歩く練習などしていたが、急変を来したのである（『羇旅』九頁）。

初孫の光子は、まだ四歳になっていなかったが、「よく丸髷に結い、黒っぽい和服で暮らしていた」祖母鉚の想い出を残している。

祖父母の部屋で、祖母が知人のクロベのばあさんの伝説的な話をしてくれたのは、その時の雰囲気で覚えている。クロベのばあさんとはどんな知合だか不明だが、おそらく、下町の人だろう。アンコロ餅をたべ、アンコを口の廻りにつけたまま寝た処、鼠に唇をかじられたという作り話の様な出来事である。あとの記憶は皆ぼんやりしているが、葬儀の時、賜物の果物や干菓子が白木の台に盛られていた事を思ひ出す。そしてちょうど来ていた石塚の息子達がつまんで食べていた事も付随して思い出す。（『羇旅』一〇頁）

滑稽な笑い話を孫に語る山川家の温かい日常を垣間みることができる。葬儀に参列した石塚の息子とは、常盤（四女）の孫のことである。葬儀には大正天皇、祐仁親王より喪中尋ねとして菓子折が下賜されていた。

この時、洵は三三歳、末の妹照子はまだ一九歳であった。鉚の死後、照子は相当落ち込んだが「お淋しそうな父上のお顔を見上げるとふさいでもいられない気になった私、父上を何とかしてお慰めしたいと思う時、自分の寂しさ、悲しさは飛んで行ってしまう」（『吾亦紅』一四九頁）と書いており、妻の死に直面した健次郎が一番落ち込み、堪えていたことが分かる。その姿を洵、そして良もまた傍でみていたであろう。健次郎は、鉚を悩ました胆石病の研究のため、大正七年（一九一八）、大正八年（一九一九）に胆石病研究奨励資金として金三〇〇円を三浦内科に寄付している（『男爵山川先生傳』四五七頁）。

その後の健次郎は、明治専門学校評議員や枢密顧問官、武蔵高等学校校長などを歴任していくが、鉚が亡くなってから、嫁の良が山川家の家事一切を取り仕切ることとなった。

『會津雜記』の存在

三木邦夫氏より拝借した史料に『會津雜記』（私家版）がある。かつて、会津若松市立会津図書館か福島県立博物館に寄贈したらしいが、同所には所蔵が明示されていなかった。邦夫氏は、洵の三女教子氏の長男である。和綴じで製本され、ワープロで印字されていた。表紙には「山川健次郎述」となっているが、「山川良筆記」とあり、あとがき（三木教子記名）には以下が記されていた。

本書は母山川良の遺品を復刻したものである。山川良は山川健次郎の長男洵の妻であったが、健次郎の妻鉚が大正五年逝去の後は山川家の家事一切を取り仕切り、健次郎に仕えた。原文は健次郎が折にふれ語った会津の想い出を書き留めて置いたものを、まとめて和罫紙に筆写したもののようである。その性質上、記事には一貫した筋があるわけではなく、また、判読に苦しむ所もあるが、会津に興味を持たれる方々の参考となれば幸いである。

残念ながら、翻刻し製本した年月が記されていなかったが、三女教子氏が母の「遺品」を復刻したということで、良が亡くなった昭和四七年（一九七二）以降に製本したことは分かる。

三木家について述べる。教子氏は、兵庫県明石市出身の三木忠夫（一九一六～二〇〇九年）に嫁いだ。三木家は長男一郎が京都帝国大学出身、次男忠夫が東京帝国大学理学部出身であり、特に忠夫は神童と呼ばれていたほどであった。専門は力学（物理学）で熱心な教育者であり、古事記や万葉集を読み、クラシックを嗜む文化人でもあった。

忠夫・教子夫妻は、結婚当初は山川家に居候していた。忠夫は、中央大学の教授（力学、常微分方程式などの応用数学者）を務めていたが、途中一〇年間、病気のため休職しており、教子氏は闘病の夫を支えた。教子氏の姉にあたる光子は「三木は病気入院、子どもらは小さく、母は教子を助けるのに、夢中だった。」と回想する（『羇旅』一七六頁）。

夫妻は一男二女（長女治子、次女章子、長男邦夫）に恵まれた。邦夫氏によると、母教子氏もまた、とても厳格であるという。晩年の良は練馬の三木家で過ごしており、良はここで最期を迎えた。

写真 56　東京大学・安田講堂裏手、理学部の前にある健次郎の胸像（昭和 5 年製作、文京区本郷）（平成 25 年（2013）5 月撮影）

教子氏は、平成一八年（二〇〇六）、九州大学に「山川健次郎初代総長関係資料」を寄贈している。当時、九州大学ロンドン事務局長であった山田直氏の夫人迪子氏が教子氏の姪（洵の四女復子の娘）であった。山田氏を通して、三木家が所蔵していた健次郎関係資料と復子宛の葉書などが寄贈された。これらは、九州大学のニュースリリース（平成一八年六月一六日付）に示されており、『太政官日誌』『十八史略』などの歴史書に加え、徳富猪一郎（蘇峰）書状（大正一三年、山川健次郎宛）等、一五点あった。良が死期を悟ったとき、「（健次郎の）山川家はもうおしまいなので、いろいろ処分してくれと話した」と邦夫氏は聞いているので、子どもたちはこれらを実行したのであろう。

他にも、東京大学理学部一号館前の山川健次郎の胸像は、長女光子が嫁いだ福田家より寄贈されたものである。胸像は、もともと洵の家にあったものであった。五女艶子氏の談によると、長女光子が祖父の遺品を引継ぎ、その次男宏明が東京大学に寄贈した（『山川健次郎を語り継ぐ鼎談』八頁）との経緯があり、光子も山川家関係の資料の整理に尽くしたことが分かる。

確かに、胸像をみると「二〇〇六年一二月に曾孫福田宏明氏より寄贈」と記名してあった。現在も本郷の東京大学キャンパスで、健次郎に会うことができる（写真56）。

『會津雑記』に残された健次郎の「御話」

三木家では、山川家関係の資料を整理すると共に、良の筆記の記録を整理・翻刻していた。『會津雑記』は、一頁が一二行×二五字で三八頁あり（およそ一一四〇〇字）、全文は未発表である。

書き留めた最初の日付は大正三年（一九一四）で、一行目に「父上に承りし御話」（以下、「御話」）という文言から始まる。「御話」は三九話ある。表4は、「御話」の主な内容である。

日付には、年月日の記載がある場合と年と月だけの記載の場合もある。また、日付のない「御話」もあるため、日付のある「御話」に連続して内容を示した。そのなかには、ただ家系図が示してある頁、和歌や漢詩を筆記した頁もあり、良の記憶のためのメモ書きのような意味合いもあったと思われる。また、日付は「御話」を伺ったその日なのか、書き留めたその日なのか不明である。かなり詳細な内容なので、メモを取りながら聞いており、聞いた日からそう遠くない日に書き留めたと推察する。

そのなかで、御話5の冒頭には珍しく「母上様、照子様、憲様は京都に、旦那様は湯河原に御出の頃也」と出来事

表４『會津雑記』にある「御話」の内容

御話	日付	「御話」の内容	備考（記載の和歌）
1	大正３年ごろ	①会津藩の兵学について	
2		②保科正之の伝記「千歳松」の由来について	和歌１首（吉川維足作）
3	大正３年７月17日	①会津藩の知行所について	
4		②藩政時代の山川家の家人について	
5	大正４年４月９日	①横山主税常守（会津藩士）について	
6		②幕末の京都での会津の動向について（長州藩との関係）	
7		③会津開城後の猪苗代謹慎から佐渡までの動向（奥平謙輔について）	
8	大正４年８月末	八宗（南都六宗に天台、真言を加えた）、十宗について	和歌２首（作者不詳）
9	大正４年９月13日	大嘗祭の忌み言葉について	
10	大正４年10月６日	①柴四朗（会津藩士）の大叔父柴景隆の和歌について	和歌４首（柴景隆作）
11		②幕末、樺太探検に行った会津藩士について（山川兵衛が参加）	和歌２首（赤羽二兵衛作）
12		③小山田傳四朗（会津藩士）の狂歌について	狂歌３首（小山田傳四朗作）
13	大正５年４月12日	①木村丑徳（会津藩士）の父兵庫の和歌について	和歌１首（木村兵庫作）
14		②会津の青木獅子、天寧獅子について	
15		③会津藩の嫡男以外は内職をしていたことについて	
16	大正５年５月	①永縁＝初音僧正（平安時代の歌人）について	和歌３首（初音僧正作）
17		②沢田名垂（会津藩校日新館和学師範）の狂歌について	狂歌１首（沢田名垂作）
18		③加判の列（重臣）、同心について（山川家の場合の例）	
19		④神道について（吉川維足の経歴（吉田家、吉川神道）、山崎闇斎の垂加神道、両部習合神道、本地垂迹）	
20		⑤土津神社の神主（桜井豊記）について	
21		⑥今泉常四郎、常五郎、沼澤七郎、武井源三郎（会津藩士）について	
22		⑦山川家の家人について	
23		⑧会津藩の樺太探検の組織について（山川兵衛の活躍）	
24	大正６年３月	①伯夷・叔斎（殷代の兄弟）のことを沢田名垂が詠んだ和歌について	和歌１首（沢田名垂作）
25		②千種有功（幕末の歌人）の和歌について	和歌２首（千草有功作）
26		③在原業平の和歌（伊勢物語より）について	和歌１首（在原業平作）
27	大正６年６月	①三姉操の洋行のときに押川春流が詠んだ和歌について	和歌１首（押川春流作）
28		②小川清流（歌人、小川亮の父）が日光口での戦いの後、山川浩が詠んだ和歌を直したことについて	和歌３首（山川浩作、１首は訂正が入った和歌）

29		③山川家、神尾家、横山家の家系図について	
30		④健次郎の洋行に前後して居た人々の名簿（46人）	
31	大正8年3月	①会津藩主（6代～9代、神号で記載）の系譜について	
32		②柳田勝太郎（会津藩士）が蛤御門の警護をしたときの和歌について	和歌1首（柳田勝太郎作）
33		③蘇秦・張儀の師鬼谷の逸話より真龍寺の住職を鬼谷先生と呼ぶ奥平謙輔について	
34		④梶原家の家系図（内藤家、横山家と親戚関係）について	
35		⑤難波大助（虎の門事件）の大逆についての和歌	和歌1首（山川健次郎作）
36		⑥玉虫左太夫（仙台藩士）の漢詩	
37		⑦曹操の漢詩	
38	昭和3年	①石黒忠悳（陸軍軍医）との和歌と詩の交換について	和歌1首（山川健次郎作）
39		②木本左門（会津藩士）の和歌について	和歌1首（木本左門作）

の付け足しがあった。鉚や子どもたち、洵は不在で、健次郎の身の回りは良が世話していたのであろう、その時に聞いた「御話」の筆記であった。

その日の御話（5～7）の筆記は六頁に渡り、内容は横山家と山川家の家系図、横山主税常守の話であった。横山主税は、慶応三年（一八六七）、パリ万国博覧会の随員として渡欧した横山主税（ちから）常守（一八四七～一八六八年）のことで、健次郎らの従兄であり、惜しくも白河口の戦いで戦死した。遺児又作（後の常道）の説明もしている。

そして健次郎が会津開城後、猪苗代で謹慎したこと、長州藩士奥平謙輔に世話になり佐渡に行ったこと、上京し前原一誠と交流したこと等の内容であった。登場する健次郎を、少年時代の逸話での登場でも一人称を「父上様」と記していた。照子の回想録にも「父上はいろいろな話をしてくださる」とあったが、良の筆記をみると、嫁である良にも多岐にわたる分野の「御話」を語っており、家庭でもある種の講義が繰り広げられていたかのようであった。

古代中国の歴史、会津藩の歴史、和歌の嗜み、自分の経験談などを話すことで、山川家の奥を預かる良に対し知識と教養を与え、また藩政時代からの山川家の歴史や家系図を示し、現在の親戚関係についても説明していることが興味深い。家族の留守中、舅として嫁に山川家の親類の話や体験談を話す姿は健次郎の家庭生活のなかでの新しい一面であった。

『會津雜記』にある日付は、大正三年（一九一四）から大正八年（一九一九）、昭和三年（一九二八）であった。洵の四年間のアメリカ留学と重なる時期もある。

健次郎は、大正三年（一九一四）四月に裕仁親王（のちの昭和天皇）の教育機関として組織された東宮御学問所評議員に任命された。東郷平八郎が総裁で、評議員は軍人がほとんどのなか、健次郎が唯一の学者であった。主な活動は、裕仁親王の学問の時間割や各教科を誰が担当して教えるかの人選であった。人選の動向などは、『男爵山川先生傳』に詳しい。

すでに何回か述べたが、この頃の健次郎の経歴を列記すると、同年八月には京都帝国大学総長任命、東京帝国大学総長との兼任であった。翌年一二月に男爵授与、大正五年（一九一六）一月二二日には学習院評議会会員に任命、同年三月に妻鉚が死去となり、その後、大正六年（一九一七）三月理化学研究所顧問、大正八年（一九一九）九月東京帝国大学付属航空研究所所長を経て、翌年、東京帝国大学総長を依願退職した。良にとっては、舅の相変わらずの重大任務、夫の留学に加え、男爵叙爵、姑が亡くなる、という大きく環境が変わった時期であった。

『會津雜記』をみると、鉚の死後すぐの大正五年（一九一六）の四月、五月に良が筆記した内容は一〇頁と多い。このような時でも良が筆記を続けたことは、もちろん健次郎の「御話」があったのであろうし、鉚に代わって山川家の家事を取り仕切ることになった良に、沢山の「御話」をした健次郎の姿が見て取れる。それに答えるように、良は小まめに筆記を残した。

洵がアメリカ留学となり夫に関する家事や用事が以前より減ったのであろうか、それでも幼児が二人いたわけで、良は、書き物が好きであった姑鉚に近づこうとしていたのであろうか。そういえば、新婚すぐの頃、健次郎たちが福岡に転勤時に出された「機嫌ききの手紙」についての逸話がある。光子の回想によるものである。

> 現在の嫁の立場からは想像もつかないへり下った物言い文面で、巻紙に毛筆で候文で綴られていた。時に二一、二歳であった筈だが、文と言い字と言い、現在七〇歳を超す自分が恥ずかしく思える様に見事なものだった。全体を通しささいな事に対する御礼と御詫の連続だったが、夜の僅かな時間にしたためたであろう母の姿が彷彿として目にうかぶ。当時の母の生活は、朝召使と一緒に起き、夜は一番最後に手燭を持って戸閉（ママ）りを見てやっと寝に就くという。過労の為、たまに里の梶井家に行ったときは、只々寝かして貰って自由の時間を過ごしたという。
>
> （『羇旅』一七四頁）

嫁いだばかりの良の緊張と、意気込みを感じる。また、良は、自ら台所にたつという事は余りなかったようだが、「その頃ではあまり見かけない小さな天火を使ってクッキーなど焼き、子どもを喜ばせてくれた。その他マカロニをカップで焼いたものなどはっきりと頭に残っている。」という回想がある。また、以下の逸話は貴重であった。

> 母は言うならば祖父の私設秘書という可き仕事をしていて、長い廊下を小走りに往来していた姿が目にうかぶ。あの頃母が外に買い物に行くということはまず無かったと言えるだろう。百貨店の番頭が出入りしたり、兼安という本郷の小間物屋や、菓子の紅屋が黒ぬりの箱に見本をいれて持って来たりしたものである。そんな中で、珍しく百貨店に連れて行ってもらった。それはたぶん三越か上野の松坂屋だったと思うが、入口ではきものの上にズックの足袋カバーの様なものをかけて貰い、全店畳敷の店に上がるという仕組であった。勿論今の様な高層建築ではなく、せいぜい二階建て位だったろう。全景は覚えていない。
>
> （『羇旅』一七六頁）

「私設秘書」という言葉が示すように、良は家庭に在った健次郎を支えていた。小走りで、広い家の中をあれこれの用事に動いていたのだろう。また、百貨店の記憶はいつの時期の回想かは不明であるが、良が幼い娘と共に出かけた日常が分かり、大変微笑ましく思う。良は何を求めたのか、気分の高揚が伝わる。

また、大正一〇年頃には、照子が夫東龍太郎のロンドン留学のため、息子克彦を連れて、山川家に寄寓している。この時、照子は妊娠中で、大正一一年（一九二二）の初春、実家で女子を出産した。ロンドンにちなみ、敦子と名付けられたが、良は「小姑の親子連をむかえ、一そう多忙な明暮となった。」（『羇旅』一七頁）という。良も大正一〇年（一九二一）に三女教子を産んだばかりであったので、賑やかな池袋の山川家が想像できる。

健次郎の最後の職となった「武蔵高等学校校長」は、大正一五年（一九二六）四月七日〜昭和六年（一九三一）三月一〇日まで勤めている。健次郎は、同年六月二六日、七七歳で亡くなった。死の直前まで職務を果たしていたことが分かる。

健次郎が亡くなる前後のことは、『男爵山川先生傳』（四六五頁）に詳しくある。重篤の報に、枕元には洵と良、次女佐代子と夫寺野寛二、三女照子と夫東龍太郎、四男建夫人、建は外遊中であった。その他、甥の大山柏らが詰め寄り、健次郎の旅立ちを見送った。鉚が亡くなり、良が山川家の家事を取り仕切るようになってから、一五年目のことであった。

親も子も大学教授

昭和元年（一九二六）に発行された『実業之日本』に「親も子も大学教授」という記事が載っている。「親の山川健次郎が理学博士で、子の山川洵が農学博士、共に御立派なお揃いであるとはいわねばならぬ。前者は前東京帝国大学総長で…、後者は水産講習所並びに東大農学部の教授で、正五位勲何等の御曹司で、農学化学の専攻家として斯界に知られている。」（『実業之日本』第二九巻第一五号　三九頁）とあった。

健次郎の葬儀では、洵は世間に迷惑を及ぼすことと、名聞がましい事を嫌った父の遺志を尊重し、新聞広告を出さず、通知状も女婿（東龍太郎か）の名で出し、供物も辞退した。供物の辞退は、却って故人の徳を穢すもので極端だと非難があったらしいが、「天下は世を挙げて虚礼虚飾に陥り、葬儀の如きも外形的虚栄に走る例が少なくない」との健次郎の遺志を洵は実行した（『男爵山川先生傳』四六八頁）と伝えられる。

健次郎が亡くなった後の洵について、「先生の厳父の山川総長が、枢密院副議長として軍縮条約の締結を遺憾としつつ亡くなられた後で、先生も往年の意気を失われたというのが、教室の古い教員の山県氏などの意見であった。」（『東京大学農学部水産学科の五十年』五三頁）とあり、父を亡くし意気消沈する洵の姿が伺える。（写真57、58）。

水産学者として活躍する洵の動向をみると、海外留学に加え、実に出張が多くあった。留守中に子どもの教育をしていたのは、家庭を守る良であったであろうし、洵の活躍には良の支えがあった。

健次郎の存命中であるが、洵の弟子の麓禎康は、良について「母堂なきあと、山川男爵家のホステスとして、才色兼備の令名高い夫人には、急ぎの書類を届けた時など、ビールでねぎらっていただいたり、山川総長の在世中は華族会館（霞山会館）で開かれたという門下生のための忘年会にお宅へ招かれたりして、お世話になった」（『東京大学農学部水産学科の五十年』五七頁）との回想がある。麓の生没年や詳しい経歴は不明であるが、学者であったようで、一九七〇年代に神戸大学教育学部の所属が確認され、一九八〇年代は市邨（いちむら）学園大学（現、名古屋経済大学）の紀要に多くの投稿がみられる。

また、洵と麓が調査に出発するときは、「（洵）先生は列車が出る一時間以上前から東京駅に来られるので、お供の方が遅れて恥をかいた。そこには夫人が令嬢をつれて必ず見送りに見えた」（『東京大学農学部水産学科の五十年』五五頁）とあった。出張に出かける前の洵と家族との日常の一場面が浮かび上がる。

家族との旅行先も海が多かったようである。いい思い出ではないが、大正一三年（一九二四）に洵・良一家は、千葉一の宮で夏を過ごしていた。海が荒かったので、川で泳いたが、三姉妹（光子・英子・教子）が赤痢菌に罹ってしまうという難儀があった。池袋の自宅に帰ると、健次郎はじめ、他の家族が生活しているので、千葉の国立病院での入院生活となった。良は病院と池袋を往復することとなり、洵よりは「心配する事はないよ、人間はそんなに簡単に死ぬものではないよ」と励まされた（『羇旅』二五頁）、とある。

写真 57　山川洵
（『東京大学農学部水産学科の五十年』53 頁）

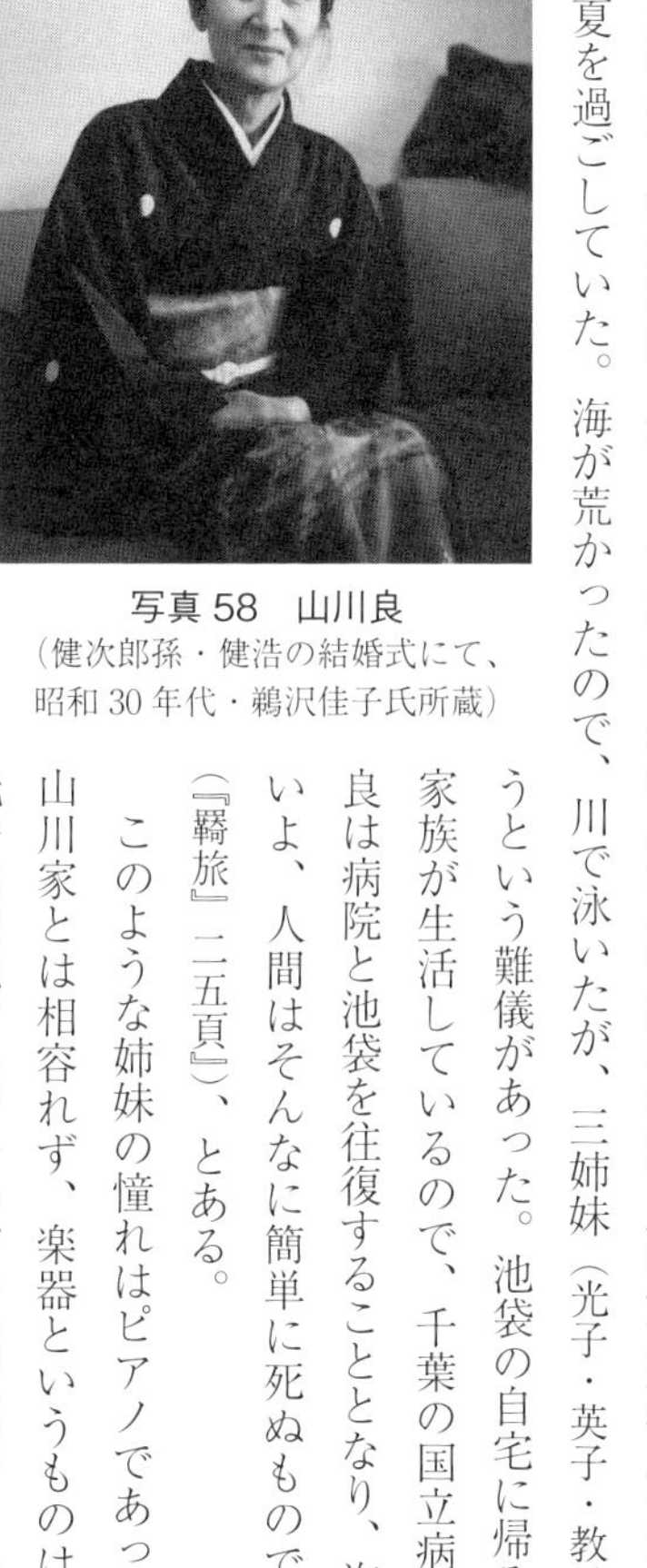

写真 58　山川良
（健次郎孫・健浩の結婚式にて、昭和 30 年代・鵜沢佳子氏所蔵）

このような姉妹の憧れはピアノであったようで、「旧態依然たる山川家とは相容れず、楽器というものは何一つなかった」と長女光子は回想する。オルガンは買ってもらえたが、タッチも違うため、諦めきれなかった。その後、とうとう良の許しを得て、池袋駅近くの教室でピアノを教わることとなったが、その先生自身がバイエルを弾き間違えるというお粗末さのなか、教則本を一冊仕上げた（『羇旅』二六頁）、という逸話は可愛らしい。

五女艶子氏は「私の父も大学の先生をしておりまして、…堅い職業に携わる本当に真面目な人でした。」と回想し、そして「母がとても感謝していたのは、祖父が嫁である私の母に対してほんとうに良くたててくれたことです。…母は嫁として一度も嫌な思いをしたことがないし、ありがたかったということをいつでも言っておりました」（『山川健次郎を語り継ぐ鼎談』八〜一二頁）と語っている。

健次郎はどうしてもの付き合い以外は宴会にはほとんど出なかったというが、家庭での晩酌は好きであった。いつも決まって二合、冷酒は飲まず、火鉢に鍋をかけて燗をしており、鉚の死後、良は健次郎の晩御飯の時はいつも傍に座り、相手をしていた。良は「お酒がのめない家」から嫁にきたので、奈良漬けで顔を赤くしていたようであるが、健次郎から舐めるくらいのお酒を寄こされ、少し呑めるようになった（『山川健次郎を語り継ぐ鼎談』九〜一三頁）とある。

健次郎の死のあとで

明治四五年（一九一二）に発足した「会津会」がある。明治中期より、小石川小日向第六天町（現東京都文京区）にある子爵松平保男（会津藩九代藩主松平容保の五男）の屋敷に会津出身者が集まり、春秋二回の懇親会を開いていたが、「会津会」発足の発議があり組織された。健次郎は松平家の家政顧問をしていた。

「会津会」は会報を発行しており、会津出身者の随筆や思想、意見、近状、子孫動向などが掲載され、二〇二一年時点で一二七号まで発行されている。現在の会員は八〇〇名を数える。健次郎は「会津会」を「同郷人の切磋琢磨の機関」（『會津會々報』第一号五頁）と考え、発足当時の中心メンバーとして会報に多くの投稿をした。

会報三九号（昭和六年〈一九三一〉刊）は、「山川健次郎先生追悼談」という特集であった。同年一〇月二六日、伝通院にて「山川男爵追悼会」が営まれ、その夜の晩餐会（於西川楼）では柴五郎をはじめ、多くの追悼が語られた。その追悼談が会報の特集となったのであるが、最後に洵による「礼状」が付記されていた。

追悼会には洵をはじめ、妻良ら家族六名が出席したとある。〇〇名以上の出席者があり、晩餐会にも八〇名の出席者があった。出席者名簿をみると、松平保男、柴五郎をはじめ、松江春次、井深勝治、外島政衛など錚々たる顔ぶれの旧会津藩出身者の名前があり、洵は故人の家族として松平子爵と共に上座にあがった（『會津會雑誌』第三九号七四頁）。翌年、会報四〇号の新入会員に「山川洵」の名前がみつけられ（『會津會雑誌』第四〇号　六一頁）、健次郎の跡を継ぐ洵の責任がみられた。洵は、誠実であった。

洵に関する文献調査では、親と比較されたり、健次郎の長男であると紹介されたりする資料がいくつもみられた。洵の行動や研究活動には、いつも「山川健次郎の長男」という世間の評価がまとわりついていたと推察する。それは、一般的に、信頼できるという良い意味でもあり、親の七光りともいわれるような意味でもある。

健次郎の伝記である『男爵山川先生傳』をみると、「男爵山川先生記念会」による凡例があり、ここには「本書の編纂に當って山川先生の令嗣男爵洵氏が、もともと他に示すべき性質のものでない先生の日記及び先生の令夫人の日記の謄寫を快諾せられ、その他先生充ての書状、新聞の切抜帳等を挙げて貸附せられるなど、本書の編纂に絶大な援助を與へられたことは、非常な便益を得たものである。」（『男爵山川先生傳』三頁）とあった。

これ以外にも、洵は父の死後すぐに、父のこれまでの業績が散逸しないよう、「業績リスト」を作成し資料を整えていた（拙著「水産学者山川洵に関する研究」参照）。父の「業績リスト」をまとめる作業をしながら、父の人生を辿り、父に対してどのような思いをめぐらせていたのであろう。洵は、偉大な父を持っていた。自身も父を尊敬し、健次郎の長男として恥じないような行動があり、かつ出過ぎることのない控えめで、実直な性格であったことが推察される。

良の実家梶井家との関係

良が嫁いでから、実家である梶井家とのつながりはどうであったのか。先に紹介した『梶井恒日記』によると結婚当初は、頻繁に梶井家との付き合いがあったことが明らかになった。一方、山川家側の記録をみると、『山川健次郎日記』の大正三年（一九一四）一月四日の来客の記録に「梶井氏」（四四頁）とあった。お正月の挨拶などでの付き合いはあったと思われるが、山川家に嫁いでから数十年経ち、実家の両親が亡くなってからの良を知っている孫の三木邦夫氏によると、「実家に帰省したのは、一年に一回か二回あるかないかで、それもお正月やお盆が終わってからであったろう」と聞いている。

良の兄梶井剛は多くの随筆を残しているが、良についての記述は少ない。ただ一カ所だけ、随筆集『好日』にある山川健次郎の逸話に「私の妹が先生の長男の嫁である」とあり、健次郎を「挙措厳正で自ら畏敬の念を覚える人柄であった」（二一五頁）と書いているが、それ以上はなかった。

剛が亡くなると『梶井剛追想録』が刊行された。剛を偲んで、井深大（ソニー創業者）や澤田美喜（エリザベスサンダースホーム創設）、松下幸之助（松下電気創業者）などが寄稿しており、総勢一二八名、五五〇頁に及ぶ追想録であった。

剛の次女寿子（一九二一～二〇一三年）の回想には、「父の妹である山川の叔母、正木の叔母からは「若い頃、らんぼうで口が悪く、いつまでも忘れられないようなにくまれ口を云われたものですよ」とよく聞かされた」（『梶井剛追想録』五一五頁）とあった。ちなみに、寿子は大来佐武郎（一九一四～一九九三年）に嫁いでいる。大来は、逓信省・外務省出身で所得倍増計画の策定に関わり、外務大臣（大平正芳内閣）を勤めた人物である。

寿子の回想には、祖母（千鶴、良の母）の話もあり、千鶴と剛の姉（長姉愛）で時々旅行に行っており、剛の妻（悌子）も同行したという思い出話があった。そこには「祖母、伯母と秋の山を楽しみに出かけた」（『梶井剛追想録』五一七頁）としかないので、良は同行しなかったのであろう。

ちなみに、剛の妻悌子の妹節子は、東龍太郎の弟俊郎（一八九八～一九八七年）に嫁いでおり、照子の義理の妹となる。俊郎は医師であり、順天堂大教授体育学部長を勤めた。ボート選手として、ロサンゼルスオリンピックに選手として、ベルリンオリンピックには監督として参加している。ＪＯＣ委員も務め、兄の龍太郎同様、スポーツ医学を推進した。

これらの婚姻関係は、良にとっては、兄の妻の妹が、夫の妹の配偶者の弟と結婚したことになる（家系図を参照されたい）。梶井家、山川家、そして東家が巡っての親戚関係であった。三木邦夫氏によると、晩年に至るまで良と照子はとても仲がよく、練馬区上石神井に屋敷を構えた照子は、池袋の山川邸によく遊びにきていたと聞いている。ちなみに、東龍太郎が都知事選に出馬することになり、良や三木家など、親戚中でもちろん応援していたが、内心はとても心配であったと邦夫氏から伺った。

良の長女光子の回顧録『羇旅』をみると、伯父梶井剛の口添えで沖電気に就職した息子の話（一〇七頁）、箱根強羅に別荘を建てる時、黒部川電力の意見を活かし、梶井家に出入りする河崎某氏に監督してもらった（五二頁）などの逸話が散見している。また、邦夫氏によると、大学四年生の時、梶井剛に会った事があると伺った。更にご自身のパリ駐在中には日本から訪れた経済ミッションのメンバーだった剛の長男健一氏と邂逅した記憶もある。山川家と梶井家のつながり、明治期を経て、大正昭和期以降も続いていた。

水産学者・山川洵の研究

洵一家は、昭和一四年（一九三九）に池袋から板橋区（現練馬区）に引っ越しとなり、戦時中は、良と子ども達は栃木県馬頭に疎開していたようである。疎開の前と思われるが、洵は、昭和一八年（一九四三）三月二一日、六一歳で病没した。腎臓結核であった。東京帝国大学退職の日付も同日で、三月三一日に予定されていた定年退官直前の他界であった（『水産學會報』第九巻第二・三・四号　一六一頁）。

健次郎の死から僅か一二年後であった。闘病中は、物資がだんだん手に入りにくくなり、大好物のコンビーフを子

写真55　東京駅のアインシュタイン
右端が洵
（「時空のデザイン」展図録より）

どもたちが探してきては、洵の栄養補給に役立てたが、肝心の適合する薬がなかったことが致命的であった（『羇旅』七一頁）。

健次郎の山川家は、洵の死後、爵位を返上した。その後の良は、まだ嫁入り前であった四女、五女を嫁がせ、その教育に全力を尽くした。良は男子が欲しかったと言っていたらしいが、「叔母の五女艶子氏が、良に娘ばかりで良かったですねと言っていた」という邦夫氏の逸話が筆者には印象的であった。晩年の良と一緒に過ごした邦夫氏は、良自身が健次郎は家族にも礼儀正しくしており、いかに素晴らしかったか、健次郎の曾孫にあたる邦夫氏に伝えており、また邦夫氏が会うことが叶わなかった祖父洵についても礼儀正しい人であったと伝え聞いている。健次郎の存命中はどんなに遅く帰ってきても、健次郎が寝ている部屋の前の廊下に向かい、洵と良の夫婦は三つ指をついて「ただいま帰りました」と挨拶をしていたと、邦夫氏から伺った。日常生活での父への畏敬の念が窺える。

戦時中に亡くなった洵について「良は、夫は戦争の結果を知らないで良かったと言っていた」と筆者は伺った。洵は水産学者としてだけではなく、戦史や満洲に多大な関心を持っていたことは、拙著（「水産学者山川洵に関する研究」）に詳しくあるので参照いただきたいが、洵の一番近くにいた良だからこその意見であると了知した。

洵による戦跡を訪ねた寄稿文「干洪屯（うこうとん）の戦跡を訪ねて」をみると、死に直面するとき冷静でいられるように「平常の修養を怠らないよう」（『偕行社記事』六六八号　四三頁）と訓戒していた。健次郎が亡くなった後、「官報を調べて一回の見逃しもない切手と記念スタンプの収集にその片鱗は残っていた。」（『東京大学農学部水産学科の五十年』五三頁）という弟子の逸話もまた残っている。

一方、学者としての洵は、明治四二年（一九〇九）一月の「魚肉の窒素化合物に就て」（『東京化學會誌』）の論文から始まる。鈴木梅太郎（一八七四〜一九四三年）との共著で、魚肉の窒素化合物についてであった。梅太郎は、静岡出身で当時東京帝国大学農科大学教授であった。ビタミンを発見したことで知られる。鈴木のビタミンに関する研究（成分の化学抽出）は、明治四三年（一九一〇）頃からといわれる。ついでに、大正六年（一九一七）に理化学研究所を設立させ、妻の須磨子は辰野金吾の娘、梅太郎の結婚は健次郎が仲人を務めている。

その後の洵は、入営を経て、全国の鰹節に関する現地調査（うま味成分の検査）を実施した。大正一一年（一九二二）一一月のアインシュタイン（Albert Einstein、一八七九〜一九五五年）来日時には、時を共にしており、東京駅で一緒に写る写真が残っている（写真59）。当時の日本が熱狂した世界的な物理学者の来日時に、洵も一刻行動を共にしたことが分かる。

また、学生とは三崎方面でウミウシの現地調査、満洲へ水産資源の現地調査、満州国探訪など活躍していく。現時点で著者が収集できた洵の論文を表5に示す。良の弟梶井篤との共著もある。

弟子の麓によると、洵の遺稿は後輩の新田忠雄がまとめた。『水産學會報』九巻（昭和一九年（一九四四）一〇月刊）所収の「大陸産淡水魚に就て」がそれで、洵は大陸で採集した魚類の栄養価値の報告を、病床中、死の数日前まで整理していたという。

後進の育成にも尽力し、戦史の研究にも長け、満州問題への関心を持ち、軍縮や軍国主義などについて言及することで当時の社会や軍人に意見を投げかけ、研究者・教育者・文化人として、洵自身も大きな功績、実績を残していた洵は、当時の日本において水産関係の優れた研究者であり、教育者であったことが明らかになったといえる。

表５　山川洵の水産学に関する学術論文、研究報告、実習の動向

発行年	題目	投稿雑誌・掲載書名	備考
明治42年（1909）1月	「魚肉の窒素化合物に就て」	『東京化學會誌』30巻1号	鈴木梅太郎との共著
大正元年（1912）	「鰹節の成分」	『大日本水産会報』362号	筆者紹介は「水産講習所技師」
大正2年（1913）3月	「鮑中ノ硫黄化合物ニ就テ」	『水産講習所試験報告』第8巻第10冊	山本祥吉との共著
大正2年（1913）3月	「鰹節研究　鰹節製造中ニ於ケル化学変化ニ就テ」第1報	『水産講習所試験報告』第8巻第10冊	山本祥吉との共著
大正2年（1913）3月	「鰹節研究　鰹節製造中ニ於ケル化学変化ニ就テ」第2報	『水産講習所試験報告』第8巻第10冊	山本祥吉との共著
大正3年（1913）12月	「鰹節研究第4回　鰹節製造中ニ於ケル化学変化ニ就テ」第3報	『水産講習所試験報告』第10巻第3冊	山本祥吉、関根豊との共著
大正3年（1913）12月	「鰹節研究第5回　鰹節製造中ニ於ケル化学変化ニ就テ－」第4報「黴種ト成分トノ関係」	『水産講習所試験報告』第10巻第3冊	山本祥吉、関根豊との共著
大正3年（1913）12月	「鰹節研究第6回　異ナリタル製造法ノ鰹節ノ成分ニ及ボス影響ニ就テ」第1報「普通法、火乾法及ビ乾湿法」」	『水産講習所試験報告』第10巻第3冊	山本祥吉、関根豊との共著
大正3年（1913）12月	「鰹節研究第7回　鰹節ノ品等ト其成分トノ関係ニ及ボス影響ニ就テ」第1報	『水産講習所試験報告』第10巻第3冊	鈴木直辰との共著
大正3年（1913）12月	「鰹節研究第8回　鰹節並ニ他節類ニ於ケル成分量」	『水産講習所試験報告』第10巻第3冊	
大正3年（1913）12月	「鰹節研究第9回　鰹節製造中ニ於ケル化学変化ニツイテ」第3報続報	『水産講習所試験報告』第10巻第3冊	朝倉唯一との共著
大正3年（1913）12月	「鰹節研究第10回　鰹節ノ品等ト其成分トノ関係ニ及ボス影響ニ就テ」第2報「大正博覧会出品節類ニ就テ」	『水産講習所試験報告』第10巻第3冊	山本祥吉、関根豊、朝倉唯一との共著
大正3年（1914）12月	「「ヒスチヾン」ニ就テ」第1報	『水産講習所試験報告』第10巻第3冊	関根豊との共著
大正3年（1914）12月	「海産動物ノ脳漿ニ就テ」第1報	『水産講習所試験報告』第10巻第3冊	内田孝雄との共著
大正3年（1914）12月	「鰹節製造法ニ就テ茨城福島宮城岩手及青森ノ五縣出張報告」	『水産講習所試験報告』第10巻第3冊	
大正5年（1916）	「新シキプロタミンニ就テ」（英文）	『東京帝国大学農学部紀要』第5巻第4冊	
大正5年（1916）	「新シキプロタミンニ就テ」	『水産講習所試験報告』第12巻第1冊	山本祥吉・朝倉唯一との共著
大正11年（1922）	「イーストニュークレイック」酸ニ就テ	『水産講習所試験報告』第17巻第3冊	
大正12年（1923）6月	第2回「プロタミン」ノ研究新シキ「プロタミン」ニ就テ（第2報）	『水産講習所試験報告』第19巻第1冊	野方不二雄との共著
大正12年（1923）6月	第2回「ニュークレイック」酸ノ研究「イーストニュークレイック」酸ニ就テ（第2報）	『水産講習所試験報告』第19巻第1冊	西村庄松との共著
大正12年（1923）8月	第3回「プロタミン」ノ研究新シキ「プロタミン」ニ就テ（第3報）	『水産講習所試験報告』第19巻第3冊	梶井篤・高橋和夫との共著
大正15年（1926）10月	第4回「プロタミン」ノ研究2、3ノ「プロタミン」ト「ヒスタミン」ニ就テ（第1報）	『水産講習所試験報告』第22巻第2冊	吉本満兵との共著
大正15年（1926）10月	第5回「プロタミン」ノ研究新シキ「プロタミン」ニ就テ（第4報）	『水産講習所試験報告』第22巻第2冊	野方不二雄との共著
大正15年（1926）10月	第1回水産動物精子ノ科学的研究　魚類ノ白子ノ科学的研究	『水産講習所試験報告』第22巻第2冊	美川秀信・富山哲夫との共著

大正 15 年（1926）10 月	第 2 回水産動物精子ノ科学的研究 鰹粒子ノ「ニュークレイン」酸ニ就テ	『水産講習所試験報告』第 22 巻第 2 冊	伊藤僴との共著
大正 15 年（1926）10 月	第 3 回水産動物精子ノ科学的研究 大羽鰮ノ粒子ニ就テ（第 1 報）	『水産講習所試験報告』第 22 巻第 2 冊	井深文司との共著
大正 15 年（1926）10 月	第 4 回水産動物精子ノ科学的研究「バチ」の精子ニ就テ（第 1 報）	『水産講習所試験報告』第 22 巻第 2 冊	西村庄松・堀内又郎との共著
大正 15 年（1926）10 月	第 1 回水産哺乳動物ノ科学的研究 鯨ノ副腎ニ於ケル Adrenaline ニ就テ（第 1 報）	『水産講習所試験報告』第 22 巻第 2 冊	西村庄松との共著
大正 15 年（1926）10 月	第 2 回水産哺乳動物ノ科学的研究 鯨ノ内蛋白ノ加水分解（第 1 報）	『水産講習所試験報告』第 22 巻第 2 冊	渋谷雄一郎との共著
大正 15 年（1926）10 月	第 3 回水産哺乳動物ノ科学的研究 鯨ノ脾臓ニ就テ（第 1 報）	『水産講習所試験報告』第 22 巻第 2 冊	中村信友との共著
大正 15 年（1926）10 月	第 4 回水産哺乳動物ノ科学的研究鯨ノ内臓ニ就テ（第 1 報）鰮鯨ノ脾臓並ニ膀胱	『水産講習所試験報告』第 22 巻第 2 冊	八坂茂との共著
大正 15 年（1926）10 月	第 1 回水産食料品ノ科学的研究石灰及苦土ノ新陳代謝ニ就テ	『水産講習所試験報告』第 22 巻第 2 冊	
大正 15 年（1926）10 月	第 2 回水産食料品ノ科学的研究蝦蛄ノ蛋白質ニ就テ	『水産講習所試験報告』第 22 巻第 2 冊	伊藤僴との共著
昭和元年（1927）10 月	第 5 回水産動物精子ノ科学的研究 ノ精嚢ノ加水分解（第 3 報）	『水産講習所試験報告』第 22 巻第 4 冊	西村庄松との共著
昭和元年（1927）10 月	第 3 回水産食料品ノ化學的研究鱸ノ肉蛋白ノ加水分解	『水産講習所試験報告』第 22 巻第 4 冊	渋谷雄一郎との共著
不明	第 8 回「プロタミン」ノ研究「サルミン」ニ就テ（第 3 報）	水産学会大会	西沢丹三との共著
不明	第 9 回「プロタミン」ノ研究鱒魚ト佃角鮫トノ「プロタミン」	水産学会大会	新田忠雄・岩松三郎との共著
大正 15 年（1926）	「夏の三崎」	『動物学雑誌』38（455）	岡徹著による実習報告
昭和 3 年（1928）	「三崎雑報」	『動物学雑誌』40（480）	吉井樽雄著による実習報告
昭和 14 年（1939）	「満州國及中華民國に於ける魚介の研究」	支那調査報告第 2 冊 外務省文化事業部	
昭和 19 年（1944）	「大陸産淡水魚に就て」	『水產學會報』第 9 巻 第 2・3・4 号	

（出典）収集資料より著者作成

洵・良夫婦の五人姉妹

ところで、良と洵の間の五人の娘はとても仲が良く、よく集まっておしゃべりをしていたという。五人とも専業主婦であった。

長女光子は、和歌山出身の福田仁志（一九〇六～二〇〇一年）に嫁いだ。東京帝国大学農学部農学科農業土木専修教授であった。昭和一三年（一九三八）、外務省文化事業部助成の下に「支那（ママ）及び満洲における淡水産魚介調査」として、山川洵が中国とその東北部方面に赴いて現地調査をした報告書をみると、調査団の一員に福田仁志の名前が見つけられる（拙著「水産学者山川洵に関する研究」に詳しい）。仁志・光子夫妻は、三男一女（宏紀・宏明・由紀子・宏健）に恵まれた。息子たちは、東京帝国大学、慶應義塾大学医学部、経済学部を卒業している。

本書に何度も引用している光子の回想録『羇旅』は、大正一〇年（一九二一）五月から昭和六三年（一九八八）までの日誌を一冊にまとめたもので、病床の二年を別として、家族の日常がこと細かく記されている。四三〇頁にも及ぶ大作で親戚を中心に配布した私家版である。

長男宏紀は東京海上火災保険に勤めていた。平成三一年（二〇一九）一月から連載された日本経済新聞「私の履歴書」にて元社長石原邦夫氏は「バンコック駐在時代に上司の福田宏紀氏に薫陶を戴いた」と名前が挙げられている。光子の回想録にも頻繁に登場する長男は、昭和六二年（一九八七）に光子より先に亡くなってしまい、その深い悲しみも綴られている。医学部を卒業した次男宏明は、東海大学病院長となった。肩関節外科医、世界における腱板不全断裂研究の先駆者として知られる。光子は折に触れ、歌を嗜んでおり、回想録には種々の名首も収録されている。和歌の嗜みはその曾祖母・艶から続き、二葉（長女）、浩（長男）の歌集があるように、山川家の伝統であった。曲がったことが嫌いな長姉で、きょうだいに男子がいなかったので、とても責任感が強かったと邦夫氏は回想している。

次女英子は、東京出身の渡辺武（一九〇六～二〇一〇年）に嫁いだ。大蔵省財務官を経て、駐米公使として長くワシントンで暮らし、昭和四一年（一九六六）から初代アジア開発銀行総裁となった。渡辺家については、第四章ですべて述べたように、捨松の大山家と親戚であった。英子は、三男二女に恵まれ、長くアメリカ・ワシントンで過ごした。邦夫氏の回想によると、夫妻は非常に子煩悩で在米時代に当時としては珍しい八ミリカメラで家族を撮影していたようで、子女の多くは現在もアメリカで暮らす。

三女教子氏は、前述した三木忠夫に嫁いだ。四女復子は、大蔵省勤務の崎谷武男に嫁ぎ、四男一女に恵まれた。

五女艶子氏も、大蔵省勤務の服部誠太郎に嫁ぎ、一女に恵まれた。邦夫氏にとって、元気のよい上品な叔母様であり、夫の死後に昭和五七（一九八二）～平成一九年（二〇〇七）まで宮内庁御用掛を勤めた。

例えば、光子の回想録には自身の第三子の出産のとき、兄弟を山川家に預かってもらっていたが二人とも大喜びであった（『羇旅』四九頁）とあるように、良は孫の面倒をよくみていた。一八人の孫に恵まれ、晩年まで娘に、孫に、囲まれていた。

良の晩年

晩年の良は、三木家の家族に囲まれ、毎日、本や新聞を熱心に読んでいたり、源氏物語の内容はけしからんと話す姿があったり、真面目でかつ道徳心があった。邦夫氏は、良を正義と規律を重んじる人であったと語る。

邦夫氏は、開成中学高校、慶應義塾大学を卒業後、昭和四五年（一九七〇）、伊藤忠商事に入社し、バグダット、カイロ、アブダビ、パリ、香港などに駐在、韓国伊藤忠商事社長を歴任し、国際的に活躍した。平成二一年（二〇〇九）より三年間、伊藤忠商事のイントラネットにある「コンプライアンス雑感」の記事を毎週担当していたことを伺った。

そのなかに戊辰戦争（白虎隊、二本松藩、奥羽越列藩同盟など）の話、什の掟について、会津藩家老西郷頼母の自決した家族について、大山捨松のバザーの話などの逸話が盛り込まれた内容がある。

例えば、架空出張や経費の水増し請求などによる交際費の捻出などがあった場合の言い訳や甘えの構造について、「ならぬものはならぬ」という会津藩士の子弟への教育方針である「什の掟」を紹介している。什の掟を「人間としての心構えを説いた項はいつの世にも通じる内容」とし、いつも心のどこかで会津に心を寄せる姿があった。ビジネスの世界で生きていた邦夫氏は、事ある場面で会津の血が流れていると認識するという。

良の子ども、孫たちは、国際的に活躍する人物が多く、晩年の良は、娘家族の駐在先を訪れる目的で海外旅行をしている。昭和四二年（一九六七）初夏、フィリピンのマニラを訪れた。一緒に過ごしたのは、長女光子、次女英子である。マニラに降り立つ前、光子はヨーロッパを訪れ、現地での集合であった。光子の夫福田仁志が東京大学を退職し、ＩＣＩＤ（国際灌漑排水委員会）の会議がチェコスロバキアで開催されたのに同行したのだが、そのついでにヨーロッパを観光し、アジア方面に向かったのであった。光子は、「海外旅行が初めてなので、和服一揃いと、その土地の気温にあった衣類を要するなど準備が大変だった」と記すが、良にとっても初めての海外旅行であった。

マニラには、次女英子家族が駐在していた。夫の渡辺武が設立間もないアジア開発銀行の初代総代に就任したのに伴った。滞在した屋敷は、洋風の建物で芝生の庭にプール付きの豪邸であったが、治安がよくないということで、車で各地を散策したとある。タガイタイの美しい海をみたり、フィリピン独自のレース刺繍入りの生地を見たりと、多くの経験をしたようで、「母も久しぶりにのんびりとした生活を楽しんだ」とある。その後、香港に向って、更に散策を続けた（『羇旅』一三六頁）。

マニラの後、良はアメリカを訪れている。こちらは、ワシントン駐在の夫の服部誠太郎に伴った五女艶子氏を訪ねる目的であった。一か月余りの滞在は生活様式に溶け込めなかったらしいが（『羇旅』一七七頁）、一人で渡米したことの行動力に驚く。

昭和四三年（一九六八）三月、良は入院した（『羇旅』一四一頁）とあり、照子の記録にも昭和四四年（一九六九）四月、東龍太郎と照子の金婚式が行われたが、ここにも「良子姉上は入院中」（『吾亦紅』一〇頁）とあった。体調が悪いことが多くなったのだが、昭和四六年（一九七一）夏には、長女光子、曾孫の明子（光子次男宏明の娘）と札幌を訪れている。光子の三男福田宏健家族が札幌駐在していたので訪れたようであるが、北海道大学には東克彦（龍太郎・照子の長男）も勤務していた。

最期である。光子の回想録には「母を送る」（一七三～一七九頁）という節がある。「母はよく広島に一緒に行かないかと誘われた。少女時代に広島、姫路に住んだことがあるので、昔懐かしく一度訪れて見たかっただろう、今にして思えば無理をしても供をして置けばよかったと、痛恨の情にかられる。」と残している。

娘からみた晩年の母は、向学心にあふれていた。「母は進取の気性にとんだ人だったから」、カルチャーセンターで考古学の講義を受講していたり、テキストをみながらラジオで初級の英会話を聞いていたり、和歌や習字などの通信教育も活用していた。これについて、孫の邦夫氏もまた、時間を無駄にせず、いつも自己研鑽する祖母であったと回想している。「生来我慢強い人だっただけに、年寄りがここが苦しい、あちらが痛いと愚痴をこぼしているのが如何にも聞き苦しいと言っていた。」との逸話は気が引き締まる。良は、昭和四七年（一九七二）六月二七日、八一歳で亡くなった。

「梅雨時とは言えど、どしゃ降りの雨の中を、夢を見ている様なうつろな心で深夜我家に帰ってきたことを思い出す」と回想した光子もまた空に昇った。良の娘たちは、現在（二〇二一年）、三女教子氏、五女艶子氏がお元気に暮らしている。

旧会津と新会津

山川健次郎は、『會津會々報』第一号にて、或る人が「旧会津」と「新会津」を区別していることに触れ、「旧会津に対して「人ごころ　會津の山の奥にこそ　都にしらぬ　花もこそさけ」と歌って称美され候儀に候ひしが、新會津に対し候ては、同様の賛辞を提供し得べく候哉、一と憤発を要し候事。」と発言している。

旧会津は藩政時代を知るもの、新会津は近代以降に生まれたものを指すのか、もしくは旧会津は会津に残ったもの、新会津は上京したものを指しているかと思われる。健次郎にとって、故郷会津を離れ、東京での生活が長くなればなるほど、子女や孫たちのような「新会津」が増えていくのは歴然であった。それを憂慮した健次郎は、長男の妻である良に「御話」として、旧会津の精神を伝えていたことが本章で明らかになった。

家庭に在る健次郎に一番身近に接した良はそれを受け止め、子女や孫たちにしっかりと健次郎の願いを伝えたことは、良の孫、曾孫に至るまで、会津へ誇りを持っている人々が多いことから推察できるのである。

まとめである。陸軍軍医の父のもとに生まれ、日本各地を転々とする少女時代を送った良は、山川家の長男の妻として、規律のある厳格な一族の奥を守り、男爵家の模範となった。舅としての健次郎を知る唯一の人物であった。良は、一生懸命に会津藩の士風や歴史を理解しようとし、舅の苦労した少年時代をなぞり、嫁ぎ先の親戚関係を分かりやすく図解し、更に教養深く古代中国や和歌の嗜みに至るまで筆写していた。どのような内容でも健次郎の意志を残さなくてはと、良が筆を走らせた思いが偲ばれる。

筆者は、かつて北海道に形成された札幌の琴似兵村を調査したことがある。明治八年（一八七五）、琴似兵村に東北地方出身の屯田兵が二四〇戸入植した。内、会津藩士は「斗南藩士（青森県）」として五七戸の入植であった。屯田兵村内に建立された琴似神社には、のちに祭神として土津霊神（会津藩祖保科正之）が合祀された。

琴似兵村に入植した旧会津藩士の動向は、まさに「無形の家督」であった。これは、柳田國男が「先祖の話」のなかで「しばしば滅失の危険にさらされる有形の財産よりも、むしろかほどまでに親密であった先祖と子孫の者との間の交感を、できるだけ具体的に知っているほうが、どのくらいの家の永続に役立つか知れない。」（『柳田國男全集』一三巻　三二四頁）といっていることであった。北海道に移住した会津藩士同様に、東京で過ごした会津藩士もまた、故郷への帰属意識を持ち、それを一族の帰属意識、「無形の家督」として、明治期以降を過ごしていた。

良の明治期以降の足跡を追うと、近代教育の振興に奮励し、皇室に近侍し活躍した健次郎が、家庭では近代以前の会津藩や戊辰戦争のことを嫁に事細かに語っている姿がみえてきた。そして、山川家を支えた嫁である良も、また悪しからず「新会津」としてそれを実直に受け止めた姿が浮き彫りになったといえる。

会津藩家老であった山川家は、会津藩の士風に矜持を持っており、それを子々孫々に至るまで維持しているという「無形の家督」は、現代社会からみても見習うべき高貴な精神の芸術である。

紫は、冠位十二階の最高位である。紫の染料としては、紫草がある。ムラサキ科の多年草で、六月に可憐な白い花をつける。紫の色素は紫草の「根」にあり、根をよく乾燥させて石臼で搗いて砕き、湯の中でよくもみこんで色素を抽出していく。実に手間のかかる作業である。万葉集に謡われるほど古くから親しみのある植物であるが、栽培技術が確立しておらず、冷涼な気候を好むため、地球温暖化による環境変化により絶滅危惧に指定されている。

いつも礼を重んじ、向上心を持つこと、人の役に立つこと、自分を常に研鑽し、律すること。理想を持っていても、なかなか実践できることばかりではない。それでも、これらの無形の家督を継承している一族、逆境に負けず、明治以降もたくましい根を張り、丁寧な生き方を体現した山川家であった。

高貴な姿勢を貫いた健次郎と、妻鉚、長男洵、そして、嫁良の生き方であった。

終章　おわりに

紀州落ちのその後で

蜜柑の色は、橙色（だいだい）である。蜜柑というと「温州みかん」を想像するが、原種は日本での突然変異で、蜜柑の名産地の中国浙江省の地名にあやかって付けられた。ちなみに、温州みかんは、中国をはじめ海外では「サツマ」と呼ばれている。同じミカン科ミカン属の分類に、インドヒマラヤ原産で古代に中国から伝来したといわれる「橙」がある。収穫しないと二～三年は落下せず、数世代の果実が代々と同時期になるのでその名がつけられ、子孫繁栄の縁起物であった。冬の季語であり、橙はお正月のお祝いの注連縄（しめなわ）や蓬萊（ほうらい）などの正月飾りや、鏡餅の上に載せられ、日本人の風習に密接な果物である。

蜜柑の木は常緑樹で、温暖な気候に恵まれた場所に育つ。日本では室町時代から栽培されており、熊本県や静岡県、和歌山県が名産地である。和歌山県では、元禄期に蜜柑が豊作となり、紀州周辺では価格が暴落してしまい、そこで紀伊国屋文左衛門（きのくにやぶんざえもん）が蜜柑を江戸へ運び利を得たという「蜜柑船」の伝説が残る。

和歌山県では温州みかんを「有田みかん」というブランド名で多く栽培しているが、同県御坊市天田（あまだ）には、希少な「天田みかん」がある。皮が薄く、濃厚な甘さ、ほどよい酸味が効いたみかんで、水はけのよい段々畑で生産され、完熟になるまで収穫せずに赤く色付いたミカンから収穫される。地元が誇る品種である。

平成二九年（二〇一七）三月、和歌山県御坊市の旧中吉旅館（のち、鉢の木旅館）の天井裏にて、山川浩（長男）が送った手紙と九谷焼、会津塗のお椀などの存在が確認された。旧中吉旅館は代々中野家が経営しており、子孫の中野健氏（横浜在住）の調査であった。この再発見により、浩が、鳥羽伏見の戦いの敗走中の闘病でお世話になった御坊へ、御礼を兼ねて明治期に再訪していたことが注目された。

再発見というのは、昭和六二年（一九八七）に郷土史家である大野治氏（一九二八年生、ゆら語り部クラブ会長）が、鉢の木旅館が閉館した直後、中野武義氏より一連の資料を借りて作成した調査報告を『由良の文化財』（由良町誌編集委員会）にまとめていたからである。その後、手紙などの在処が定かではなかったが、武義氏の息子である健氏が空き家となった自宅を整理していた際に再発見され、今回の流れとなった。

歴史背景を説明する。慶応四年（一八六八）一月三日、鳥羽伏見の戦いが勃発した。一月六日未明、旧幕府軍の敗色を知ると、大坂城に逃れていた徳川慶喜、松平容保らは、重臣の一部を伴って汽船で江戸へ逃れてしまう。

会津藩では砲兵隊長白井五郎が戦死、同隊長の林権助は重傷を負っていた。浩（当時大蔵）は、両隊の兵を合同して一隊を再編成し、隊長として会津藩兵を率いることとなった。大蔵たちは、八日未明、負傷者を天保山沖の軍艦に収容し、朝、殿軍として大坂城を引き上げ、堺を経て加太へ向かった。

鳥羽伏見の戦いに敗走した旧幕府軍（会津藩、桑名藩、忍藩など）の約一万人は、御三家である紀州藩を頼って、紀州へ向かうこととなった。この時、紀州藩はいずれの側に立つか選択を迫られていた。旧幕府軍は、紀州藩は大坂市中の警備に当れとの命を出したが、朝廷は、紀州藩は高野山を本営として陣をはる鷲尾隆聚（わしおのたかつむ）の軍と協力して大坂城を落とせとの命であった。

一月八日以降、旧幕府軍は次々と紀州藩に到着するが、紀州藩では敗走兵は立ち去らせ、諸道の関門を閉じよとの命が下った。敗走兵は、紀三井寺、和歌浦、加太などへ逃れることとなった。この時の惨状が、『南紀徳川史』に残っている。

御宗家初め会・桑両藩等の有司将卒何万となく唯風声鶴唳、一生を若山（わかやま）に託せんと僅に十六里程五日費し一時に入り来りて市在近郷に充満す、其様数万石の候伯も皆臣従離散、単騎、疲労或は鮮血淋漓、槍を杖つくあり、或は悲憤相刺さんとするあり、或は困憊（こんぱい）起つあたわず、飢えに泣き、渇を呼び、名馬を捨てて食を乞ひ、宝刀を擲（す）て宿を求む、其惨澹非状、上下動乱の状、実に筆紙に尽す所に非ず。

（『南紀徳川史』第四冊　三一七頁）

一月一二日、紀州藩は会津藩兵一八五八人を加太より八九艘の船に分乗し由良港へ送った（『加太浦水主庄屋文書』）。未だ藩論は、恭順・勤王か佐幕で揺れていた。そのため、会津の敗走兵が加太を出たあと、半ば公然と庄屋に敗走兵への援助を指示し、かつ敗走兵が紀州領を離れた時期になって敗走兵の探索を命じたと伝わっている。

会津藩兵は由良港へ到着、山川大蔵隊は、峠を越えて小松原村（現、御坊市）に到着したが、新政府軍の偵察隊を警戒して、宿泊を拒否する民家がほとんどであった。住民には「厳重に戸締まりして落ち武者を中に入れないように」とのお達しが出ていたのである。

この時、旅館中屋（中吉旅館の前身）の女将おこうは、会津藩士の惨状を見かねて招き入れる。すると、旅館隣の脇本陣・久保田本家では、会津藩兵を慰めようと、琵琶で「屋島合戦」または「壇の浦」が弾かれた。聞き入った敗走兵は涙を流し、会津藩兵は、御礼に陣笠に鰹節を乗せ渡したとの言い伝えがある。中野健氏の祖母益江氏には、「先祖が徳川さんに味方した逆賊の殿さんを命がけで助けたと聞いていた」という記憶があり、当時の状況は、語り草になっていたことを物語る（写真60）。

旅館中屋に滞在できた大蔵は、体調を崩した。ある文献では、腸チフスに罹り一週間ほど高熱に苦しんだとある。症状からは、感染症だと思われる。その後の会津藩兵の記録では、御坊から由良に引き返し、八百石船に五〇〇名ほどが乗りこみ、一七日に尾鷲に向った。が、大蔵は高熱のため同行できず、御坊に一人残留したと考えられる。旅館中屋にどのくらい滞在したのか、中野健氏が資料を追跡している。すると、ニューヨークタイムズ（一八六八年四月二一日付の特派員の記事）に、一月一九日に由良からアメリカの蒸気船ハーマン号が出港し、二一日に江戸へ帰着したとの記事がみつかり、大蔵はこれに乗船したのではないかとの推察された。ハーマン号には、他に旧幕府兵、会津藩兵が一〇〇〇名も乗船している。

ところで、敗走兵は網代（あじろ）、阿戸、横浜などをはじめとする紀州藩を南下した地域の各地の民家へ分宿させてもらったが、その時に、兜鎧、軍扇、陣羽織、書などを御礼として置いていったという言い伝えが各地に残る。現在、御礼の品を家宝として保存している旧家がある。

書は、御坊市湯川町財部の宝永山往生寺が所蔵しており、「清逸、戊辰上春為、寶永山道人、抱囲石延者」と書かれている。会津藩士の丸山抱石（一八一七～一八九八年、学校奉行、五〇〇石）の書とみられており、敗走中に書いたものか、のちに贈られたものかは不明である。

一方、紀州で命を落とした会津藩兵もいる。和歌山市内の紀三井寺に安置されている佐々木只三郎（会津出身、京都見廻組）の墓は有名であるが、由良町にも会津藩兵の墓が安置されている。例えば、横浜光専寺には、皆川守之助政詮（家老内藤介右衛門の家来、慶応四年一月一八日没）の墓があり、鎧を着けたまま葬られたという言い伝えが残る。網代念興寺には、安部井留四郎（会津藩士、慶応四年一月一〇日没）、また土肥仲蔵（公儀見廻組、慶応四年一月一一日没）の墓がある。（写真61、62、63、64、65）。

筆者も、由良町を訪れた際、大谷（おおたに）春雄氏（御坊市文化財保護審議会委員）に案内を頂き、お参りを果たした。念興寺には「史跡・会津の落武者墓」という立て看板がある。花が手向けられており、時を経て尚、会津藩に心を寄せて下

写真 61　立て看板

写真 60　御坊・湯川神社・樹齢千年の大楠
（会津兵もみたと伝わる）

写真 64　念興寺

写真 62　光専寺

写真 65　念興寺の会津藩士の墓
（安部井・土肥）

写真63　光専寺の会津藩士の墓（皆川）

さる地域の温かさを感じた。

明治期に浩が出した礼状

筆者は、戊辰一五〇年であった平成三〇年（二〇一八）四月三〇日、郷土史家の大野治氏のご自宅を訪ねた。突然の訪問にも拘らず、御坊での手紙発見の経緯や、紀州に落ち延びた会津藩士などのお話を頂いた。

御坊市では、平成二九年（二〇一七）一一月一五日に天性寺本堂にて「山川浩展」（御坊商工会議所主催）を開催しており、翌年一月に発見者の中野健氏が御坊市役所を表敬訪問した。中野家では、山川浩ゆかりの品をどう保存していくか話し合いがなされ、中野氏の実家は分家であることから、本家に史料を分家で預かっていた事を伝え、「中野家子孫一同」の名で公的機関への寄贈を提案して賛同を得たようで、浩の生まれ故郷・会津若松市に寄贈することになった。

平成三〇年（二〇一八）一月一六日に中野氏、御坊市副市長（龍神康宏氏）、教育委員会生涯教育課長（森田誠氏）、大谷春雄氏が、福島県会津若松市市長（室井照平氏）を訪問し、山川浩ゆかりの品々一〇点が寄贈された。翌日の福島民報には「感謝の手紙、時超え帰郷」との見出しが躍った。ちょうど「戊辰一五〇年」の年であり、同年四月より福島県立博物館の会津若松市歴史資料センターまなべこで展示されることとなった。浩の経歴と紀州との関係を、以下に時系列で示す。中野吉右衛門が、中吉旅館の主人である。西南戦争は明治一〇年（一八七七）である。

明治一三年　陸軍大佐に昇進
明治一五年三月　名古屋鎮台参謀長を罷免され、大阪鎮台の閑職に左遷
明治一五年五月　中野吉右衛門に手紙と九谷焼の大皿を送る

明治一九年　東京高等師範、女子高等師範の校長に就任。陸軍少将に昇進。
明治二一年五月　和歌山県を含む五県を学事巡視、中吉旅館を訪問して会津塗の椀五客を手土産に持参
明治二二年九月　中野吉右衛門に水害見舞いの手紙と金拾円を送る
明治三一年二月　浩死去

明治一五年（一八八二）五月一二日付の手紙を読むと、大阪方面に駐在となったので、和歌山を再訪する予定であったが、都合がつかず、代わりに手紙で感謝の気持ちを伝えるとの旨が書かれていた。手紙と別送で、再訪の際、手土産として持参するつもりで用意した旨が書いてある九谷焼の大皿二枚が中野吉右衛門の元に届いたようである。大皿には、歌人・瀬見善水（せみよしお）（一八二七～一八九二年、日高郡大庄屋）による和歌と文が同年一〇月の日付で添えられていた。吉右衛門は、紀州の教養人であった瀬見善水に頼み、大皿に添えて子孫に伝える歌を詠んでもらったようで、浩の心意気をかなり喜んだことが伝わってくる。このことは、昭和一四年（一九三九）一月五日の「紀南新聞」の瀬見善水に関する記事でも紹介されたようで、浩は、闘病後、軍籍に入っても四季折々の消息を絶たなかった、とある（写真66、67）。

その後、明治二一年（一八八八）四月から、浩は学事巡検として奈良、三重、和歌山、徳島、高知の五県へ出張を命じられた。その出張中である同年五月一五日、浩はとうとう御坊に再訪を果たし、手土産として会津漆器（大菓子腕）のセット（五人前）を持参した。これが、紀州落ちした後の初めての再会であったなら、二〇年ぶりに再会した浩と吉右衛門であった。何を話したのであろうか。ちなみに、おこうは明治八年（一八七五）七月に亡くなっており、会津藩兵を看護した勇気を讃えられたのか「釈尼勇進」という法名を授かっている。

その後の六月一一日、浩は、和歌山方面の学事巡検の後に徳島・高知方面を巡回するが、高知の宿所での高潔な振

る舞い（生活態度に関して）があり、それを讃える「山川浩氏の質素」という記事が地元の新聞に掲載された。この記事の「写し」が、一連の資料と一緒に保管されていた。「徳島県普通新聞」「高知新聞」など、主に四国方面の新聞に掲載された記事で、誰かが新聞記事を書き写して、吉右衛門に送ったものらしい。

明治二二年（一八八九）八月末、紀伊半島を台風が襲い、大水害となった。今回の発見では、この災害を心配した浩からの手紙も見つかっている。同年九月一〇日付で、水害見舞いとして金拾円を吉右衛門に送ることが書かれていた。この手紙の封筒に書かれた差出人をみると、「東京牛込若松町百十二番地　山川戈登」となっていたことは、第三章で述べた（写真68、69、70）。

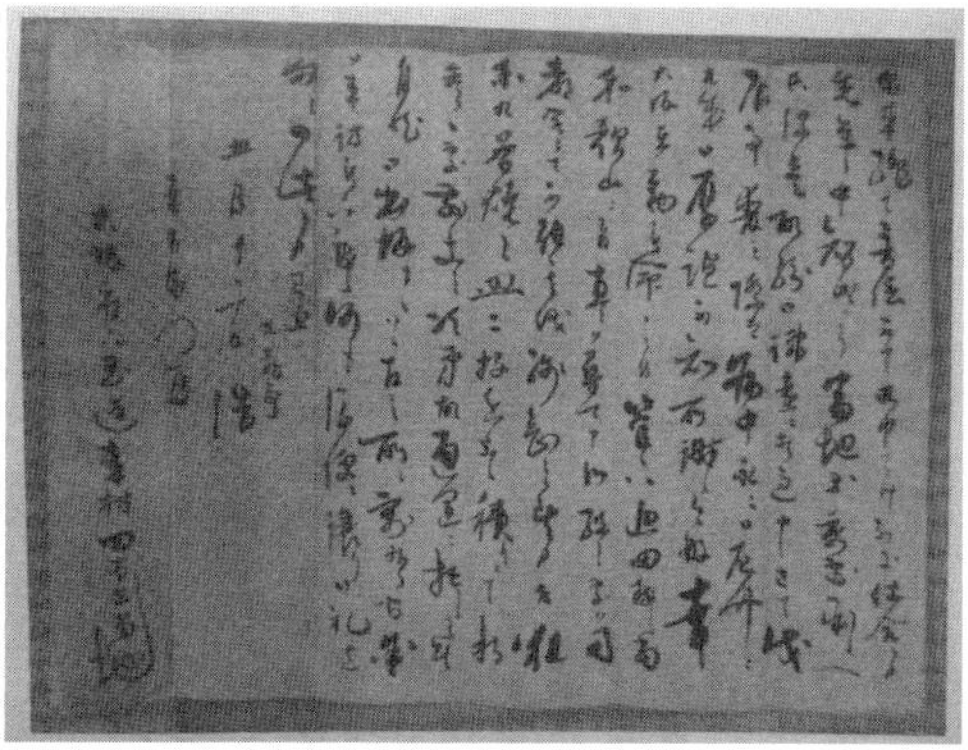

写真66　明治15年手紙（まなべこ所蔵）

（再発見時に中野健氏撮影）

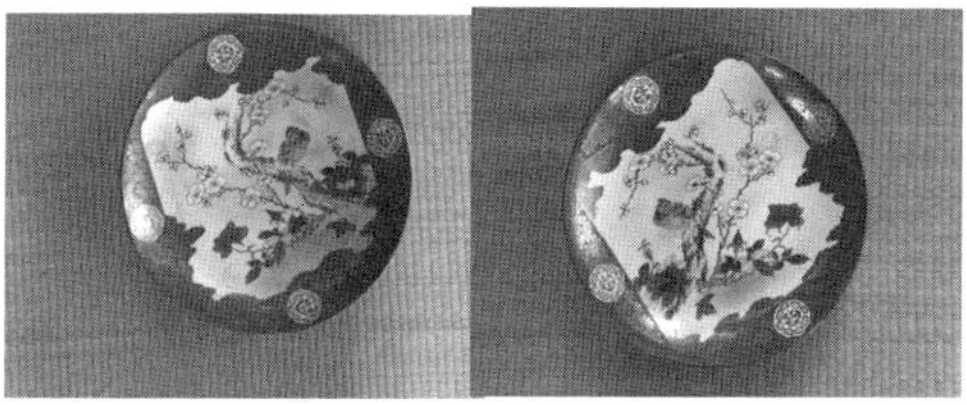

写真67　山川浩の中吉旅館への贈り物
上：会津塗、下：九谷焼（まなべこ所蔵）

今回の再発見から資料寄贈までの一連の出来事は、福島民報、福島民友、日高日報、紀州新聞、毎日新聞、朝日新聞、読売新聞（共に全国版、地方版）と、多くのメディアに広く取り上げられ、話題を集めた。筆者もまた、会津若松市にて寄贈資料公開期間中であった平成三〇年（二〇一八）年五月一三日、会津若松市歴史資料センターまなべこの第

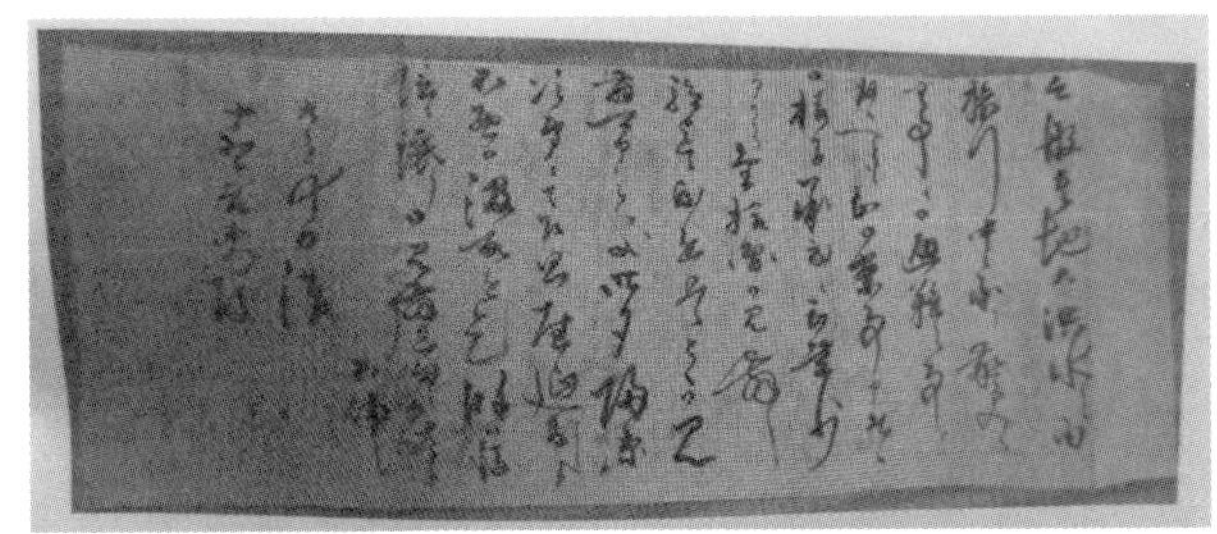
写真 68　明治 22 年手紙

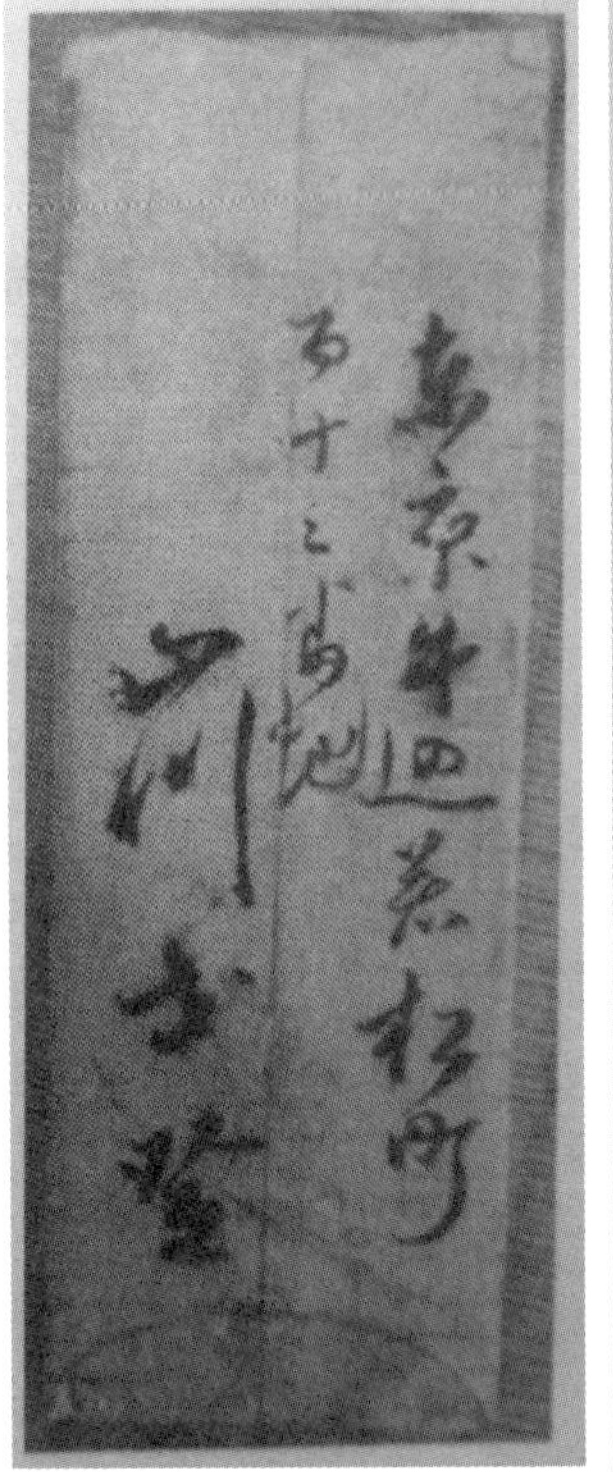
写真 70　明治 22 年
手紙封筒差出人
（まなべこ所蔵）

写真 69　明治 22 年宛名

（再発見時に中野健氏撮影）

四四回歴史文化講座として、中野氏と共に「鳥羽伏見の戦いと山川浩」を解説する機会を持てたことは、貴重な経験となった。

その後、大野氏が、浩の手紙を翻刻し、その内容、歴史背景、発見の経緯、その後の反応などの経緯を「鳥羽伏見の戦いに敗れた幕府軍のその後―山川浩および会津藩兵の紀州落ち―」『あかね』三九号（御坊文化財研究会、二〇一九年）として、詳細な報告をなさった。

現在、会津若松市が発行する「会津若松市ゆかりの地」（会津若松市、二〇二〇年刊）のパンフレットをみると、御坊市が紹介されている。幕末の騒乱のなかでの感謝の気持ちを忘れずに明治期以降も交流を続けた浩と、敗走兵を救った紀州の人々の優しさは現代社会につながりを持たせている。

浩と健次郎の生き方

浩（長男）は、陸軍少将でありながら、明治一九年（一八八六）、森有礼の熱望により、東京高等師範学校の初代校長に抜擢されたが（朝敵を将官にすることに懸念を表した山縣有朋による左遷との説もある）、卒業生へ向けた言葉（式辞）が残っている。

君たちは今度卒業するのだが、今後我が国教育のため奮闘して正義の道を力強く進んでくれ。そのためには成敗利鈍など眼中に置くな。万一失職して生活に困るようなことがあっても、悔むに及ばず。いつでもおれの処へやって来い。おれは自分が喰わないようでも君たちに餓じい思いはさせない。また君達は決して俗吏にはなるな。俗吏根性ほど厭なものはない。上司の機嫌気褄ばかり取っていて己れというものがない。上京の折りは是非尋ねて来い。そして学校の模様など話してくれ。君たちの来訪を喜んで迎えるよ。

（『歴史残花』七三頁）

正義の道を力強く進め、成功するか失敗するかは分からないが信じた道を進め、と未来の扉を開けようとしている卒業生へ飽くなき挑戦を促し、かつ包容力のある式辞であった。

浩の式辞については、「毎年同一の式辞を読む」（『名将に人生を学ぶ』成武堂、一九四二年）と題したコラムがある。

小見出しは「信念」であった。

なんでも、東京高等師範学校卒業式での学校長としての式辞は、毎年同一の文章を日付だけ変えて読んでいたので、他から新しく書き直すよう勧められると「卒業生に与える心得が、そう毎年違ってたまるものか」と言った（一七五頁）という逸話であった。

執筆者は、これを受けて、頑迷とか、頭が固いとか言う人もいるかもしれないが、校長が卒業生に与える訓示は、紋切り型が当然であり、根本に変化はあろうはずはないと断言する。「人が何と言おうとも、平気で読んだということは、確かに偉いものなりといえよう。この信念こそ、会津武士の伝統か、以て学ぶに足るべきであろう。我々は、毎年式辞を読む場合をもつものはないが、この信念の堅固を学ぶのである。」（一七六頁）と読者に促している。

一方、健次郎（次男）も、折に触れ、各帝国大学の学生に訓示しているが、九州帝国大学での訓示は「眼界を廣く持て」であった。

> ある英国人は、完全な人間はある事の全部を知り、また、すべての事の一班を知っておらねばならんといっているが、日本人はとかく専門の事については立派な学者であるが、専門外の事になると何も知らないのが多い。諸君はそんな事を見倣ってはいけない。眼界を廣くもたねば自分の専門においても、問題を達観し、要点をつかむ事はできない。
>
> （『九大風雪記』一八頁）

当時は、専門外の知識が無いのを恥と思うどころか、象牙の塔に籠もると自慢する人が多かったようで、この訓示を堂々といった健次郎は、九州大学の礎を築いた人物として、現在も一目置かれる存在となっている。

眼界を広く持った女性たち

「眼界を広く持て」ということは、浩（長男）、健次郎（次男）の男子だけではなく、山川家の五人の姉妹たちの生き方にも共通している。

二葉（長女）は一人息子を海軍軍医に育て上げながら、女子高等師範学校で多くの生徒を近代教育の先駆者へと導いており二葉の薫陶を受けた教え子は、現在も続く女子校の創立者となった人物が多かった。ミワ（次女）もまた、未開拓の北海道の大地で生きる勇気をもち、辺境の地で初等教育に尽力する夫と多くの子どもと共に生き、子女の多くは東京の山川家の書生となり上京していた。操（三女）もまた、ロシアへ留学し、通訳として宮中に飛び込み、多くの書生を育てており、明治期の雑誌に広く登場する女性であった。常盤（四女）もまた、検事の夫と共に日本各地を転々とする生活を続けながら、子どもの才能を伸ばしていた。捨松（五女）は一一年のアメリカ留学のあと、社交界や外交、女子教育、社会福祉と多方面にわたり活躍していた。それぞれが、眼界を広く持っていた。

再び、健次郎（次男）のことである。某学校で式辞を頼まれていたので、三〇分前に会場に着くと、また準備が出来ていなかったので、出席者がいない会場で式辞を読んで帰った、などという逸話が伝わるように、規律正しく、厳しかった。

が、何でもかんでも厳しいわけではなかった。物理学者で文筆家であった寺田寅彦の伝記をみると、「日本にはあまりなかったフース製の温度計をうっかり折ってしまい、こわごわながらその残骸をもって申し上げに山川先生の室に行った。平常古武士のようなおもかげ、きりっとした姿勢やりんとした言葉の厳格な先生に大喝一声どんなにしかられるかと覚悟していたが、山川先生はそれを聞いて、すいかけていたなた豆ぎせるを口から放して、すこし頭をむけながら、アーと息をひいて、あごで一つ大きくしゃくられただけであった。」（『寺田寅彦』八九頁）とあった。

間違いをしても、細かいことであったら深く責めなかったのは、思い起こせば、七人兄弟姉妹の母・艶の教育方針であった。二葉（長女）の教育方針にも、社会の困難を乗り切るため厳格な教えをしているが、それだけでは気概がなくなってしまうので楽しみも持たせていることや、むやみに押さえつけるのではなく、ちゃんと目鼻をつけてほどよくおさえつけている等、むやみやたらに厳しかったわけではないという逸話があった。

艶は、「志操上に関すること」で「誤ったとき」は許さなかったが、「志操上に関すること以外」、細かい間違いなどには寛容であった。そう思うと、日本人が西洋を模倣するだけの西洋文化は嫌いであったが、西洋の学問や知識、語学を学ぶことは志操上に関することに誤ることではなかったので、子女たちに積極的に学ばせたのである。これが、七人の兄弟姉妹のうち、結果的に四人も海外留学を経験できた出発点であろう。

本書では、主に幕末の山川家の五人の姉妹と山川家に嫁いだ嫁たちの足跡を辿った。「賢母」から学んだ女性たちは、明治期以降はそれぞれの生きる道を歩んでいったのだが、立場や境遇が異なっても、お互い助け合い分かち合いながら、人の役に立つ生き方を模索し、実践していった。図らずも子女たちの生き方を通して、その母・艶の生き方を知ることにもなった。それだからこそ、戊辰戦争の苦難を乗り越えた姉妹たちは、この時代において、「国家」の将来のために「賢母」を育てる大切さを知っていたのである。艶は、七〇歳の宴席の時分、髑髏を書かせ、次の歌を詠んでいる。

兎に角にいのちのかきりたのしまん　かからん後はさもあらはあれ

（『女学雑誌』一六二号）

解釈すると、「命の限り楽しもう、そうならないなら、それならそれで仕方ない」だろうか。古希を迎えた艶が、挑戦し続けていこうとする姿勢が読み取れる。艶は、揺るぎない信念を持ちながらも、柔軟で寛大な精神があった。

それが、山川家の姉妹たちが、良妻賢母主義教育といった会津藩の学風をしっかりと守りながらも、新しい道を切り拓いていった原動力、開明的な挑戦となり、彼女らの生き方として顕れたのではないだろうか。

本書に登場した山川家の女性たちは、誰もが、規律あり、礼儀あり、古武士であり、真面目で、芯が強く、責任感があり、清貧で、開明的で、魅力的であった。彼女たちは、近代国家形成の確かな礎となった。その実像は、現代社会においても、学ぶべき姿勢がたくさんあった。

近代国家形成、新しい国造りは、薩長中心で成されたと考えられがちであったが、会津藩家老であった山川家の人々もまた、辛酸をなめただけではなく、眼界を広く持って国造りに果敢に挑戦した。近代国家は、戊辰戦争の勝者だけが作り上げたものではなく、敗者となった会津藩の人々も皇室に近侍したり、近代教育、人材育成に力を尽くしたり、社会福祉活動を牽引したりと、多大に近代国家形成に貢献したことが具体的に明らかになった。それが、著者が本書を通して伝えたいことである。その道程に、常に会津藩出身者、敗者という烙印があったということを考えると、その時の勝者よりも強い志があったとまでいえよう。

長らく冷たい雨が降っていた。雨上がりの空には、虹がかかる。山川家の人々が自分を律しながら、生き抜いたあとである。記録や記憶を残すことで、歴史は生き続ける。これらの歴史像が、大地をまたぐように懸かる大きな虹のような、過去と現在、そして未来への「対話」の懸け橋になることを祈っている。

（了）

あとがき

十年は、ひとつの区切りである。もう十年経ったのかと思う出来事がある一方、まだ十年という年月を経たことを実感できない出来事もある。

東日本大震災のことである。私は福島県出身で、震災の日に入院していた祖母が避難を余儀なくされ亡くなった。東京にいた私は、実家へ電話がつながらず、新幹線が止まり、帰省の手段を失った。あの時の喪失感は、一生忘れられないだろう。故郷にはまだ多くの痛みが残っている。震災から十年余りが経ち、コロナ禍のなか本書をまとめていた令和三年（二〇二一）、福島に帰れなくなったのは、二度目となった。

私は、福島が好きである。誰が何と言ったって好きである。福島に生まれ、福島で過ごした時間、自然、風土、そして福島に関わる出来事、歴史を考えると、心がぎゅっと熱くなり、なぜか愛おしくなるのは、上京してからのことである。他の地方出身の人々と交わるにつれ、それぞれの地域で育まれている一種の人間性というものに気づき、当たり前だと思っていた福島の温かさと我慢強さに気付いた。高校時代までの私は、思春期の子どもが、本当は大好きな両親に反抗してしまうそれと似ていた。大好きでたまらないのに、素直になれない幼児のようであった。

司馬遼太郎の『街道をゆく』（朝日文庫）三三巻に「白河・会津のみち」がある。このなかに、以下の話がある。戊辰戦争は、西方（薩摩・長州藩など）が東方を圧倒したが、明治新政府は首都を東京とした。東京をもって文明開化の吸収機関とし、同時にそれを地方に配分する配電盤としたから、明治以後もまた東の時代で、奥州は源頼朝以後、関東の後背地としてあったので、東北も「東」に属すると司馬氏は思っていた。

が、東北には「そうじゃなくて、東北は第三点の一点です。東じゃないんです。」という力み方があるという。それを「東北人のひそかな楽しみのひとつである自虐性―もしくは高度な文学性から出た自家製の幻想かもしれない」（『街道をゆく』三三巻、九二頁）と表現している。

妙味のある表現だと感心した。確かに、古代日本の九州人の「はやと」は人名にも使うが、東北人の「えみし」とはなかなか使われない。関西人はどこでも関西弁を話し続ける一方、東北人は言葉を東京方言に「なおして」発し、東北の方言を臆する人もいる。これらをひそかな楽しみとは考えもしなかった。戊辰戦争で「賊軍」「朝敵」という立場となり、明治期以降は「汚名を着せられ続けた」と言うことも、司馬氏は東北人のひそかな楽しみと捉えていたのだろうか。

震災以後、福島民報にて〈ふくしま人〉の特集が始まった。「逆境に負けなかった福島の偉人」を紹介する掲載記事であり、紹介される歴史上の人物の時代も功績も執筆者もさまざまで、各人が二〇〇〇字×五回ぐらいに紹介され、現在も毎週土曜に連載が続いている。

私は、縁あって、平成二四年（二〇一二）一〇月に会津喜多方出身の「瓜生イワ（岩子）」を執筆した。幕末から明治にかけて活躍した社会福祉事業家で、本書では第三章に登場する。連載後は福島県内だけではなく、県外からも多くの反響を頂き、岩子が現在も日本各地の人々に敬愛され続けていることを改めて実感した。

その後の平成二五年（二〇一三）、会津藩砲術師範の山本家出身の「山本八重子」（新島八重）を主人公としたNHK大河ドラマ「八重の桜」が放送されることになった。銃を執って男装して戊辰戦争の籠城戦を戦った八重は、明治期に同志社英学校を設立した新島襄と再婚し、自身も京都の女紅場、同志社女学校などで女子教育に尽力した。

放送当時、放送台本を基にした小説版『八重の桜』一～四巻（NHK出版）の編集協力をさせて頂き、八重の生き方が世に広く知られることがとても嬉しかった。同年五月には、〈ふくしま人〉に同時代の会津出身の女子教育者として「山川二葉」を執筆する機会を得て、その記事を山川家の子孫の方々が読んで下さり、多くのことを教えて頂けることとなった。先祖に関する貴重なお話を伺ったり、回顧録や日記などの史料や家族写真や関連資料を拝借する機会にも恵まれ、そうして本書を完成に導くことが出来た。

これまで、本当に多くの方々にお世話になった。主な方々を挙げると猪熊樹人氏（根室市歴史と自然の資料館）、鵜沢佳子氏（桜井ミワ曾孫）、大谷春雄氏（御坊市文化財保護審議会委員）、大野治氏（ゆら語り部クラブ会長）、岡本静子氏（桜井ミワ曾孫）、梶井英二氏（梶井恒曾孫）、杉浦恭子氏（山川二葉曾孫）、杉浦隆之氏（山川二葉玄孫）、杉浦勢之氏（山川二葉玄孫）、田沼幹子氏（元会津会事務局）、古川富弘氏（会津若松市）、星亮一氏（歴史作家）、松永伊知子氏（元根室市立図書館）、中野健氏（中吉旅館子孫）、三木邦夫氏（山川健次郎曾孫）、森田誠氏（御坊市役所）、山内道子氏（会津若松市）、山岸良二氏（考古学者）、吉田節子氏（梶井恒曾孫）〈五〇音順〉である。

お世話になった方には鬼籍に入られた方もおられる。会津若松市の古川富弘氏は善龍寺近くに居を構えておられ、参拝者に歴史ガイドをなさっていた。善龍寺には家老西郷頼母の妻千重子の辞世の句「なよたけの碑」がある。古川氏は会津若松市中央図書館の所蔵資料を丁寧に複写し、綺麗に和綴じされており、私も何点か頂いた。会津の歴史を深く愛する方であった。

歴史作家の星亮一氏は、まだ私が学生であった時分から会津の歴史を丁寧に教えて下さった。その当時（二〇〇六年）、第五章に登場する健次郎の長男山川洵がアインシュタインと映る写真が見つかったとご子孫から手紙があったとの話題があった。学生の私は、何の繋がりなのかその時は分からなかった。十年以上経って、洵に関する調査中にその手紙のことを再び伺うと「何でも使ってください」と即答を頂いた。折に触れ、福島民報の連載時や後述するテレビ出演時など激励の電話を頂いた。この他、関係各所の図書館、資料館、博物館で多くの方々に資料調査等にご尽力頂いた。この場を借りて、厚く御礼申し上げる。

また、第一章は『女性文化研究所紀要』三五号（二〇〇八年）、第二章は『女性文化研究所紀要』四五号（二〇一八年）、第五章は『女性文化研究所紀要』四七号（二〇二〇年）、『学苑』第九五三号（二〇二〇年）に発表した学術論文を骨子にしている（論文タイトルは巻末の参考文献をご参照下さい）。論文発表にあたり、昭和女子大学人間文化学部歴史文化学科名誉教授の掛川典子先生、同大学准教授の松田忍先生にご指導ご助言を頂き、同大学元教授の渡辺伸夫先生からも古文書解読のご指導ご助言を頂いた。また女性文化研究所、近代文化研究所に多くのご助力を頂いた。

加えて、第四章の一部は、山岸良二先生の編集による『秋山好古と習志野騎兵旅団』（雄山閣、二〇一九年）に所収して頂いた。内容は、平成三〇年（二〇一八）五月二六日の歴史講座「大山巌をめぐる女性」（習志野市市民プラザ大久保）、同年一〇月二七日の戊辰一五〇年周年記念・会津市民憲章五〇周年記念式典「山川家の五女・捨松と大山巌―近代日本の貴婦人へ―」（会津若松市ワシントンホテル）にて講演している。また、令和二年（二〇二〇）一一月放送のNHKBSプレミアムの歴史番組「英雄たちの選択」明治に挑んだ女性～鹿鳴館の華・大山捨松の実像～に資料提供、解説で出演する機会を頂いた。

雄山閣について、昭和五〇年（一九七五）に復刊した『歴史公論』を、その休刊まで、父が毎月定期購読していた。土地勘があり歴史の同志である父、そして母は、会津での調査はほぼ毎回水先案内人であった。幼少期は、ずらりと本棚に並んだ〈『歴史公論』雄山閣〉の字面をみて育ったため、勝手に親しみと憧れを抱いていた出版社であった。学生時代には、止宿先に持ち込み、バックナンバーの記事を参考にレポートを書いたこともある。本書を雄山閣から出版できたことは望外の喜びであり、編集者の八木崇氏に大変お世話になった。

最後に、私のことである。これまで中高生や大学生の前で歴史の講義をすることがほとんどであったが、数年前より東洋大学文学部史学科教授の岩下哲典先生の後任として浦安歴史の会（市民講座）の講座を定期的に担当する好運に恵まれ、四〇代～八〇代後半以上の人生の大先輩方の前でも歴史の話をしている。生涯現役として好奇心に溢れる姿勢は、私の方が学ぶことが多く、感謝している。

日常的に、様々な世代と関わりを持つ環境のなかで、私が感じ、再認識することは、やはり「揺るぎない志操を持て」、そして「眼界を広く持て」ということであった。二つは、矛盾しそうだが両立する。グローバル化が進み、多様性が認められる社会の実現を目指す現代なら尚更である。生き方に軸を持ちながら、眼界を広く持った人間は強い。そして、清廉で涼やかに生きている。

会津藩家老山川家の明治期以降の足跡を探った。そこには、近代国家を颯爽と生きた女性たちの姿が在った。人生をどう生きるか。その問いは、山川家の方々の生き方に多くの教えがあった。現在、地球上に生きている人間は七十億人以上いる。が、それ以上に、かつて地球上に確かに生きていた人間の生きた足跡、真摯に辿ればその声さえまでも聴けるのが、歴史の魅力である。

近代以前の東北（奥羽）は、「中央と辺境蝦夷地の間に位置する異境・異域」とみなされており、戊辰戦争での軍事的敗北もそれに拍車をかけたといわれている（『東北』河西英通著、中公新書、九～一一頁）。「賊軍」「朝敵」とされた東北が「近代的未開」だというイメージは、新聞雑誌などを通して全国に伝えられ、野蛮・怠惰などのレッテルが貼られていった。

次の十年。世界の在り方が変わろうとしている。生きる希望を見出せなくなってしまうような混乱が世界には続く。これまでの時代、課題を解決するために何を選択したのか、歴史から学ぶことができる。国際秩序は常に変化し、いつの時代も人類には至難がある。日常にもいろいろな試練があり、無常を感じることが多い。

このような世界に生きている私たちであるが、会津藩の人々は苦難の時代を見事に生き抜いた。長いものに巻かれず、常に志操を持ちながら、助け合い、挑戦し、会津出身者として誇り高くあろうとした。彼らの生き方を知ることで、この世界は生きるに値するものだと、人生はより生きるに値するものなのだと、確信を持つことができた。

敗者の立場から近代を歩んだ山川家の人々の生き方を知ると、東北が「近代的未開」だといわれることへの反骨精神から生まれたであろう「第三点の一点である」と力むことは、むしろ好ましく思う。これからの世界に、会津藩の人々のように、大いに苦戦を強いられながらも、必ず解決策を講じ、どのような困難でも乗り越えられる知恵とその原動力を持つ人が増えることが、東北人の新たな、ひそかな楽しみである。

第三点の一点より、力む。私は、誰が何と言っていたって、会津が、福島が、故郷が好きなのである。

令和四年（二〇二二）三月吉日

遠藤　由紀子

※本書は、第五〇回・二〇二一年度公益財団法人三菱財団人文科学研究助成に採択された「会津藩家老山川家の明治期以降の足跡に関する研究」の研究成果の一部である。

【引用文献・参考文献】

凡例：著者・編集者（発行年）「論文名」『書籍名』巻号　出版社。（五十音順）

會津會編（一九一二）『會津會々報』第一号　會津會。

会津会編（一九三一）『会津会会報』第三九号　会津会。

会津会編（一九三二）『会津会会報』第四〇号　会津会。

秋山ひさ（一九八五）「明治初期女子留学生の生涯」『神戸女学院大学論集』三二号三巻　一九八五年。

青森県史編さん近現代部会編（二〇〇二）『青森県史』資料編近現代Ⅰ　青森県。

青森県文化財保護協会編（一九六八）『青森県歴史』第三巻　みちのく双書。

東　照子（一九八六）『吾亦紅』私家版。

阿達義雄（一九八四）『会津藩士の越後流亡日誌』鳥野屋出版。

阿部恒久・佐藤能丸（二〇〇〇）『日本近現代女性史』芙蓉書房。

アーネスト・サトウ（一九六〇）『一外交官のみた明治維新』上　坂田精一訳　岩波書店。

飯沼一元（二〇〇三）『白虎隊士飯沼貞吉の回生』星雲社。

生田澄江（二〇〇九）『瓜生繁子―もう一人の女子留学生―』文藝春秋。

石光真人編（一九七一）『ある明治人の記録―会津人柴五郎の遺書―』中公新書。

伊藤　廣（一九八〇）『屯田兵村の百年』中巻　北海道新聞社。

猪苗代町編（一九八二）『猪苗代町史』歴史編　猪苗代町史委員会。

猪熊樹人編（二〇〇九）『くるまいし』二四号　根室市歴史と自然の資料館。

今泉宜子（二〇一六）『明治日本のナイチンゲールたち』扶桑社。

今田二郎（一九八六）「続山川浩将軍を偲ぶ―嗣子戈登さんとゴールドン将軍」『会津史談』六〇号、六三～七三頁。

岩澤信千代編（二〇一八）『戊辰１５０年記念薫蕕を選びて』戊辰１５０年記念誌刊行委員会。

上田景二（一九一四）『昭憲皇太后史』公益通信社。

宇田道隆（一九七七）『寺田寅彦』国土社。

遠藤由紀子（二〇〇八）『近代開拓村と神社—旧会津藩士及び屯田兵の帰属意識の変遷—』御茶の水書房。

遠藤由紀子（二〇一〇）「会津藩家老梶原平馬をめぐる女性—山川二葉と水野貞と「仕事」—」『女性と仕事』昭和女子大学女性文化研究叢書第七集　御茶の水書房（『女性文化研究所紀要』三五号（二〇〇八年）の掲載論文に大幅な加筆・修正を行ったもの）。

遠藤由紀子（二〇一四）「瓜生イワの社会福祉事業をめぐる一試論—「家族国家」観と良妻賢母像との関わりから—」（『女性と家族』昭和女子大学女性文化研究叢書第九集）御茶の水書房。

遠藤由紀子（二〇一八）「「会津藩家老山川家の明治期以降の足跡—次女ミワの婚家・桜井家の記録から—」『女性文化研究所紀要』四五号　一三～三六頁。

遠藤由紀子（二〇一九）「陸軍大将・大山巌に嫁いだ捨松の生涯—日本初の女子留学生から近代国家の貴婦人へ—」『秋山好古と習志野騎兵旅団』雄山閣。

遠藤由紀子（二〇二〇）「山川良に関する研究—男爵山川健次郎長男洵の妻の記録—」『女性文化研究所紀要』四七号　三七～五四頁。

遠藤由紀子（二〇二〇）「水産学者山川洵に関する研究—男爵山川健次郎長男の功績—」『学苑』第九五三号　三一～五〇頁。

大来寿子（一九七七）「大森のことなど」『梶井剛追想録』梶井剛追悼事業委員会（電気通信協会、私家版）。

大久保利謙編（一九七二）『近代日本教育資料叢書人物篇一　森有禮全集』第一巻　宣文堂。

大野　治（二〇一九）「鳥羽伏見の戦いに敗れた幕府軍のその後—山川浩および会津藩兵の紀州落ち—」『あかね』三九号　御坊文化財研究会　三一～四七頁。

大竹正容、森武久他編（二〇一二）『評伝山川健次郎—士君子の肖像』山川健次郎顕彰会（高木厚保発行）。

大庭みな子（一九八四）「大山公爵夫人秘められた手紙」『歴史への招待』二九号　日本放送出版協会。

大山　柏（一九八九）『金星の追憶』鳳書房。

小笠原長生（一九三三）『偉人天才を語る』実業之日本社。

尾崎三良（一九八〇）『尾崎三良自叙略伝』上巻　中公文庫。

尾崎三良（一九九一）『尾崎三良日記』上巻　中央公論社。

尾佐竹猛（一九九一）『大津事件　ロシア皇太子大津遭難』（三谷太一郎校注）岩波文庫。

小田部雄次（二〇一〇）『昭憲皇太后・貞明皇后』ミネルヴァ書房。

お茶の水女子大学百年史刊行委員会編（一九八四）『お茶の水女子大学百年史』お茶の水女子大学。

オットマール・フォン・モール（二〇一一）『ドイツ貴族の明治宮廷記』講談社学術文庫。

海保洋子（一九八六）「えぞ地の頃―幕末」「開拓時代の生活」『北の女性史』札幌女性史研究会編　北海道新聞社　一〇～二五頁。

外務省（一九四一）「大陸魚類ノ化学的研究事業助成」『研究助成関係雑件』第八巻　外務省外交史料館。

影山　昇（一九九六）『人物による水産教育史研究』東京水産大学博士学位論文。

葛西富夫（一九七一）『斗南藩史』斗南会津会。

梶井英二氏所蔵資料「梶井家の系譜」「梶井家の歴史」「梶井恒略歴」（私家版）。

梶井　剛（一九六二）「一隅を照らすもの」（凸版印刷、私家版）。

梶井　剛（一九六八）『わが半生』（凸版印刷、通信タイムス社、私家版）。

梶井　剛（一九七四）『好日』梶井剛先生米寿記念事業委員会（電気通信協会、私家版）。

梶川梅太郎編（一九〇四）『北海道立志編』第三巻　北海道圖書出版合資會社。

梶原景浩（一九八〇）『梶原景浩遺稿集・会津の人』八重山書房。

片山清一（一九八四）『近代日本の女子教育』建帛社。

唐澤富太郎（一九七九）『女子学生の歴史』木耳社。

川上　淳・本田克代（一九九二）「私立根室小学校校長〔水野貞〕事跡」『根室市博物館開設準備室紀要』第七号　根室市博物館開設準備室　四七～六一頁。

川田敬一（一九九八）「皇族経済制度の形成と柳原前光」『産大法学』三二巻一号。

鬼頭鎮雄（一九四八）『九大風雪記』西日本新聞社。

木下健・早川廣中（二〇一一）『東大総長山川健次郎の目指すべき国家像と未来』長崎出版。

共立女子学園百年史編纂委員会編（一九八六）『共立女子学園百年史』共立女子学園。

共立女子学園百十年史編集委員会編集（一九九六）『共立女子学園百十年史』共立女子学園。

共立女子職業学校（一九一一）『共立女子職業学校二十五年史』秀英舍。

共立女子職業学校（一九一一～一九一二）『共立女子職業学校年報』第二十五年報。

宮内庁（一九七二）『明治天皇紀』第六　吉川弘文館。

宮内庁（二〇一四）『昭憲皇太后実録』上巻、下巻　吉川弘文館。

久野明子（一九九三）『鹿鳴館の貴婦人大山捨松―日本初の女子留学生―』中公文庫（一九八八年初版）。

久米邦武編（一九七七）『特命全権大使米欧回覧実記』（田中彰江校注）岩波文庫。

クララホイットニー（一九七六）『クララの明治日記』上巻、下巻　講談社。

九州大学編（二〇一一）『九州帝国大学初代総長山川健次郎』九州大学百周年記念事業推進室。

黒川龍編（一九一〇）『山川二葉先生』（非売品、櫻蔭会）。

合田一道編（二〇〇四）『人間登場―北の歴史を彩る―』第三巻　北海道出版企画センター。

小宮　京（二〇一六）「（史料散歩）山川健次郎のもう一つの「遺稿」」『日本歴史』八一七号　七四～七六頁。

小宮　京・中澤俊輔（二〇一六）「山川健次郎手帳日記（明治四〇～四二年）翻刻と解題」『青山史學』第三四号。

小宮　京（二〇二〇）「山川健次郎と歴史編纂事業」青山学院大学文学部『紀要』第六一号。

近藤修之助（一八九二）『明治医家列伝』」第四編（私家版）。

近藤富枝（一九八三）『鹿鳴館貴婦人考』講談社。

桜井　懋（一九六七）『山川浩』私家版。

桜井　懋「桜井家の記録」（一九六八年八月上旬、私家版、桜井国雄翻刻）。

桜井　懋「吾が家の記録と吾がたどった道」（一九六八年一〇月一六日、私家版、原本を筆者翻刻）。

桜井　懋（一九七四）『続山川浩』続山川浩刊行会。

佐野真由子（二〇一九）『クララホイットニーが綴った明治日記』臨川書店。

塩谷七重郎編（一九八三）『土津神社と斗南』土津神社。

鈴木光次郎編（一八九二）『明治閨秀美譚』盛文館。

紫水会編（一九六〇）『東京大学農学部水産学科の五十年』東京大学農学部水産学科創立五十周年記念会（麓禎康「山川洵先生の思い出」五三～五七頁）。

尚友倶楽部編（二〇一四）『山川健次郎日記―印刷原稿第一～第三、第十五―』芙蓉書房出版。

人事興信所（一九二九）『人事興信録第八版』人事興信所。

菅　聡子（二〇〇八）「国家と女学生—東京女子師範学校を事例として」『お茶の水女子大学人文科学研究』第四巻　四一〜五一頁。

菅野恒雄（一九九四）『会津藩に仕えた内藤一族』（非売品、歴史春秋出版制作）。

菅野恒雄（一九九六）「東京で生まれ育ち教鞭を執った梶原平馬二度目の妻貞子の事跡」『根室市博物館開設準備室紀要』第一〇号　根室市博物館開設準備室　六三〜七〇頁。

須藤霞山（一九〇二）『名士名家の夫人』東京大学館。

闗巖二郎（一九〇二）『明治の令嬢』博文館。

扇子　忠（二〇一四）『明治の宮廷と女官』雄山閣。

千住克己（一九六七）「明治女子期女子教育の諸問題—官公立を中心として—」『女子教育研究双書二　明治の女子教育』日本女子大学女子教育研究所編　国土社。

総合女性史研究所編（一九九三）『日本女性の歴史』女のはたらき　角川書店。

総合女性史研究所編（一九九三）『日本女性の歴史』文化と思想　角川書店。

第七高等学校造士館編（一九一五）『第七高等学校造士館一覧』第七高等学校造士館。

第六高等学校編（一九一三）『第六高等学校一覧』第六高等学校。

大日本実業学会（一九二六）『実業之日本』第二九巻第一五号　三九頁。

田賀井篤平（二〇〇六）「田中館愛橘とアインシュタイン」『時空のデザイン』展図録　東京大学総合研究博物館。

高島平三郎編（一九二〇）『精神修養　逸話の泉』第二〇編　洛陽堂。

高瀬荘太郎編（一九五六）『共立女子学園七十年史』共立女子学園。

髙橋裕子（二〇〇二）『津田梅子の社会史』玉川大学出版会。

竹川重男（一九九八）「近世社会と女性たち」『福島県女性史』福島県。

田澤正敏、秋月一江（二〇〇一）『十倉綱紀伝』（非売品、田中印刷）。

津田英学塾編（一九四一）『津田英学塾四〇年史』津田英学塾。

津田塾大学編（一九六〇）『津田塾六十年史』津田塾大学編。

津田塾大学一〇〇年史編纂委員会編（二〇〇三）『津田塾大学一〇〇年史』学校法人津田塾大学。

土屋とく（一九八六）「蔵前保姆養成所をたずねて―一台のオルガンから―」『幼児の教育』第八五巻第五号　日本幼稚園協会。

帝国秘密探偵社編（一九三〇）『大衆人事録』第三版　帝国秘密探偵社。

寺島柾史（一九五一）『根室郷土史』岩崎書店。

寺沢　龍（二〇〇九）『明治の女子留学生』平凡社新書。

豊島区史編纂委員会編（一九八三）『豊島区史』通史編　二　東京都豊島区。

豊田　武監修（一九六六）『会津若松史』第四巻　会津若松市。

豊田　武・小西四郎監修（一九六六）『会津若松史』第五巻　会津若松市。

東京大学百年史編集委員会編（一九八七）『東京大学百年史』部局史一　東京大学出版会。

東京慈恵会医科大学編（一九六五）『高木兼寛伝』東京慈恵会医科大学創立八十五年記念事業委員会。

東京女子師範学校（一九三四）『東京女子師範学校六十年史』（非売品、東京女子師範学校）。

十和田市史編纂委員会編（一九七六）『十和田市史』上巻　十和田市。

長井純市（一九九三）「柳原前光と明治国家形成」『明治日本の政治家群像』福地惇・佐々木隆編吉川弘文館。

中村彰彦（二〇〇〇）『逆風に生きる―山川家の兄弟―』角川書店。

日本婦女通信社・佐藤順造編（一九一八）『婦人社交名簿』日本婦女通信社。

沼波瓊音（一九二六）『大津事件の烈女畠山勇子』斯文書院。

布川清司（二〇〇〇）『近代日本女性倫理思想の流れ』大月書店。

根室市広報（発行年不明）「からみあう歴史の糸根室と大山柏」（学芸員日誌一一三、川上淳）。

根室千島歴史人名辞典編集委員会編（二〇〇二）『根室千島歴史人名辞典』根室千島歴史人名辞典刊行会。

芳賀　登（一九九〇）『良妻賢母論』雄山閣。

畑敬之助（二〇〇四）「会津人の倫理観今と昔」『会津人群像』一号　歴史春秋社。

長谷川一夫（二〇〇七）「山川健次郎」『会津若松市史一八文化編　会津の人物』会津若松市史研究会編　会津若松市。

花見朔巳編（一九三九）『男爵山川先生伝』岩波書店。

花見朔巳編（一九三九）『男爵山川先生傳』三秀舍。

平泉澄監修（一九七一）『歴史残花』四巻　時事通信社。

福田須美子氏（二〇〇九）『つながりあう知―クララと明治の女性たち―』春風堂。

福田光子（一九八八）『羇旅〜そのあとを逐って〜』私家版。

文藝春秋社編（一九二九）『文藝春秋』七巻一一月号　文藝春秋社。

別当賀の歩み編（一九七六）『別当賀の歩み』「別当賀の歩み」編集委員会　別当賀校開校七十周年記念協賛会。

星　亮一（一九九〇）『敗者の維新史―会津藩士荒川勝茂の日記―』中公新書。

星　亮一（二〇〇三）『山川健次郎伝―白虎隊士から帝大総長へ―』平凡社。

堀内信編（一九三一）『南紀徳川史』第四冊　清文堂出版（一九〇〇年復刻版）。

本田克代（一九九九）「明治時代の根室の人々（四）」カーペンター夫人、桜井政衛・桜井懋『根室市博物館開設準備室だより』一四号、一九〜二六頁。

馬淵逸雄（一九五八）『工学士市川紀元二中尉』五穀記念館建設協賛会。

松下芳男（一九四二）『名将に人生を学ぶ』成武堂。

松野良寅（一九九一）『会津の英学』歴史春秋社。

三木邦夫（二〇〇九〜二〇一一）「コンプライアンス雑感」（伊藤忠商事イントラネットにて掲載）。

森松俊夫（一九九〇）「『偕行社記事』の意義」『偕行社記事』目次総覧別巻　大空社。

柳田國男（一九九〇）「先祖の話」『柳田國男全集』一三巻　筑摩書房　七〜二一〇頁。

柳沢芙美子（二〇一四）「杉田すゞについて―生立ち・英学への志向・幼稚園教育とのかかわりで―」『福井県文書館研究紀要』一一号。

山内経則（二〇一七）「会津松平家と豊津小笠原家の縁」『歴史春秋』八六号　会津史学会編。

山川健次郎監修（一九三三）『會津戊辰戰史』會津戊辰戰史編纂會。

山川健次郎（一九三七）『男爵山川先生遺稿』故山川男爵記念会。

山川健次郎顕彰会編（二〇一八）『山川健次郎を語り継ぐ鼎談―家庭人としての素顔とエピソード―』山川健次郎顕彰会。

山川二葉、雑賀あさ（一八九四）「會津城の婦女子（一）（二）」『女學雑誌』第三八九号、第三九〇号。

山川　操（一九〇九）「十七歳にて會津籠城中に實驗せし苦心」『婦人世界』第四巻第八号。
山川　洵（一九三〇）「干洪屯の戦跡を訪ねて」『偕行社記事』六六八号（昭和五年五月号）。
山川　洵（一九三一）「首山堡南方高地に登りて」『偕行社記事』六八三号（昭和六年八月号）。
山川　洵（一九三九）「満洲國及中華民國に於ける魚介の研究」『支那調査報告第二冊』外務省文化事業部。
山川　洵（一九四四）「大陸産淡水魚に就て」『水産學會報』第九巻第二・三・四号　一六一〜一五三頁。
山川　洵・鈴木梅太郎（一九〇九）「魚肉の窒素化合物に就て」『東京化學會誌』三〇巻一号　二五〜四二頁。
山川三千子（二〇一六）『女官―明治宮中出仕の記―』講談社学術文庫。
山川　良『會津雑記』（私家版、製本年不詳）。
好川之範（二〇〇四）「梶原平馬―北辺に消えた会津藩最後の筆頭家老―」『幕末・会津藩士銘々伝』上巻　小桧山六郎・間島勲編　新人物往来社　一二七〜一五〇頁。
吉井樽雄（一九二八）「三崎雑報」『動物学雑誌』四〇（四八〇）東京動物学会　四二九〜四三〇頁。
吉村　昭（一九九三）『ニコライ遭難』新潮文庫。
渡辺茂編（一九六八）『根室市史』根室市。
渡辺　健（二〇一四）「米国における山川健次郎の足跡を追って」『山川健次郎と藤田哲也〜工学教育の先駆者と竜巻研究の開拓者〜』北九州産業技術保存継承センター。

■著者略歴

遠藤 由紀子（えんどう ゆきこ）
1979年　福島県郡山市生まれ。
2007年　昭和女子大学大学院生活機構研究科生活機構学専攻（博士後期課程）修了。
博士（学術）。専攻は近代史・女性史・歴史地理学（地域文化）。
現在、昭和女子大学歴史文化学科非常勤講師、女性文化研究所研究員。『近代開拓村と神社—旧会津藩士及び屯田兵の帰属意識の変遷—』で第32回福島民報出版文化賞奨励賞受賞。

〈主な著書〉
（単著）『近代開拓村と神社』、（共著）『女性と仕事』、『女性と家族』（ともに御茶の水書房）、『徳川慶喜の無念』、『戊辰戦争を歩く』、『新島八重を歩く』（光人社）、歴史REAL『八重と会津戦争』、『女たちの幕末・明治』、『幕末明治を生きた女性たち』（洋泉社）、『シリーズ藩物語・守山藩』（現代書館）、『秋山好古と習志野騎兵旅団』（雄山閣）など。

2022年5月25日　初版発行　《検印省略》

会津藩家老・山川家の近代
—大山捨松とその姉妹たち—

著　者　遠藤由紀子
発行者　宮田哲男
発行所　株式会社 雄山閣
〒102-0071　東京都千代田区富士見2-6-9
TEL　03-3262-3231 / FAX　03-3262-6938
URL　http: //www.yuzankaku.co.jp
e-mail　info@yuzankaku.co.jp
振　替：00130-5-1685
印刷・製本　株式会社ティーケー出版印刷

©Yukiko Endo 2022
Printed in Japan
ISBN978-4-639-02828-4 C0021
N.D.C.210　296p　21cm